DIE SCHULZ-STORY

Markus
Feldenkirchen

DIE
SCHULZ-STORY

Ein Jahr zwischen
Höhenflug und Absturz

Deutsche Verlags-Anstalt

Inhalt

Prolog

Auf zum letzten Gang. Zur letzten Reise als Vorsitzender in die ihm verhasste deutsche Hauptstadt. Am nächsten Tag, dem 13. Februar 2018, wird Martin Schulz im Präsidium der SPD sein Amt als Parteivorsitzender niederlegen. Er ist dann auch offiziell gescheitert. »Ich bin froh, wenn das morgen vorbei ist«, sagt er und lässt sich auf seinen Fensterplatz in der Maschine fallen. »Gott sei Dank ist es morgen vorbei.« Im Rheinland, seiner Heimat, wird an diesem Tag Karneval gefeiert. »Ich hatte jetzt genug Karneval«, sagt Schulz. Er meint nicht die fröhlich kostümierte Menge, die auf den Straßen feiert. Er meint die anderen Jecken, die aus der Politik.

Vor drei Tagen hat Schulz bekanntgegeben, neben dem Parteivorsitz auch auf das Amt des Außenministers zu verzichten. Kurz darauf stand ein Paparazzo der »Bild«-Zeitung hinter der Hecke seines Hauses in Würselen. Schulz flüchtete an einen geheimen Ort, für zwei Tage tauchte er ab, um ein wenig zur Ruhe zu kommen, etwas Abstand zu gewinnen von dieser Tragödie.

Er hat seinen Schal eng um den Hals gewickelt und hustet häufig. Seit fünf Wochen schleppt er nun schon eine Grippe mit sich herum. Eigentlich gehört er dringend ins Bett. Dann plagt ihn auch noch ein Krampf im Fuß, vermutlich Kalziummangel. »Gott, bin ich müde. So unfassbar müde!«, sagt Schulz und reibt sich lange die Augen. »Ob ich jemals wieder fit werde, weiß ich nicht. Ich glaube, ich brauche ein halbes Jahr, um wieder zu Kräften zu kommen.« Die Maschine hebt ab, er blickt traurig aus dem Fenster in die Dunkelheit und schweigt.

An diesem Rosenmontagabend erinnert nichts mehr an den fröhlichen, unbekümmerten und irgendwie auch unverdorben wirkenden Menschen, der sich vor einem Jahr aufmachte, deutscher Bundeskanzler zu werden. Er sitzt jetzt da wie ein gebrochener Mann, schwer angeschlagen, körperlich wie seelisch.

Als er ein Jahr zuvor euphorisch in den Wahlkampf zog, spielte die Regie bei seinen Auftritten jedes Mal ein Lied von Klaas Heufer-Umlauf, in dessen Refrain es heißt: »Was muss noch passieren, damit's die ganze Welt bezeugt, wie sehr wir leuchten.« Doch die Frage stellte sich damals nicht. Schulz leuchtete. Und fast alle, die ihm zuhörten, leuchteten auch. Jetzt leuchtet nichts mehr. »Die ersten Wochen waren schön, aber auch surreal«, sagt Schulz im Flugzeug. »Und danach ging's steil bergab.«

Wer verstehen will, was die Spitzenpolitik mit einem Menschen machen kann, muss Martin Schulz im Februar 2017 und an diesem Abend des 12. Februar 2018 erlebt haben. Er ist als Politiker erledigt, als Mensch desillusioniert. Die einzige lange Freundschaft, die er in der Politik pflegte, die mit Sigmar Gabriel, ist ebenfalls zerbrochen. »Entweder du killst ihn, oder er killt dich«, hatte Andrea Nahles ihn zu Beginn seiner Kampagne vor Gabriel gewarnt. Sie sollte nicht ganz falsch liegen.

Es wird schwer werden für ihn, Frieden mit diesem Jahr zu finden. Auf diesem letzten Flug nach Berlin spricht Schulz von eigenen Fehlern, aber auch von gigantischen Intrigen und davon, dass ihn vieles, was er in den vergangenen Monaten erlebt hat, an die Serie »House of Cards« erinnere, dieses Fernsehdrama über Brutalität und Niedertracht in der Politik. Am Ende wollte ihn selbst seine Partei nur noch loswerden. Seine Anhänger, die ihn als »Gottkanzler« gefeiert und mit einem irrwitzigen 100-Prozent-Ergebnis zu ihrem Erlöser gekrönt hatten, jagten ihn nicht mal ein Jahr später wieder vom Hof. Er weiß nun, dass es eine dornige Krone war, die sie ihm aufgesetzt hatten.

Dies ist die Bilanz eines beispiellosen Jahres in der deutschen Spitzenpolitik, das Ende eines politischen, aber auch eines persönlichen Dramas. Dies ist die Geschichte von Martin Schulz. Nie zuvor lagen in der deutschen Politik ein solcher Höhenflug und ein so tiefer Absturz näher beieinander. Nachdem ihm im Frühjahr 2017 die Massen zugejubelt hatten, galt Schulz vielen Deutschen zuletzt als der verlogenste und postengeilste Politiker des Landes. Als Umfaller, der seine stolz verkündete Aufrichtigkeit aufgibt und alle Überzeugungen über Bord wirft, um einen Regierungsposten zu erlangen. Die Vorwürfe, wegen denen er nun von allen Ämtern zurücktritt, treffen Schulz ins Mark. Sie beschreiben das Gegenteil dessen, wofür er stehen wollte: für eine andere, weniger taktische, weniger machtversessene Art des Politikmachens. Für eine ehrlichere Politik.

Martin Schulz hatte gesagt, dass er nie ein klassischer Berliner Machtpolitiker werden wolle. Er wollte sich nicht anpassen an jenes System, das ihm in vielerlei Hinsicht fremd und auch zuwider war. Am Ende aber war er für viele Deutsche genau das: ein machtversessener Politiker, dem es vor allem um den eigenen Vorteil geht.

Wie konnte es zu diesem Absturz kommen? Die Wurzeln dieses Dramas, dessen letzter Akt sich in den Karnevalstagen 2018 in rasendem Tempo entwickelt, reichen tief ins vergangene Jahr zurück. Martin Schulz ist letztlich an einer Zahl gescheitert, 20,5 Prozent, dem schlechtesten Wahlergebnis in der Geschichte der SPD. Und an einer Kampagne, die ihm von Anfang an wenig Chancen ließ.

»Die arme Sau«
Ein Experiment

Während einer der vielen Runden, in denen Schulz und sein Team darüber beraten, wie man diesem verflixten Wahlkampf doch noch eine glückliche Wendung verpassen kann, und mal wieder der Eindruck aufkommt, dass sich die ganze Welt gegen die SPD und ihren Kandidaten verschworen hat, blickt Schulz auf meinen Block, in dem ich wie immer Notizen mache, um die Geschichte dieser Kampagne zu schreiben. Er wisse jetzt, wie das erste Kapitel des entstehenden Buches lauten werde, sagt Schulz: »Die arme Sau.« Er lacht. Doch, so werde es heißen, da sei er sich sicher. »Beschrieben werde ich – und wie Dr. Engels und Dünow die arme Sau von der Wirklichkeit isolieren.« Dr. Markus Engels, Schulz' Wahlkampfmanager, und Tobias Dünow, sein Pressesprecher, sitzen wie so häufig neben ihm in seinem Büro im Willy-Brandt-Haus. Zuvor hatten sie sich mal wieder alle Mühe gegeben, die Stimmung des Kandidaten aufzuhellen und die Lage der Kampagne einen Tick positiver darzustellen, als sie tatsächlich ist.

Wie bei den meisten Schlüsselsituationen dieses Wahlkampfs durfte ich auch an diesem Tag mit am Besprechungstisch sitzen und den Verlauf der Kampagne hautnah verfolgen. In 16 Jahren als Politikjournalist habe ich viele Politiker interviewt und begleitet, meist erhielt ich dabei nur einen Abglanz von der Wirklichkeit. Oft hatte ich mir vorzustellen versucht, wie es hinter den Kulissen wirklich zugeht. Nun saß ich dort, Martin Schulz hatte es zugelassen. In manchen Momenten kam mir das selbst surreal vor. Engels und Dünow fragten sich oft, was zum Teufel ich an diesem Tisch zu suchen hatte. Kurz nach seiner Nominierung zum Kanzlerkandidaten der SPD hatte ich Schulz gefragt, ob er sich ein solches Projekt vorstellen könne. Ich hatte Bücher im Hinterkopf, die mich begeistert hatten. Die Nahbegleitung der Präsidentschaftskampagne von Nicolas Sarkozy durch die französische Schriftstellerin Yasmina Reza oder »Der Zirkus«, die Beschreibung der Kanzlerkandidatur von Peer Steinbrück durch meinen Kollegen Nils Minkmar im Jahr 2013. Ich mochte diese Projekte, weil sie für kurze Zeit den Vorhang für jene Seite der Politik öffneten, die Politiker und deren Berater sonst erfolgreich verbergen.

Schulz war solch einem Experiment nicht abgeneigt, zögerte aber zugleich. Er wolle das mit seinem Team besprechen, gab er zurück. Dann hörte ich einige Zeit nichts mehr. Seine Berater kämpften lange gegen die Idee, dass ein Reporter Zugang zum innersten Kern der Kampagne haben sollte. Am Ende dieses Kampfes, im Frühjahr 2017, hatte Schulz sich gegen ihre Bedenken durchgesetzt. Als ich bereits davon ausging, dass es nichts würde, rief er eines Tages an: »Wir machen das!« Er blieb dann bei seiner Zusage, und das mit einer Entschlossenheit, die er bei anderen Entscheidungen bisweilen vermissen ließ.

Der Mut von Martin Schulz ermöglichte eine so intensive journalistische Begleitung, wie es sie, zumindest in der deutschen Politik, selten gegeben hat. Schulz ließ mich auch dann noch dabei sein, als aus der von ihm erhofften Siegergeschichte längst eine tragische geworden war. Es waren mindestens 50 Termine, bei denen ich ihn während des Wahlkampfs begleiten konnte, vermutlich mehr. Ich war bei unzähligen Strategiesitzungen anwesend, bei der Vorbereitung von Reden, beim Training für das große TV-Duell, bei Besprechungen mit Parteifreunden, Meinungsforschern und anderen Beratern. Ich reiste mit dem Kandidaten und seinem Team zusammen im Auto, wir flogen gemeinsam durch Deutschland und Europa, von März bis Ende September 2017, mehr als fünf Monate lang. Bis wir am Wahltag gemeinsam von Würselen in die Hauptstadt reisten, wo der Kandidat Schulz am Ende dieser Odyssee das Votum der Wähler in Empfang nehmen würde.

An Tagen, an denen ich nicht mit ihm unterwegs war, telefonierten wir oft, meist zu später Stunde. Fünf Monate lang war ich immer auf Abruf, frühmorgens, abends oder nachts. Häufig erhielt ich vom Kandidaten oder einem seiner Leute erst kurz vor einem Termin den Anruf, ich könne vorbeikommen.

Mir war klar, dass Politik ein hartes Geschäft ist und der Beruf des Politikers ein eher stressiger. Aber erst dieser Blick hinter die Kulissen zeigte mir, wie gnadenlos dieser Job wirklich sein kann. Was es bedeutet, sich ständig gegen den politischen Gegner und die Gegner in der eigenen Partei behaupten zu müssen. Wie es einem zusetzt, ständig über sich in der Zeitung lesen zu müssen, was für ein Vollhorst man sei, und wie schwer es ist, die Ablehnung von Bürgern, dokumentiert in Hunderten Umfragen, nicht persönlich zu nehmen. Hinzu kommt die völlige Fremdbestimmtheit des Lebens, die 16-Stunden-Tage, das ewige Rumsitzen in Räumen ohne Ambiente, das ständige Reisen zu Terminen, die irgendetwas voranbringen sollen und doch meist ergebnislos bleiben. Die Vergeblichkeit des eigenen Tuns. Krise reiht sich an Krise, Machtkämpfe an Machtkämpfe, nie ist etwas abgeschlossen und nach der Wahl ist vor der Wahl. Im Fall von Martin Schulz verdichteten sich die Härten der Politik in diesem einen Jahr auf besondere Weise. Unabhängig davon, was man von Schulz' Kurs und seinem politischen Geschick hält: Seine Nehmerqualitäten, sein Kampfgeist und sein Durchhaltewillen waren außergewöhnlich. Manch anderer hätte vermutlich schon vor dem Februar 2018 aufgegeben.

Zwischen Schulz und mir gab es nur eine Absprache: Nichts von dem, was ich in all den Monaten beobachten konnte, sollte vor dem Wahltag veröffentlicht werden. Was ich erfuhr, sollte den Ausgang der Kampagne nicht beeinflussen. Danach aber war ich frei, all das zu beschreiben, was mir interessant und wichtig erschien, ohne Rücksprache und ohne Autorisierung, also das Freigeben des Textes durch den Porträtierten, eine Praxis, die in der politischen Berichterstattung immer selbstverständlicher geworden ist.

Warum ließ er sich auf dieses Experiment ein? Bei einer unserer vielen gemeinsamen Autofahrten sagte er einmal, dass ein solches Projekt den Menschen ein realistisches Bild von Politikern vermitteln könne. Es war ihm, soweit ich das beurteilen kann, ein Anliegen, die Distanz zwischen Bürgern und Politikern zu verringern. Ein ungeschminkter, ungefilterter Blick auf seine Arbeit würde vielleicht zeigen, dass es sich bei »denen da oben« um normale Leute handelt, Menschen mit Sehnsüchten, Unzulänglichkeiten und Zweifeln. Vielleicht, so seine Hoffnung, könne man durch solch einen transparenten Einblick in den Wahlkampf ein paar der gängigsten Ressentiments entkräften, die gegen Politiker kursierten. Man könnte zeigen, dass es ihnen eben nicht nur um Selbstbereicherung gehe. Dass sie keine elitäre Kaste seien, die sich vom Volk und seinen Sorgen entkoppelt habe. Stattdessen könnte deutlich werden, dass der Job eines Politikers hart und belastend ist, gerade in Wahlkampfzeiten. Dass es tatsächlich noch Politiker gibt, die so etwas wie Überzeugungen haben. Schulz glaubte wohl, dass sich dieser Eindruck schon vermitteln würde, wenn ich nur genug von ihm und seinem Wahlkampfalltag mitbekäme. Er glaube, dass man da etwas Großes erreichen könne, sagte er damals im Auto.

Zu Beginn der Kampagne fand Schulz gewiss auch den Gedanken reizvoll, dass sein Weg ins Kanzleramt protokolliert würde. Als er diesem Projekt im Frühjahr 2017 zustimmte, schien solch ein Wahlausgang nicht ganz unrealistisch zu sein. Für kurze Zeit wirkte es, als hätten die Deutschen nach zwölf Jahren genug von Angela Merkel, als sehnten sie sich nach einer Alternative zur ewig nüchternen, oft überzeugungsarmen Kanzlerin, nach einem emotionalen Politiker wie Schulz, der unverbraucht wirkte, weil er im Gegensatz zu den meisten Sozialdemokraten nicht ständig auf Bundes- oder Landesebene irgendwo mitregiert hatte. Mit ihm verband sich auch die Hoffnung, dass die SPD nach ihrer neoliberalen Phase rund um die »Reformagenda 2010« endlich wieder zu sich selbst finden würde. Dass sie wieder ein ehrlicher, konsequenter Anwalt der sogenannten kleinen Leute sein würde.

Ich kannte Schulz zu diesem Zeitpunkt seit einigen Jahren. Als er Anfang 2012 Präsident des Europäischen Parlaments wurde und in seiner Antrittsrede ebenso anspruchsvolle wie vermessen klingende Ziele für seine Amtszeit formulierte, fragte ich ihn, ob ich ihn ein Jahr lang durch seine Präsidentschaft begleiten dürfe, um zu beschreiben, ob sich in Brüssel tatsächlich etwas verändern lässt. Während dieses Jahres erzählte er mir nicht nur von den Abgründen der europäischen Politik, sondern auch von den Abgründen seines Lebens. Von seiner Alkoholsucht und von jener Nacht im Juni 1980, in der er sich sternhagelvoll das Leben nehmen wollte, ehe sein Bruder ihn gerade noch davon abbringen konnte. Ich hatte Respekt vor dieser Lebensgeschichte, vor einem Mann, der die dunklen Seiten seiner Existenz reflektiert hatte und andere an seinen Lehren teilhaben ließ.

Vor diesem Hintergrund konnte ich einschätzen, was die Kanzlerkandidatur im Jahr 2017 für ihn bedeutete. Er selbst kam während der vielen Gespräche, die wir im Wahlkampf miteinander führten, immer wieder auf diese unwirkliche Entwicklung seines Weges zu sprechen, verwundert über das Leben, das Schicksal und wohl auch über sich selbst.

Schulz wurde 1955 als jüngstes von fünf Kindern geboren. Seine Mutter, eine streng gläubige Katholikin, brachte ihnen christliche Werte bei. Sein Vater war der einzige Polizist im Dorf Hehlrath am Niederrhein, die Familie wohnte in der Polizeistation am Rande des Braunkohletagebaus. Die Kumpel in der Nachbarschaft und sein Großvater, der ebenfalls Bergmann war, lehrten den kleinen Martin den Stolz des Arbeiters, die Lust am Aufbegehren gegen die da oben. Während seiner Schulzeit träumte er davon, Fußballprofi zu werden. Er vernachlässigte das Lernen, blieb zweimal sitzen und musste nach der elften Klasse die Schule verlassen. Später platzte auch noch der Traum vom Profi, als er sich auf einem Rasenplatz in Würselen schwer am Kniegelenk verletzte. Er ließ sich zum Buchhändler ausbilden und hatte doch das Gefühl, seine Chance auf Anerkennung vertan zu haben. Die Leere in sich füllte er mit Alkohol. Damals, erzählt er, habe er sich anderen lange Zeit unterlegen gefühlt, weil er weder ein Studium noch ein Abitur hatte. Erst später sei das Gefühl der Minderwertigkeit dem Stolz gewichen, es auf eigenem Wege nach oben geschafft zu haben. Doch zunächst kamen die Sucht und der Absturz.

Mit Mitte 20 begab sich Schulz vier Monate lang in Therapie, um vom Alkohol loszukommen. »Du hast jetzt die einmalige Chance, Dich nur mit Dir selbst zu beschäftigen. Nutze sie!«, schrieb ihm ein Freund in dieser Zeit. Während der Therapie musste Schulz erkennen, dass er zur Selbstüberschätzung neigt. Er steckte sich zu hohe Ziele, wollte immer bei den Großen mitspielen, obwohl ihm dazu noch die Fähigkeiten fehlten. »Ich musste lernen, bescheidener zu werden«, sagt er rückblickend. Andere Patienten erzählten ihm, dass sie nach ihrer Entlassung unbedingt aus ihrem alten Umfeld wegziehen wollten. Weil sie sich schämten und weil sie nicht mehr an ihr hochprozentiges Leben erinnert werden wollten. Schulz entschied sich für einen anderen Weg. Er wollte jenen Menschen, die gesehen hatten, wie er die Kontrolle über sein Leben verlor, zeigen, dass noch etwas anderes in ihm steckte: seiner Familie, seinen Freunden und auch den örtlichen Jusos, deren Vorsitzender er vor seinem Absturz gewesen war. Auch deshalb eröffnete er seine Buchhandlung später mitten auf der Hauptstraße seiner Heimatstadt Würselen.

Als Buchhändler wurde Schulz zum Autodidakten, er wollte seinem Ehrgeiz endlich ein Fundament legen. Er verkaufte Bücher und las wie ein Besessener, Romane aus Lateinamerika, USA, Europa und unzählige Geschichtsbücher. In dieser Zeit lernte er auch seine Frau kennen, sie heirateten, bekamen einen Sohn und eine Tochter. Nebenbei engagierte sich Schulz wieder in der Politik, 1987 wurde er mit 31 Jahren Bürgermeister von Würselen. Sieben Jahre später brach er auf nach Europa.

Als er 1994 das erste Mal das Parlament in Straßburg betrat, nahm er im leeren Sitzungssaal auf dem Stuhl des Präsidenten Platz und sagte:»Hier sitze ich eines Tages.« Schon früh hatte Schulz von einem friedlichen, geeinten Europa geträumt, auch weil er europäisch aufgewachsen war. Seine Verwandten wohnten in der Nähe und doch auf drei Länder verteilt – Deutschland, Niederlande und Belgien. Für Familientreffen mussten sie an der Grenze Schlange stehen. Sein Großvater hatte im Ersten Weltkrieg auch gegen die eigenen Cousins gekämpft.

Während viele seiner Kollegen in Straßburg saßen, weil sie von ihrer Partei abgeschoben worden waren, wollte Schulz lange Zeit nie etwas anderes sein als Europapolitiker. Als sein Freund Sigmar Gabriel ihn im Sommer 2010 erstmals bat, er solle in die Bundespolitik wechseln, war das für ihn unvorstellbar:»Kommt nicht in die Tüte. Ich bleibe in Europa.« Dort baute er mit den Jahren ein breites Netzwerk von Politikern aus allen Ländern auf. Und wurde schließlich zum stärksten und einflussreichsten Präsidenten, den das Parlament bisher hatte.

Erst als sich seine Amtszeit als Parlamentspräsident dem Ende zuneigte, war er bereit, den Schritt zurück in die Bundespolitik zu wagen. 37 Jahre nach seinem Absturz wurde er nicht nur Vorsitzender der ältesten und stolzesten Partei Deutschlands, er hatte sogar die Chance, der nächste Bundeskanzler zu werden. Schulz wollte Kanzler werden. An seinem Ehrgeiz ließ er keinen Zweifel. »Der Vizekanzlerfriedhof von Angela Merkel ist bereits voller Kreuze«, sagte er, kurz nach seiner Nominierung zum Kanzlerkandidaten Ende Januar 2017. »Ich lande da nicht.«

Ebenso ambitioniert war sein Ziel, sich auch als Kanzlerkandidat nicht verbiegen zu lassen. Martin Schulz wollte Martin Schulz bleiben. Als Gegenmodell hatte er seine Gegnerin Angela Merkel vor Augen, die sich in den Jahren ihrer Kanzlerschaft persönlich wie inhaltlich zu einer Art Neutrum entwickelte und bei der es schwerfällt zu sagen, wer sie ist und wofür sie steht. Schulz hingegen wollte im Wahlkampf genau so reden, handeln und entscheiden, wie er es zuvor getan hatte. Er wollte möglichst unverstellt und ungecoacht ins Kanzleramt kommen.

Ein Grünschnabel war er freilich nicht. Er kannte die politischen Tricks und Kniffe, mit denen sich Koalitionen schmieden, Mehrheiten erzwingen und die eigene Karriere befördern lassen. Sonst hätte er in Brüssel nicht Präsident des Europäischen Parlaments werden können, sonst wäre er auch nicht Spitzenkandidat der europäischen Sozialdemokratie bei der Europawahl 2014 geworden. Und doch wirkte es glaubhaft, wenn er seine Abneigung gegen eine Politik der tausend Hintergedanken äußerte, die vor allem von Taktik geprägt ist.

Diese Abneigung war es auch, die ihn all die Jahre Distanz zur Hauptstadtpolitik halten ließ. Obwohl schon lange Mitglied des SPD-Präsidiums, wollte er nie wirklich Teil der Berliner Politik werden. Auch weil ihm diese Welt oft kalt, intrigant und zynisch erschien. Mehrfach hatte er mir in den Jahren zuvor erzählt, dass er sich davor schützen wolle, zum Zyniker zu werden. Bei zu vielen Kollegen habe er diese Entwicklung beobachtet. In einem Tempel des Zynismus wollte Schulz sich die Gabe der Melancholie bewahren. So sagte er es. Zugleich fürchtete er aber, zu leutselig für diese Welt zu sein, und vor allem: nicht misstrauisch genug.

Im Jahr 2017 erlebte ich dann, wie der Wahlkampf und dessen Folgen für Schulz nicht nur ein Wettbewerb um Prozente, sondern auch zu einem Kampf um die eigenen Vorsätze wurde. Wie er ihn an seine Grenzen trieb und manche Überzeugung in Frage stellte, an die er vorher geglaubt hatte. So ist die Geschichte des Martin Schulz auch die Geschichte eines Mannes, der sich treu bleiben wollte und doch schmerzhaft erfahren musste, wie dieser Wunsch an den Realitäten des Politikbetriebs zerbrechen kann.

Keine andere Kanzlerkandidatur in der Geschichte der Bundesrepublik verlief ähnlich dramatisch wie die Schulz-Kandidatur. Nach seiner Nominierung Ende Januar 2017 schoss die SPD in den Umfragen von rund 20 auf über 30 Prozent und überholte sogar die Union. Über Nacht stieg Schulz zum fröhlichen Retter der todtraurigen SPD auf. Um ihn entwickelte sich ein Personenkult, der kurz an den Hype um Barack Obama erinnerte. Im März 2017 erhielt Schulz bei seiner Wahl zum Parteivorsitzenden 100 Prozent der Delegiertenstimmen, ein Ergebnis, das man in Deutschland bislang vor allem von Erich Honecker kannte und in einer demokratischen Partei schon fast unanständig wirkt. Sechs Monate später erzielte Schulz bei der Bundestagswahl mit 20,5 Prozent das schlechteste Ergebnis der SPD in der Geschichte der Bundesrepublik, weitere fünf Monate später hatte man ihn vom Hof gejagt. Wie konnte er vom glaubwürdigsten zum unglaubwürdigsten Politiker des Landes werden?

Wie konnte es zu diesem Absturz kommen? An welchem Punkt haben er und seine Kampagne das Gespür für die Wähler verloren? Und was macht eine so dramatische Entwicklung mit einem Menschen, gerade mit einem sensiblen Mann wie Martin Schulz, der nach eigenem Bekunden an das Gute im Menschen glaubt und mit dem Ziel angetreten war, eine ehrlichere Politik zu machen?

Diese Nahaufnahme gewährt Einblicke in eine Welt, in der strategische Fragen weit höhere Bedeutung haben als inhaltliche. Sie handelt von einer beinahe grotesken Fixierung auf Umfragen und von einer Überinszenierung von Politik, in der Spindoktoren, Imageberater, Coaches, PR-Berater und weitere Herrschaften mit seltsamen Visitenkarten das eigentliche Sagen haben.

Diese Probleme hat die deutsche Sozialdemokratie keineswegs exklusiv. Was ich erlebte, offenbart, woran die deutsche Politik der Gegenwart ganz generell krankt. Denn das Tragische an dieser Entwicklung ist, dass all die Umfragen und all die Berater die Politik nicht zugänglicher oder empfänglicher für die Sorgen und Nöte der Bürger machen. Vielmehr verringern sie die Glaubwürdigkeit von Politik und tragen zu jenem weitverbreiteten Gefühl bei, wonach Politiker vor allem um sich selbst kreisen. Dass sie eine abgehobene Kaste bilden, der das Gespür für die Sorgen der normalen Menschen längst abhandengekommen ist.

TAGE DER UNGEWISSHEIT
Wie man Kanzlerkandidat wird

»Schaff ich das?«
Vorfreude und Selbstzweifel

Seit vielen Jahren verbringt Martin Schulz seine Berliner Nächte im Mövenpick Hotel am Anhalter Bahnhof, weil es die wichtigsten Ansprüche erfüllt, die er an ein Hotel in der Hauptstadt hat: Es liegt in der Nähe des Willy-Brandt-Hauses, verzichtet auf Schnickschnack und das Essen schmeckt.

Im Herbst 2016 ist Schulz häufiger als sonst in Berlin, auch an diesem Abend Mitte Oktober. Seine Zeit als Präsident des Europäischen Parlaments neigt sich dem Ende zu. Er würde gerne noch eine Amtszeit dranhängen, aber das lassen die Konservativen in Brüssel offenbar nicht zu. Bald wird er jenen Job, den er fast fünf Jahre lang mit Begeisterung ausgeübt hat, wohl los sein. Da schadet es nicht, nach neuen Aufgaben in der Bundespolitik Ausschau zu halten. Sein Freund Sigmar Gabriel, Parteivorsitzender der SPD, Vizekanzler und Bundeswirtschaftsminister, hat ihm im Sommer anvertraut, dass er die Kanzlerkandidatur bei der anstehenden Bundestagswahl womöglich nicht selbst übernehmen werde. Er, Schulz, sei die einzig denkbare Alternative. Allerdings, so Gabriel, habe er seine Entscheidung noch nicht getroffen. Wie sie ausfallen wird, ist ungewiss.

Die Ausgangslage der SPD für die Bundestagswahl ist zu diesem Zeitpunkt miserabel bis aussichtslos. Obwohl die Partei und ihr Vorsitzender Gabriel in der Großen Koalition weit mehr Projekte durchsetzen konnten, als es für einen kleineren Koalitionspartner üblich ist, leiden beide unter chronischem Liebesentzug durch die Wähler. Während der vergangenen Jahre schaffte es die

SPD in den Umfragen kaum über 25 Prozent. Im Herbst 2016 nähert sie sich unaufhaltsam der 20-Prozent-Marke an. Gabriel selbst gelingen in diesem Herbst zwar einige politische Erfolge, die Rettung von Arbeitsplätzen bei Kaiser's Tengelmann, die Verabschiedung des Freihandelsabkommens Ceta und später die Nominierung von Frank-Walter Steinmeier als Bundespräsidentenkandidat, aber seinem persönlichen Ansehen bei der Bevölkerung hilft all das nicht. Er gilt vielen Bürgern als unstet und wenig vertrauenswürdig.

Trotz der schlechten Ausgangslage und auch wenn es nervt, von der Entscheidung seines Freundes abhängig zu sein, beflügelt Schulz die Aussicht, dass bald etwas Großes auf ihn zukommen könnte. Insgeheim hat er sich auf diese Chance sogar vorbereitet, geistig wie körperlich. Mit Hilfe der »Schulz-Diät«, wie er sie nennt, konnte er im vergangenen Jahr erfolgreich abspecken. Er mache einfach FdH (Friss die Hälfte), erklärt er Fisch essend im Restaurant des Mövenpick. Wobei man gelegentlich richtig schlemmen sollte, damit der Körper nicht in den Krisenmodus schalte. Hat ihm sein Personal Trainer empfohlen. Mehr als zehn Kilo seien schon runter, sagt er stolz.

Neben der Vorfreude gibt es an diesem Abend aber auch Momente der Nachdenklichkeit und des Zweifels. Den Vorsitz der SPD würde er sich zutrauen, sagt Schulz, weil er glaube, die Partei einen zu können. Auch die Kanzlerkandidatur traut er sich zu, er glaubt, ein ordentliches Ergebnis holen zu können. Ein paar Gedanken über seine mögliche Kampagne hat er sich bereits gemacht. Es fallen Schlüsselwörter wie Stolz, Respekt oder die Wendung von den »hart arbeitenden Menschen«, mit denen er ein paar Monate später tatsächlich antreten wird. Wenn er Kandidat wäre, würde er sagen: Wir sind die Partei der hart arbeitenden Mehrheit im Lande, die sich an die Regeln hält, die die Demokratie bejaht und die endlich respektiert werden will. »Zack, da hast du es. Da kriegst du die Leute.« Aber die Begeisterung in sei-

nem Gesicht verglüht rasch wieder.»Tja, und dann führt dich so
was ins Kanzleramt. Aus Versehen. Und was machst du dann?«
Er schaut kurz an die Decke und windet sich im Stuhl.»Dann
stell ich mir die Frage: Schaff ich das? Bin ich dafür tough genug?«
Wenn er sich jetzt vorstelle, Bundeskanzler der Bundesrepublik
Deutschland zu werden, fange sein Puls an, in die Höhe zu gehen,
sagt er im Herbst 2016.»Nicht aus freudiger Erregung, sondern
aus Muffe.« Wenn man Angst habe, würden die Leute das mer-
ken, das könne man nicht verheimlichen.»Deshalb muss ich mir
die Frage vorher stellen.« Er will sich eindringlich prüfen, ob er
dieser Herausforderung gewachsen ist. Nur dann will er antreten.

Schulz erinnert an seinen Freund, den glücklosen François
Hollande, der zu diesem Zeitpunkt noch französischer Staatsprä-
sident ist und den er oft in seinem Präsidentenpalast besucht hat.
Hollande scheitere ja gerade, sagt Schulz. Weil er der am schlechtesten vorbereitete Präsident gewesen sei, den die Republik je
hatte. Ein Zauderer und Zögerer.»So möchte ich nicht enden.«
Er sei zwar ein anderer Typ als Hollande, aber er frage sich gerade
schon: Kommst du am Ende ins Kanzleramt, weil der Gabriel ein
Zauderer war? Ist dein Durchmarsch das Resultat der Zögerlich-
keit eines anderen? Bin ich vorbereitet genug? Hab' ich die Nerven dazu?»Das geht mir im Kopp rum.«

So vergehen Monate. Während Gabriel sich fragt, ob er will,
fragt Schulz sich, ob er es kann.

»Du musst es machen«
Die planlose Kandidatur

Wenige Wochen nach dem Gespräch im Mövenpick hat Schulz
sich entschieden. Doch, er traue sich das zu, sagt er und klingt
schwer entschlossen. Er hofft sogar, dass sich mit ihm ein gewisser Bernie-Sanders-Effekt ergeben könne. Gabriel aber ist von

einer Entscheidung immer noch weit entfernt. Als sich abzeichnet, dass Frank-Walter Steinmeier für das Amt des Bundespräsidenten nominiert werden wird, steht plötzlich auch der Posten des Außenministers zur Verfügung. Für Schulz oder für Gabriel. Im Oktober beschließen die beiden, eine Umfrage in Auftrag zu geben, um herauszufinden, wer von ihnen die größeren Chancen als Kanzlerkandidat hat. Sie tüfteln gemeinsam an den Fragen, die den Bürgern gestellt werden sollen. Im November spezifizieren sie diese noch einmal. Insgesamt drei Umfragen gibt Gabriel im Spätherbst 2016 in Auftrag, so heimlich, dass kaum jemand in der Parteizentrale davon etwas mitbekommt, obwohl die SPD dafür zahlt. Es ist der Versuch, den aussichtsreichsten Kanzlerkandidaten mit den Mitteln der Demoskopie zu finden.

In der Öffentlichkeit lässt Gabriel derweil kaum einen Zweifel daran, dass er selbst antreten wird. Im Dezember und Januar gibt er eine Reihe von Interviews, in denen er sich entsprechend äußert. Vor Weihnachten bittet er einen geschätzten Berater, ihm ein Papier zu schreiben. Der Inhalt: Wie sich seine eigene Kandidatur begründen ließe. Selbst Schulz geht zum Jahreswechsel fest davon aus, dass sein Freund selbst antreten wird, auch wenn der ihn weiter im Ungewissen lässt. Später wird Gabriel sagen, dass er schon Monate zuvor entschieden habe, Schulz die Kandidatur zu überlassen. Er habe seinen Freund aber bewusst nicht eingeweiht, weil dieser eine Entscheidung dieser Tragweite nicht hätte für sich behalten können, was im Übrigen völlig nachvollziehbar sei. Leute aus Gabriels engstem Umfeld sagen jedoch, der damalige Parteivorsitzende sei völlig planlos gewesen und habe bis zum letzten Tag nicht gewusst, wie er entscheiden solle.

Für den 21. Januar 2017, einen Samstag, bittet Gabriel seinen Freund zum Gespräch auf das Schloss Montabaur, um ihm endlich mitzuteilen, wie seine Entscheidung ausgefallen ist. Am Abend vor der Begegnung sitzt Schulz zu Hause in Würselen mit seiner Frau Inge und einem Freund und engem Vertrauten aus

Brüsseler Tagen. Sie spekulieren darüber, wie Gabriel sich wohl entschieden hat. »Ich glaube, er macht es nicht«, sagt der Freund. Gabriel sei ein rationaler Mensch, er wisse, dass er als Kanzlerkandidat der SPD keine Chance habe. Schulz ist anderer Auffassung. Er hält es zwar für denkbar, dass Gabriel bereit sei, ihm die Kandidatur zu überlassen, nicht jedoch den Parteivorsitz. Den aber hatte Schulz zur Bedingung für eine Kandidatur gemacht. Für eine erfolgreiche Kampagne, so sein Argument, müssten Kandidatur und Parteivorsitz in einer Hand liegen. Schulz geht fest davon aus, demnächst Außenminister zu sein. So hat er Gabriels Signale der vergangenen Wochen verstanden. Er freut sich nun auch auf die neue Aufgabe. Sein Sprecher Markus Engels hat die Planung für die ersten Wochen im Außenministerium bereits abgeschlossen. Sie haben darüber gesprochen, wohin die ersten Reisen des Außenministers Schulz gehen sollen und welche Botschaft sich mit diesen Ländern verbinden lässt. Mit dem SPIEGEL ist ein Interview für die kommende Woche vereinbart. Darin, so kündigen seine Leute an, wolle Schulz seine Pläne als Außenminister skizzieren.

Als er am späten Nachmittag des 21. Januar von Würselen nach Montabaur fährt, ist Schulz überzeugt, dass er als designierter Außenminister zurückfahren wird, während Gabriel sich als Kanzlerkandidat aus der Regierung zurückzieht. Das hatten sie schon vor längerer Zeit verabredet: Wer auch immer Merkel herausfordert, solle nicht zugleich in ihrem Kabinett sitzen. So könne man die Kanzlerin glaubwürdiger attackieren.

»Du musst es machen«, eröffnet Gabriel das Gespräch auf dem Schloss. Er will Schulz die Umfragen zeigen, deren Fragen sie gemeinsam erdacht haben. Sie belegen, wie unbeliebt Gabriel ist, und legen den Schluss nahe, dass er bei den Bürgern für immer unten durch ist. Schulz' Werte sind deutlich besser.

»Ich kenne die Umfragen«, sagt Schulz. Er realisiert auch, dass es Gabriel schwerfällt, den Parteivorsitz aufzugeben. Doch es gibt gute Gründe, auf der Amtsübergabe zu bestehen. Vier Jahre zuvor hatte Peer Steinbrücks Kanzlerkandidatur stark unter der Ämtertrennung gelitten. Ständig erschienen Berichte über echte oder angebliche Differenzen zwischen dem Kandidaten Steinbrück und dem Vorsitzenden Gabriel. »Ich würde das mit niemandem machen, aber mit Dir erst recht nicht«, erklärt Schulz seinem Freund. »Wir würden uns voll in die Haare kriegen. Das wäre das Ende unserer Freundschaft.« Aus Verantwortung vor der Partei dürfe man dieses Risiko nicht eingehen. Gabriel wird später erzählen, Schulz habe ihn aus dem Amt des Vorsitzenden gedrängt. Die Wahrheit ist, dass ihm niemand den Vorsitz streitig gemacht hätte, wenn er selbst bereit gewesen wäre, Kanzlerkandidat zu werden.

Auf dem Heimweg nach Würselen ruft Schulz spät abends seinen Vertrauten Markus Engels an, der auf einer Party in Nürnberg ordentlich feiert. Die letzten Tage, in denen er Schulz' Einzug ins Auswärtige Amt vorbereiten musste, waren anstrengend gewesen. Doch nun sind die Planungen abgeschlossen, Engels möchte sich einen ausgelassenen Abend gönnen. »Gibt 'ne kleine Planänderung«, sagt Schulz am Telefon. »Wir werden doch nicht Außenminister. Wir werden Kanzlerkandidat.«

Drei Tage später erfährt die SPD aus dem »Stern« vom überraschenden Wechsel an ihrer Spitze. Am Morgen nach dem Gespräch in Montabaur hat Gabriel »Stern«-Chefredakteur Christian Krug in seinem Haus in Goslar empfangen und in einem Interview seinen Verzicht erklärt. Das Titelbild mit der Zeile »Der Rücktritt« wird am Dienstagnachmittag öffentlich, noch bevor Gabriel Vorstand und Präsidium der Partei über seine Entscheidung informiert hat.

Kurz bevor die Bombe platzt, redet Gabriel im Willy-Brandt-Haus mit seinen beiden Stellvertretern Hannelore Kraft und Olaf Scholz. Während sich Kraft, die öffentlich für Gabriel als Kandidaten geworben hatte, sofort auf die neue Situation einlässt, reagiert Scholz sichtbar verstimmt. Er müsse noch einen Tag nachdenken, ob er die Rochade mittragen könne.

Seit geraumer Zeit existieren an der Spitze der SPD zwei Lager: der Hamburger Erste Bürgermeister Scholz und Arbeitsministerin Andrea Nahles auf der einen Seite, Gabriel und Schulz auf der anderen. Inhaltlich trennt die beiden Lager herzlich wenig, doch sie konkurrieren um dieselben Posten und können sich nicht sonderlich gut riechen. Scholz und Nahles wollten verhindern, dass Gabriel und Schulz die Aufgabenverteilung unter sich ausmachen. Nun ist genau das passiert. Während Scholz noch nachdenken möchte, sind die Fakten längst geschaffen. Nahles und er fühlen sich ausgetrickst.

Zweieinhalb Jahre zuvor, am 23. August 2014, hielt Frank Stauss einen Vortrag vor dem Vorstand der SPD. Stauss ist Parteimitglied und einer der erfolgreichsten Wahlkampfexperten des Landes. Mit seiner Werbeagentur Butter hat er in den vergangenen 15 Jahren mehr als 20 Kampagnen für die Genossen konzipiert, darunter die spektakuläre Aufholjagd von Gerhard Schröder im Sommer 2005. Stauss und Butter haben zu diesem Zeitpunkt einen Beratungsauftrag der SPD, der bis Ende 2016 läuft.

Die Parteispitze hatte sich im August 2014 in Klausur begeben, um frühzeitig darüber nachzudenken, wie man nach zwei verunglückten Kampagnen bei der nächsten Bundestagswahl endlich wieder erfolgreich sein könne. Vor den Wahlen 2009 und 2013 hatte bereits die Ausrufung der Kanzlerkandidaten wie eine schlechte Slapstick-Komödie gewirkt. Frank-Walter Steinmeier war im Herbst 2008 unter chaotischen Umständen zum Kandidaten ausgerufen worden. Sein Team und er selbst hatten dem SPIEGEL bestätigt, dass der damalige Außenminister am darauffolgenden Sonntag zum Kandidaten gekürt werde. Da es keinen Zweifel an der Richtigkeit dieser Information gab, verfasste die Redaktion umgehend eine Titelgeschichte, die am Freitagabend

in Druck ging. Der damalige Parteivorsitzende Kurt Beck hatte
Steinmeier eigentlich persönlich zum Kandidaten ausrufen wollen. Es sollte aussehen, als sei Steinmeier ein Kandidat von Becks
Gnaden. Als Beck im Laufe des Samstags vom SPIEGEL-Titel
erfuhr, fühlte er sich von Steinmeier (nicht ganz zu Unrecht) ausgetrickst und trat wenige Stunden vor der geplanten Ausrufung
des Kandidaten gekränkt vom Parteivorsitz zurück.
Im Vorfeld der Bundestagswahl 2013 lief es nur unwesentlich
besser – und wieder war Steinmeier derjenige, der es vermasselte.
Der damalige Parteivorsitzende Gabriel, Fraktionschef Steinmeier und der ehemalige Bundesfinanzminister Peer Steinbrück
hatten vereinbart, möglichst lange offenzuhalten, wer von ihnen
Kandidat wird. Aber Steinmeier hielt es irgendwann nicht mehr
aus, als Kandidat gehandelt zu werden, ohne es machen zu wollen, und so plauderte er im September 2012 während eines Hin-
tergrundgesprächs mit Berliner Journalisten aus, dass er nicht
zur Verfügung stehe. Das zerstörte alle Pläne. Steinbrück, der
anders als Steinmeier Lust auf die Kandidatur hatte, musste über-
hastet, viel zu früh und ohne jegliche Vorbereitung als Kandidat
präsentiert werden. Das rächte sich umgehend: Steinbrück redete
sich ohne Plan, ohne Sensibilität und ohne Helfer schnell um
Kopf und Kragen: mit arrogant klingenden Aussagen zum ange-
messenen Preis für eine Flasche Weißwein oder dem angeblich
viel zu niedrigen Kanzlergehalt. Von diesem Start sollte sich seine
Kandidatur nie wieder erholen.
Bei der Klausurtagung des Parteivorstands im August 2014
lässt Wahlkampfexperte Stauss viele Grafiken an die Wand werfen. Sie sollen das Kernproblem der SPD im zurückliegenden
Jahrzehnt verdeutlichen: ihre Sprunghaftigkeit, thematisch wie
personell. Während die Genossen immer neue Kanzlerkandidaten und gleich sieben verschiedene Parteivorsitzende aufboten,
gab es bei der CDU immer nur Angela Merkel. Kontinuität sei ein
zentraler Erfolgsfaktor, gerade in Deutschland, mahnt Stauss.

Man habe jetzt zum Glück viel Zeit, den nächsten Wahlkampf endlich mal professionell vorzubereiten, gründlich, von langer Hand also, thematisch wie personell. »Jetzt haben wir drei Jahre Zeit bis zur Kür«, sagt Stauss, dessen Redemanuskript und Präsentation ich später sehen durfte. »Die Kompetenz, eine funktionierende Kampagne zu fahren, ist heute auch Ausweis für Regierungskompetenz und auch für die Amtsführung.« Daher sei es so wichtig, dass die SPD ihre Kampagnenfähigkeit wiederherstelle. »Ich stelle als Mindestanforderung an meine Partei nur folgende Forderung: Bitte sorgen Sie dafür, dass der wichtigste Eröffnungszug in einem Wahlkampf – nämlich die Ernennung des Kanzlerkandidaten –, also der Moment, in dem einem die volle Aufmerksamkeit der Medien über mehrere Tage garantiert wird und bereits die Grundlagen für Sieg oder Niederlage gelegt werden, dass dieser Moment, der bezüglich der Themensetzung, der Offensivtaktik und der Bildergenerierung so hochprofessionell vorbereitet werden muss wie kein zweiter, – dass dieser Moment nicht wieder davon abhängt, ob Kurt Beck zurücktritt oder nicht.«

Was dann Ende Januar 2017 geschieht, ist das Gegenteil von jener professionellen Vorbereitung, die Stauss »eine Mindestanforderung« an die Kampagnenfähigkeit der SPD nannte. Als Gabriel seinen Freund Schulz endlich einweiht, dass er Kanzlerkandidat der SPD wird, hat dieser genau zweieinhalb Tage, bis seine Kandidatur öffentlich bekannt wird. Nur weitere fünf Tage bleiben ihm, bevor er im Willy-Brandt-Haus auf die Bühne tritt und vor großem Publikum und laufenden Kameras erklärt, dass er Bundeskanzler werden möchte.

Wie unvorbereitet Schulz in diese Kampagne schlittert, fällt zunächst nicht auf. Der Verzicht von Gabriel, unter dem die Umfragen der SPD partout nicht steigen wollten, und die Neugier auf einen neuen, vergleichsweise wenig bekannten Kandidaten bewirken etwas, was niemand für möglich gehalten hat: Die SPD schießt in den Umfragen nach oben, in manchen überholt sie gar die Union. Laut »Deutschlandtrend« der ARD wünscht sich eine Mehrheit der Bürger plötzlich eine SPD-geführte Bundesregierung. Das gab es seit Jahren nicht mehr.

In der Euphorie geht unter, dass die Grundstruktur der Kampagne nicht auf einen Kanzlerkandidaten Schulz zugeschnitten ist. Wichtige Entscheidungen sind zum Zeitpunkt seiner Nominierung längst gefallen. Statt Kontinuität zu schaffen und mit Stauss und seiner Agentur Butter in den Wahlkampf zu ziehen, jenem Team also, das seit Jahren daran arbeitete, die SPD auf 2017 vorzubereiten, hat Gabriel im November 2016 die Hamburger Agentur KNSK engagiert. Zugleich ist inhaltlich wenig vorbereitet, von einem Gesamtkonzept aus übergeordneten Botschaften und konkreten Inhalten, die zur Persönlichkeit des Kandidaten passen, ganz zu schweigen. Bis zu dessen überraschendem Verzicht waren die Mitarbeiter der Parteizentrale von einer Kandidatur des Parteivorsitzenden Gabriel ausgegangen.

Als Schulz Ende Januar 2017 ins Willy-Brandt-Haus einzieht, bringt er genau zwei Personen mit: Natalie Hagemeister, seine Büroleiterin aus Brüssel, eine kluge Frau, die weit mehr beisteuert als die Organisation des Terminplans. Und seinen bisherigen Pressesprecher Markus Engels, der nun den Wahlkampf leiten soll. Engels, ein promovierter Politologe und politischer Mensch, sieht in der plötzlichen Berufung seines Chefs die Chance seines Lebens. Er übernimmt sogleich viele Zuständigkeiten, die für einen Wahlkampf zentral sind: Strategie, Medienkontakte, Organisation, Redenschreiben. Schulz unterstützt das. Engels ist sein wichtigster Mann, auch weil alle anderen Schlüsselfiguren im Willy-Brandt-Haus, die für den Wahlkampf zentral sind – die Generalsekretärin, die Bundesgeschäftsführerin, die Pressesprecher und sämtliche Abteilungsleiter –, aus der Ära Gabriel stammen. Eine Kanzlerkandidatur hat noch keiner von ihnen in führender Position begleitet.

Eine perfekte Kampagne beruht auf einem reibungslosen Zusammenspiel zwischen der Parteizentrale, der Werbeagentur, dem Kandidaten und dessen Umfeld. In der Realität aber ringen diese unterschiedlichen Akteure in Wahlkampfzeiten um die Aufmerksamkeit und »das Ohr« des Kandidaten. Um die konkurrierenden Kräfte, die auf ihn einwirkten, zu minimieren und ungestörter und effizienter zu arbeiten, zog der damalige Bundesgeschäftsführer Franz Müntefering im Wahlkampf 1998 bewusst aus dem Willy-Brandt-Haus aus. Er wusste, dass eine Kampagne wenig mit der normalen Arbeit einer Parteizentrale zu tun hat, in der sich die Mitarbeiter in der Regel damit beschäftigen, umfangreiche Papiere zu komplexen Sachverhalten zu verfassen. Deshalb schuf er auch räumlich Distanz, um die Organisation des Wahlkampfs jenen zu überlassen, die Ahnung davon und Lust darauf hatten.

Von professionellen Strukturen kann Schulz Anfang 2017 nur träumen. An seiner Seite steht eine Werbeagentur, die er sich nicht ausgesucht hat. Er hat eine Parteizentrale unter sich, die er nicht wirklich kennt, geschweige denn mit Vertrauensleuten besetzt hat. Und seine engsten Mitarbeiter wissen zwar, wie man im Kuddelmuddel der europäischen Politik Mehrheiten organisiert, ein paar waren sogar an Bord, als Schulz 2014 als Spitzenkandidat bei der Europawahl antrat. Von Bundestagswahlkämpfen aber haben sie in etwa so viel Ahnung wie Igel vom Synchronschwimmen.

Das Haus, in das Schulz nun einzieht, leidet zudem unter einem Trauma aus dem Wahlkampf von 2013. Der Kandidat Peer Steinbrück hatte damals entschieden auf »Beinfreiheit« bestanden, er wollte möglichst wenig von der Partei kontrolliert werden – das bekam beiden nicht gut. In der Parteizentrale zog man aus dem Fiasko den Schluss, den nächsten Kandidaten an die kurze Leine zu nehmen. Als Schulz Kandidat wird, existiert zumindest ein erhöhtes Sicherheitsbedürfnis im Willy-Brandt-Haus.

»Sind wir auch solche Typen?«
Bebel, Brandt, Schulz

Am 17. März, zwei Tage bevor er auf dem SPD-Parteitag zum Vorsitzenden gewählt werden soll, sitzt Martin Schulz zu Hause in Würselen und blättert durch einen Bildband aus dem Jahre 1963. Der Band steht schon lange in seinem Schrank, jetzt hat er ihn das erste Mal seit Ewigkeiten wieder hervorgeholt. »100 Jahre deutsche Sozialdemokratie« heißt das Werk. Schulz sieht die Fotos seiner Vorgänger: August Bebel, Friedrich Ebert, Philipp Scheidemann, Otto Wels, Kurt Schumacher, Willy Brandt. Bei jedem Namen rumst seine Faust auf die Tischplatte, als er später von diesem Moment erzählt. »Das sind Heroen! Helden der deutschen Geschichte!« Während er sich durch die Parteivorsitzenden der SPD blätterte, habe er sich die gleiche Frage gestellt, die sich auch Sigmar Gabriel oft gestellt habe: »Sind wir auch solche Typen? Oder pissen wir ein Stück kürzer als die?«

Man kann die Frage auch anders stellen: Lag es an den Typen, also an den Individuen, dass die SPD auf so eine lange, stolze Geschichte zurückblicken kann? Und sind im Umkehrschluss die Typen der Gegenwart schuld, dass die Sozialdemokratie heute eher Mitleid und Spott als Bewunderung erntet? Oder hat die Strahlkraft mancher Ideen und Bewegungen ein Verfallsdatum? Verblasst sie quasi zwangsläufig mit der Zeit, ohne dass dieser Prozess von Individuen aufzuhalten wäre?

Zwei Tage nach dem Parteitag, auf dem Schulz mit sensationellen 100 Prozent der Stimmen gewählt wird, öffnet er in seinem frisch bezogenen Vorsitzenden-Büro das Paket einer 91-jährigen Frau. Es enthält einen Kupferstich mit dem Porträt Friedrich Eberts, dem legendären SPD-Vorsitzenden und ersten Reichspräsidenten der Weimarer Republik. »Das Porträt hat während der ganzen Nazizeit in der Wohnung meiner Eltern gehangen«, schrieb die Frau. »Und das, obwohl wir zwei Mal Hausdurch-suchungen von den Nazis hatten. Bitte verwahrt es gut.«

»Die schickt das an den Vorsitzenden der SPD!«, sagt Schulz gerührt. »Eine Partei mit so einer langen Geschichte entwickelt ja eine Art sakralen Zustand.« Man habe, als einzige deutsche Partei, nie den Namen geändert, man stehe in einer ungebroche-nen Tradition. Wenn er darüber nachdenke, dass er diesen Pos-ten jetzt tatsächlich innehabe …, er stockt. »Da kannst du zwar sagen: Leute übertreibt es mal nicht, macht mal nicht so viel Pathos! Und trotzdem ist sie ja da, die 153-jährige Geschichte die-ser Partei.«

Was den Stolz auf und die Rührung über die eigene Geschichte betrifft, erinnert die SPD an manche Traditionsvereine im Profi-fußball. Auch die haben zwar oft die schönere Geschichte und die schöneren Geschichten zu erzählen. Unter den Erfolgsgeset-zen der Gegenwart aber können sie sich dafür immer weniger kaufen.

TAGE DES HYPES
Ein Bundeskanzler Schulz scheint möglich

»Das hätt' ich nicht für möglich gehalten«
Plötzlich Kultfigur

Drei Tage nach dem Parteitag sitzt Martin Schulz am Abend des 22. März wieder im Restaurant des Mövenpick, am gleichen Tisch, an dem er wenige Monate zuvor noch mit der Frage gerungen hatte, ob er sich tatsächlich zutraue, Bundeskanzler zu sein. Nun erscheint es gar nicht so unrealistisch, dass er es wird. Im direkten Vergleich der Kandidaten liegt Schulz laut Infratest dimap zwischenzeitlich mit 50 Prozent deutlich vor Merkel (34 Prozent). Es gibt nun Plakate, auf denen Schulz' Konterfei popartmäßig im Stile jener »Hope«-Plakate zu sehen ist, mit denen Barack Obama zur Ikone stilisiert wurde. In Schulz' Falle wird »HOPE« nun durch »MEGA« ersetzt, der Abkürzung für »Make Europe Great Again«. Entworfen hat das Plakat Philipp Seipelt, ein Internetfreak und studierter Philosoph, der kein Mitglied der SPD ist, aber große Hoffnungen in deren Kandidaten setzt. Schulz lebe Toleranz und Respekt vor, erklärt Seipel später seine Begeisterung und spricht damit stellvertretend für viele junge Menschen in Deutschland. Am wichtigsten aber sei ihm, dass Schulz glaubwürdig für Europa einstehe. Jenes plötzlich wertgeschätzte Europa, so Seipelt, »bei dem die Angst tief sitzt, dass etwas kaputtgeht, mit dem wir aufgewachsen sind«.

Seipelt ist es auch, der einen »Schulzzug« zur Melodie des Bergarbeiterliedes »Der Steiger kommt« durch YouTube rollen lässt. Das Video verbreitet sich rasend schnell und wird hunderttausendfach geklickt. Hinzu kommen Memes, mit lustigen Sprüchen versehene Bilder oder Bildmontagen, in denen Schulz als

»Gottkanzler« oder »Robin Hood« heroisiert wird. Er komme »Straight outta Würselen«, heißt es im Netz, und steuere, in Anlehnung an einen Spruch Donald Trumps, mit »hoher Energie« aufs Kanzleramt zu.

So wird Schulz in kürzester Zeit zu einer Art Kultfigur. Das vermeintlich uncoole Äußere eines Mannes, der Anzüge von der Stange und als Brille ein Kassengestell trägt, wird plötzlich für hip erklärt. Diesen Hype hat niemand im Willy-Brandt-Haus vorhergesehen, er ist nicht Teil des Kampagnenplans, wird von niemandem recht verstanden und dementsprechend auch nicht genutzt. Man wusste von den Demoskopen zwar, dass Schulz beliebter als Gabriel sein würde, aber diesen Kultcharakter hatte kein Genosse antizipiert.

Gerade kommt Schulz von einem Neumitgliedertreffen mit 500 Leuten in Kreuzberg. Bevor das Abendessen serviert wird, ruft seine Büroleiterin an und will wissen, wie der Auftritt war: »Wie immer«, sagt Schulz am Telefon. »Ich hab' 'ne dramatische Rede gehalten, hab' viel Applaus bekommen und dann bin ich wieder gefahren.« Es fühlt sich alles so leicht an in diesen Tagen, alles gelingt, eine tolle Zeit. Wenn es Honigkuchenpferde wirklich gäbe, dann sähen sie aus wie Martin Schulz an diesem Abend im Restaurant des Berliner Mövenpick-Hotels.

Nicht nur in Kreuzberg, überall in der Republik trifft er jetzt Neumitglieder, fast 20 000 sind es in wenigen Monaten, die seinetwegen Sozialdemokraten wurden. Viele sind spontan eingetreten, nachdem sie eine seiner ersten Reden im Fernsehen gesehen oder ihn live in einer der vielen Hallen erlebt haben, die Schulz in diesen Wochen besucht. Viele sind glühende Europäer wie er, Menschen, die in Zeiten, in denen Rechtspopulisten wie Donald Trump oder die Brexit-Befürworter Erfolge feiern, eine Welle der Renationalisierung fürchten. Doch Schulz überzeugt viele auch als Mensch. In den Ohren seiner Fans klingt er anders als herkömmliche Politiker, aufrichtiger, ehrlicher, leidenschaftlicher. Seine Reden, so hört man es oft, bestünden nicht nur aus der Aneinanderreihung technokratischer Floskeln. Er scheint ganz einfach zu sagen, was er denkt und fühlt. »Es gibt nach zwölf Jahren Merkel ein Bedürfnis nach neuer Sprache, nach Glaubwürdigkeit und Authentizität«, versichert ihm Kampagnenchef Engels in diesen Tagen immer wieder.

Auf viele seiner neuen Anhänger wirkt Martin Schulz tatsächlich authentisch, auch wenn das ein schwieriger Begriff ist, gerade in der Politik. Zum einen, weil er viel zu inflationär verwendet, zum anderen, weil er systematisch missbraucht wird. Die vermeintliche Authentizität von Politikern ist oft das Produkt von PR- und Imageberatern, deren Handwerk die Inszenierung ist. Bei Schulz ist, zumindest bei seinen ersten Auftritten, noch kein Berater am Werk. Vermutlich ist dies das eigentliche Erfolgsgeheimnis seiner Auftritte.

Die SPD liegt in den Umfragen bei 30 Prozent, seit mehreren Wochen schon. »Das wird sich auch nicht ändern vorläufig«, sagt Schulz. »Das ist es ja, was die Schwarzen so fertigmacht: dass ihre Gebete nicht erhöht werden.« Er faltet die Hände und ruft flehend Richtung Decke: »Lieber Gott, lass es ein Strohfeuer sein!«

Bei seiner Nominierung hatte er sich gewünscht, dass die Umfragen für die SPD bis zu diesem Parteitag auf 25 Prozent ansteigen. Von dort wollte er sich im Laufe des Wahlkampfes langsam steigern. »Aber dass dann so die Post abgeht!« Er spricht den Satz mit sieben Ausrufezeichen. »Heijajajei!« Noch mehr Ausrufezeichen. »Das hätt' ich nicht für möglich gehalten.«

Der Wille zur Geschlossenheit und damit zum Sieg sei gerade immens in der SPD. Sonst bekomme man keine 100 Prozent bei einem Parteitag. »Ich hätte ehrlich gesagt lieber gehabt, es hätten drei Leute mit Nein gestimmt«, sagt Schulz. »Aber ich kann ja nicht durch den Saal laufen und sagen: Wähl mich nicht!«

Es ist schwer in diesen Tagen, einen Raum für all die Euphorie zu finden. Schulz selbst erinnert an 1972, an die berühmte

»Willy-Wahl«, jenen Triumph Willy Brandts, der zum sozial-demokratischen Mythos wurde. Dass es damals um den Willy und um große Emotionen gegangen sei, das habe er trotz seiner Jugend damals gespürt. »Gegen die Schwarzen. Gegen die Rechten und für den Willy. So war das damals«, erinnert sich Schulz. Und heute habe man das auch: Gegen die Rechten und für Europa. »Das ist das Bauchgefühl der Jugend. Das ist eine Emotion.« Die bei der CDU hätten noch nicht kapiert, dass dieser Wahlkampf über Gefühle entschieden werde. »Und ich bin halt der Gefühligere.« Er glaubt, dass er Merkel mit seiner emotionaleren Art besiegen kann. Deshalb will er vorerst auch keine Konzepte oder Programme vorlegen. »Ich bleibe dabei: Nicht konkret werden! Da werden die wahnsinnig drüber, dass ich nicht konkret bin. Ich werd' nicht konkret! Da können die mir den Buckel runterrutschen.« Das ist der Plan, entwickelt von seinem Wahlkampfmanager Markus Engels, begeistert getragen vom Kandidaten selbst.

Noch etwas hat Schulz sich vorgenommen: gelassen bleiben, freundlich bleiben. Aus der Union wird er jetzt scharf angegriffen, man nennt ihn »Party-Schulz« oder »Schaumschläger« und bezichtigt ihn, nichts als heiße Luft zu verbreiten. Das pralle alles an ihm ab, sagt er. Es sei ein Zeichen großer Nervosität. »Ich bleibe stur bei meiner Linie: Ich greife sie nicht an. Je länger ich es schaffe, nicht zu reagieren, desto mehr geraten die ins Unrecht. Dass die das noch nicht kapiert haben!«

So ruhig wie jetzt, sagt er, sei er sein ganzes Leben noch nicht gewesen. Ganz merkwürdig sei das. Am Anfang dachte er, es handle sich um eine Schockstarre. »Ich weiß auch nicht, was da über mich gekommen ist, aber diese Getriebenheit, die ich sonst habe, diese Umtriebigkeit, die ist weg. Ich ruhe in mir.« Er klingt fast wie ein Buddha, wenn auch mit rheinischem Singsang.

Ärgern können ihn in diesen Tagen nur kritische Artikel von Journalisten, mit denen er ein gutes Verhältnis zu haben glaubte.

Er sei eigentlich illusionslos, sagt Schulz. »Und trotzdem trifft es mich immer wieder, wenn ich die Erfahrung mache, dass du Menschen nur vor den Kopf schaust und nicht dahinter.« Heute hatte er eine Diskussion mit seinen engsten Beratern. »Du glaubst an das Gute im Menschen, oder?«, fragte Schulz den einen. Ja, lautete die Antwort. »Ich nicht«, sagte der andere. Er selbst sei da näher beim Ersten, erzählt Schulz nun. Im Grunde glaube er an das Gute im Menschen. »Ich möchte gar nicht an das Böse im Menschen glauben.« Und die meisten Menschen seien auch anständig, schiebt er nach. »Aber es gibt eben auch fiese. Da musst du mit leben.«

Am nächsten Tag, dem 23. März, besucht er die Leipziger Buchmesse. Beim geplanten Bummel von Stand zu Stand kommt er kaum voran, weil Reporter und Kameramänner bis zu sechs Menschenringe um den Kandidaten bilden. Stühle, Aufsteller und sogar Teile der Standaufbauten fallen um. Von Ferne sieht es aus, als schiebe sich ein Tornado durch die Messegänge, mit Martin Schulz in dessen Auge.

Den Kandidaten stört das nicht, er posiert, scherzt, lacht. Wann immer er tatsächlich mal in Reichweite eines Buches kommt, nimmt er es fachmännisch in die Hand und erzählt den Reportern eine passende Anekdote. Das Interesse am neuen Star der deutschen Politik und dessen Leidenschaft für Bücher mischen sich auf wunderbare Weise.

Irgendwann sitzt er neben Clemens Meyer, einem der erfolgreichsten deutschen Schriftsteller. Am Ende der kurzen Begegnung soll Meyer sein neues Buch für Schulz signieren. Was soll er schreiben? Eine Frau, die neben den beiden sitzt, macht einen Vorschlag: »Ein Buchhändler soll Bundeskanzler werden.« »Ach nö«, sagt Meyer, er wirkt nicht sehr begeistert. »Ein Buchhändler soll Bundeskanzler werden?« Meyer schaut den Kandidaten an. »Ich weiß nicht.«

»Wieso?«, fragt Schulz fast ein wenig beleidigt. »Ist doch super!«

»Der Schulz-Hype ist gebrochen«
Erster Dämpfer an der Saar

Am darauffolgenden Sonntag, den 26. März, wird im Saarland gewählt. Schulz ist bis zum Schluss zuversichtlich, die letzten Umfragen sehen ein Kopf-an-Kopf-Rennen voraus, beide Volksparteien liegen bei rund 34 Prozent. Gut sechs Wochen zuvor hatte die SPD noch abgeschlagen bei 24 Prozent vor sich hingedümpelt. Alle Beobachter rechnen diesen Aufschwung in den Umfragen dem Kanzlerkandidaten zu, von einem »Schulz-Effekt« ist die Rede. Dabei leuchtet von Anfang an eines nicht ganz ein: Wieso der Wechsel an der Spitze der Bundespartei einer völlig unbekannten Herausforderin, über die vor allem berichtet wird, dass sie den saarländischen Rekord im Kugelstoßen der Frauen halte, zum Sieg über Annegret Kramp-Karrenbauer verhelfen soll, einer anerkannten und sehr beliebten Amtsinhaberin. Aber so differenziert verläuft der politische Diskurs eher selten.

»Gut, wenn es keinen Regierungswechsel gibt, werden meine Gegner behaupten: Der Schulz-Hype ist gebrochen«, sagt Schulz kurz vor der Wahl. »Wenn die Schwarzen verlieren, werden sie sagen: Ist nur 'ne Landtagswahl. Wenn sie gewinnen, werden sie sagen: Der Schulz-Trend ist gebrochen. Aber in beiden Fällen hat es keine bundespolitische Relevanz.«

Mit dieser Einschätzung liegt er falsch. Betrachtet man nur die Zahl der Wahlberechtigten, ist die Wahl im Saarland nicht allzu wichtig. Aber im deutschen Föderalismus kann das Ergebnis einer Saarlandwahl eine irrationale Bedeutung erlangen, weil diese überschaubare Region, anders als vergleichbare Landkreise, den Status eines Bundeslandes besitzt. Zudem ist das Saarland die Heimat Oskar Lafontaines, dem einstigen SPD-Vorsitzenden und aktuellen Spitzenkandidaten der dortigen Linken. Das macht das Saarland, gerade für die SPD, zu einem ebenso mythischen wie irrationalen Ort.

So ist es auch am 26. März 2017. Die SPD kommt auf 29,6 Prozent, kein schlechtes Ergebnis, aber verglichen mit den letzten Umfragen wirkt es wie eine herbe Niederlage, zumal Ministerpräsidentin Kramp-Karrenbauer für die CDU 40,7 Prozent holt. Offenbar hat die Sorge vor einem rot-roten Bündnis aus SPD und Linkspartei viele konservative Wähler mobilisiert, die ohne dieses »Schreckgespenst« vielleicht nicht zur Wahl gegangen wären. Schulz hatte die Möglichkeit einer Koalition mit der Linken bewusst nicht ausgeschlossen und Oskar Lafontaine in einem Interview sogar für seine »relativ erfolgreiche« Arbeit als früherer Ministerpräsident gelobt.

Es ist nicht ohne Ironie, dass ausgerechnet Lafontaine erneut zum Problem für seine einstige Partei wird. Nach seinem plötzlichen Rückzug von allen Ämtern im Jahr 1999 nahm er gezielt Rache an seiner alten Partei. Mit der Partei Die Linke gründete er schließlich einen Dauerrivalen, der bis heute den Eindruck erweckt, der größte Gegner sei die SPD.

Diese von persönlichen Enttäuschungen geprägte Entstehungsgeschichte hat bis heute ein neurotisches Sonderverhältnis zwischen SPD und Linken zur Folge, obwohl die beiden Parteien inhaltlich nicht weit voneinander entfernt sind. Nach der Bundestagswahl 2005 hätten SPD, Grüne und Linke locker eine Regierungskoalition bilden können, nach der Wahl 2013 ebenfalls, wenn auch knapp. Aber weil SPD und Linke auf keinen Fall miteinander koalieren wollten, regierte immer die Union.

Als erster Kanzlerkandidat ist Schulz nun entschlossen, ein Bündnis mit der Linken nicht mehr auszuschließen. Er will die Zeit der Selbstbeschränkung endlich hinter sich lassen, um die Perspektive eines Bündnisses links der Mitte zu eröffnen. Doch der Ausgang der Saarlandwahl ist kein ermutigendes Signal. Die

Erzählung vom unaufhaltsamen Aufstieg des Martin Schulz hat an diesem Abend einige Kratzer erhalten.

Die Erfahrung im Saarland wird eine weitere Folge für seine Kampagne haben: Schulz wird in die politische Mitte, also nach rechts rücken, zumindest trägt er aktiv zu diesem Eindruck bei. Er wird sich fortan klar von der Linken distanzieren und seine anfängliche Kritik an der Agenda 2010 nicht wiederholen. Beides hatte ihn interessant gemacht und von seinen Vorgängern als Kanzlerkandidat, Frank-Walter Steinmeier und Peer Steinbrück, unterschieden. Anders als die beiden hatte Schulz kurz den Eindruck erweckt, mit ihm werde die SPD ihre neoliberale Verirrung Anfang der Nullerjahre endgültig hinter sich lassen und wieder zu einer konsequent linken Partei werden. Diese Besonderheit wird nun aufgegeben. So verblasst mit der Zeit der Eindruck, Schulz könne eine echte linke Alternative zu Angela Merkel sein. Es beginnt der Prozess einer inhaltlichen Steinmeierisierung des Kandidaten Schulz.

»Du fällst mir nicht ins Wort«
Das Sigmar-Gabriel-Problem

Am späten Abend des 12. April 2017 sitzt Schulz am Schreibtisch seiner Suite im Hotel Königshof in Hannover und notiert die Eindrücke des Tages in sein Tagebuch. Seit seinem Alkohol-Absturz vor 37 Jahren schreibt er jeden Abend eine Seite voll. Als Autodidakt hat Schulz sich über die Jahrzehnte nicht nur das Schreiben und die Schreibdisziplin beigebracht, sondern auch ein gewaltiges Weltwissen eingesaugt. Er hat die Bücher, die er einst als Buchhändler verkaufte, alle gelesen. Und Tausende weitere. Er verschlingt selbst als Spitzenpolitiker unzählige Bücher, widmet jeden freien Moment der Lektüre, meist früh morgens im Bett. Als manche Journalisten ihm vorwarfen, für den Kanzlerjob nicht intelligent genug zu sein, weil er nicht mal Abitur habe, bewiesen sie vor allem eines: ihre eigene Überheblichkeit. Schulz bringt zudem ein tiefes historisches Bewusstsein mit in die Politik. Er verfasste Bücher und Aufsätze zur Geschichte Europas, hielt bewegende Reden, in denen er das Schicksal des Kontinents im Lauf der Jahrhunderte beschrieb und aus der historischen Tiefe Rezepte für die Gegenwart destillierte. Als der »FAZ«-Herausgeber Frank Schirrmacher, mit dem er bis zu dessen frühen Tod freundschaftlich verbunden war, vor ein paar Jahren eine Debatte zum Zeitalter der Digitalisierung startete, schrieb Schulz einen klugen Essay darüber, warum die Digitalisierung nach der Industrialisierung die zweite große Aufgabe der Sozialdemokratie sei. Und was es brauche, um die kapitalistischen Kräfte der Gegenwart ein weiteres Mal erfolgreich zu bändigen.

Wer diese intellektuelle Dimension seiner Persönlichkeit einmal erlebt hatte, konnte sich nur wundern, wie sehr sie in diesem Wahlkampf von einer deftigen Würselensoße ertränkt werden würde. Der Martin Schulz, den die SPD in ihrer Kampagne präsentierte, wirkte oft schlichter als der Mann, den ich und viele andere kennengelernt hatten.

Über die Euphorie um seine Kandidatur hatte er ein paar Wochen zuvor in sein Tagebuch geschrieben: »Die SPD hat sechs Prozent zugelegt, gleich 30 Prozent im Politbarometer. Die SPD ist als die Partei der sozialen Gerechtigkeit mit 49 Prozent bewertet. Das ist eine Rückkehr der SPD zu sich selbst. Ich liege im Vergleich Schulz/Merkel bei 49 zu 38. Das ist ein Trend, aber ich bezweifle, dass er dauerhaft sein kann, weil es in so kurzer Zeit solche Veränderungen gar nicht gibt.«

An diesem Mittwoch, 165 Tage vor der Wahl, ist der Trend immer noch sichtbar, die Euphorie noch nicht verpufft. Am frühen Abend hat Schulz im Capitol in Hannover seine vorerst letzte

von vielen Reden vor der Basis gehalten. Es gab 3000 Anmeldun-
gen, nur 1400 Menschen passten in den Saal. Wie immer in diesen Wochen sprach er mit großer Leidenschaft und Pathos über
die Schere zwischen denen, »die richtig Geld haben«, und jenen,
»die hart malochen«. Den »selbsternannten Eliten« stellte er Bus-
fahrer und Krankenschwestern gegenüber, die den gleichen
»Respekt für ihre Lebensleistungen« verdienten. Er sprach kaum
über konkrete politische Vorschläge, sondern über »das Gefühl
der Menschen, dass sie nicht respektiert werden«, und über den
Eindruck, den diese Menschen von der Politik hätten: »Ihr interessiert euch gar nicht für mich!« In der Zeitung lese er jetzt häufiger, er würde »so komische Dinge erzählen, so rührselige Stückchen«, rief er den Genossen zu, um dann trotzig nachzuschieben:
»Ich erzähl euch jetzt mal so ein rührseliges Stückchen!« Er
glaubt weiter, dass dies ein Wahlkampf der Emotionen werden
wird: Hier der Mann mit Energie und Leidenschaft, dort die
nüchterne, zahlenbasierte Politik der Kanzlerin.

Im Capitol wurde er wieder euphorisch gefeiert, die Leute
wollten ihn nicht mehr von der Bühne lassen. Acht Mal musste
er unter »Martin, Martin«-Rufen an deren Rand treten. Die Saarlandwahl mag ein Rückschlag gewesen sein, aber bei den bevor-
stehenden Landtagswahlen in Schleswig-Holstein und Nordrhein-Westfalen, da ist Schulz sich sicher, werde die SPD siegen.
Er wirft einen letzten Blick auf das Geschriebene im Tagebuch.
Doch, wieder ein guter Tag heute. Dann klappt er es zu, mischt
sich eine Apfelschorle aus der Minibar und setzt sich aufs Sofa.

Nun freut er sich erst mal auf die nächsten Tage. Ostern steht
vor der Tür, endlich mal zur Ruhe kommen nach all den Tagen
des Hypes. Danach, so der Plan, soll eine neue, ruhigere Phase
der Kampagne einsetzen. Man will die Genossen in Schleswig-
Holstein und Nordrhein-Westfalen ungestört ihre Wahlkämpfe
führen lassen, das haben sich die dortigen Spitzenkandidaten
gewünscht.

Später wird Schulz sagen, dass es ein Fehler gewesen sei, seine eigene Veranstaltungstour abzubrechen. Sein Team hatte diese Entscheidung kontrovers diskutiert. Einige hatten für eine Fortsetzung der Auftritte plädiert, da die Zusammenkünfte mit Menschen seine Stärke seien. Durchgesetzt hatte sich dann aber die Auffassung von Kampagnenchef Engels, die Nummer sei ausgelutscht und ausgereizt. Da berichte jetzt keiner mehr drüber. Zudem gab es den Wunsch von Nordrhein-Westfalens Ministerpräsidentin Hannelore Kraft, ihren eigenen Landtagswahlkampf so wenig wie möglich zu beeinträchtigen.»Das war falsch«, sagt Schulz im Rückblick.»Wir hätten das weitermachen müssen.«

Auf dem Sofa seiner Suite erzählt er nun, dass in der Union ein Streit darüber tobe, ob man ihn attackieren solle oder nicht. »Schäuble und Spahn wollen voll auf den Schulz drauf. Aber Merkel und Altmaier sagen: Der läuft sich tot. Lass ihn mal laufen. In der Ruhe liegt die Kraft.« Das aber sähen sie falsch.»Ich laufe, aber ich lauf mich nicht tot. Die unterschätzen uns, die halten uns für doof.«

Schulz, der vieles selbstkritisch hinterfragt und reflektiert, spricht gern aus, was gerade in seinem Kopf vor sich geht. So wirkt das, was er sagt, selbst wenn er von Leuten umgeben ist, bisweilen wie ein innerer Monolog, der nach außen dringt. Auch in dieser Hinsicht könnte der Kontrast zu Angela Merkel, die ihre Äußerungen streng kontrolliert und aus der bis heute die wenigsten schlau werden, kaum größer sein.

An diesem Morgen ist Schulz schon um halb sechs von einer SMS geweckt worden. Sie stammt von Sigmar Gabriel. Auf den Mannschaftsbus von Borussia Dortmund ist am Abend zuvor ein Anschlag verübt worden. Danach, so Gabriel, habe Merkel mit ihrer Aussage»Heute sind wir alle BVB« die Stimmung genau getroffen. Von der SPD aber habe sich bislang niemand zu Wort gemeldet.»Wo sind wir?«, fragte Gabriel. Es folgten weitere SMS. Schulz sagt, dass die erste Twitter-Nachricht zum Unglück in

Dortmund von ihm gekommen sei, ein Foto, auf dem er einen schwarz-gelben BVB-Schal um den Hals trägt. Schulz, der Gabriel diese Kandidatur verdankt, spürt, dass der Freund nicht wirklich loslassen kann. Dass er noch immer den Ton angeben will. Beim Treffen der SPD-Minister vor der Sitzung des Bundeskabinetts folgte am Morgen das nächste Problem. Die Treffen finden in Gabriels Außenministerium statt, weil dieser nach wie vor Vizekanzler ist. Die Aufgabe, die SPD und ihre Aktivitäten zu koordinieren, liegt nun aber bei Schulz, dem SPD-Vorsitzenden und Kanzlerkandidaten. Gabriel, so empfinden es andere SPD-Minister, so empfindet es auch Schulz, führe sich leider immer noch auf, als sei er der Zampano, er mache harsche Ansagen, falle den Leuten ins Wort.

Schon vor drei Wochen, so erzählt es Schulz, habe er Gabriel in der Runde zurechtweisen müssen. So laufe das hier nicht. »Du fällst mir nicht ins Wort!« Sonst finde das nächste Ministertreffen im Willy-Brandt-Haus statt. Später beschwerte sich Gabriel bei Schulz, er solle ihn nicht vor den Leuten zusammenfalten. »Dann falte du die Leute nicht zusammen«, entgegnete der. Vor allem solle er nicht seine Autorität hinterfragen. »Zwing mich nicht, klar zu machen, wer hier der Herr im Hause ist.« Die Minister würden von der SPD in die Regierung geschickt. Und die SPD, die sei jetzt er.

Schulz und Gabriel sind seit langem befreundet, sie haben sich oft gestritten und immer wieder versöhnt. »Das ist jemand, der mir sehr, sehr wichtig ist, mir sehr am Herzen liegt«, sagt Schulz über Gabriel. Sein Freund habe ihn schon oft enttäuscht, er habe sich häufig über ihn geärgert, umgekehrt sei es vermutlich genauso. »Trotzdem: Es gibt ja so Menschen im Leben, an denen du verzweifeln könntest und die du trotzdem nicht loslassen kannst, weil du sie magst. Weil es irgendeine Form von emotionaler Bindung gibt.« Schulz ist ein treuer Mensch, er hat Skrupel, den alten Freund in die Schranken zu weisen. Er weiß, dass das neue, veränderte Machtverhältnis schwierig für den Freund ist. Plötzlich ist Gabriel abhängig von ihm. Außer Schulz hat er keine Verbündeten mehr in jener Partei, deren Vorsitzender er über sieben Jahre lang war. Wenn Schulz ihn fallen ließe, wäre seine Karriere beendet.»Der hat keine Verbündeten. Nur noch mich.« Es gibt die These, wonach wahre Freundschaften in der Politik nicht möglich sind, weil sich die Freunde früher oder später in einer Konkurrenz um Macht, Einfluss und Posten wiederfinden. Spätestens dann würde es schwer, sich Vertrauen und Rücksichtnahme zu bewahren, die Basis aller Freundschaften. Gabriel und Schulz wollten das Gegenteil beweisen. Zwar hatte es schon in der Vergangenheit etliche Konflikte zwischen den beiden gegeben, einem echten Stresstest aber wird ihre Freundschaft erst unterzogen, seit die Sache mit der Kandidatur über ihr schwebt.

Jetzt stehe die Freundschaft vor einer Bewährungsprobe, glaubt auch Schulz.»Stell dir mal vor, ich werde Bundeskanzler und hab' den in meinem Kabinett sitzen«, sagt er und schüttelt den Kopf.»Um Gottes Willen, da darf ich gar nicht dran denken.« Aber er ahnt in diesem Moment noch nicht, wie sehr das ungeklärte Verhältnis der beiden Freunde seine gesamte Kampagne beeinträchtigen wird.»Haarrisse oder Differenzen wird es bei uns nicht geben«, bekundet er zwar. Aber ob er das wirklich denkt, bleibt unklar.»Ich habe dem Gabriel jetzt schon zwei Mal in Interviews eine Arbeitsplatzgarantie gegeben«, sagt Schulz. Damit habe er sich gleich Ärger von anderen Genossen eingehandelt. Einer meinte:»Muss man sich erst wie eine Wildsau benehmen, um so eine Garantie zu bekommen?«

Am nächsten Tag fährt Schulz über Düsseldorf nach Würselen, er will ausspannen. Acht Tage wird er zu Hause verbringen, diverse Mitarbeiter werden ihn dort besuchen, es wird Besprechungen und Planungsrunden geben, er wird viel telefonieren. Nebenbei will er an einem Buch zu den Motiven seiner Kandidatur schreiben, das im Juni erscheinen soll.

Zwischen seinem letzten öffentlichen Auftritt und dem nächsten, einer Veranstaltung in Köln, wird gut eine Woche vergehen. Im Zeitalter der Nervosität und der Kurzfristigkeit aber werden wenige Tage ohne Sichtbarkeit gefühlt zu einem halben Jahr. »Was macht eigentlich Martin Schulz?«, fragen die Zeitungen. Im Morgen-Newsletter des SPIEGEL heißt es: »Lange nichts gehört vom furios gestarteten SPD-Kanzlerkandidaten. Heute ist er jedenfalls unterwegs, im Wahlkampf in Schleswig-Holstein. Dort besucht er eine Fischräucherei und eine Pumpenfabrik.« Eine politische Kultur der Kurzfristigkeit, in der ein paar Ostertage mit leicht entschleunigtem Programm zum Problem werden, ist zumindest eines: nicht allzu christlich.

»Wo ist er denn?«, fragt sich in diesen Tagen auch Philipp Seipelt, der Erfinder des »Schulzzugs« und des »MEGA«-Plakats. Er muss mitansehen, wie die besondere Aura des Kandidaten langsam dahinschmilzt. Unter anderem bemerkt er das daran, wie sich die Dynamik seiner Schulz-Zuschreibungen in der Berichterstattung der Medien oder in den sozialen Netzwerken verändert. Immer häufiger steht der von ihm erfundene Schulzzug darin plötzlich »still«, ist »ausgebremst« oder gar schon »entgleist«.

TAGE DES LEIDENS
Landtagswahlen und andere Niederlagen

»Was willst du machen?«
Der Niederlagenerklärer

»Das wird kein so schöner Abend«, sagt Schulz' Sprecher an diesem 7. Mai. Es ist erst 16.30 Uhr, noch eineinhalb Stunden, bis in Schleswig-Holstein die Wahllokale schließen und ARD und ZDF ihre Prognosen zeigen dürfen. Aber Schulz und sein Team wissen bereits, wie es um die SPD und ihre Kampagne steht. »Das wird ein ganz beschissener Abend«, sagt der Sprecher.

Die CDU liegt klar vorne, sechs bis sieben Prozent sagen die Institute voraus, die ihre Vorab-Prognosen schon am Nachmittag mit den Profis aus dem Berliner Politikbetrieb teilen. Schulz sitzt in seinem Büro im fünften Stock des Willy-Brandt-Hauses. Es wird jetzt eine Telefonkonferenz des SPD-Präsidiums geben, das Codewort zum Einwählen heißt »Kieler Förde«. Ein Mitglied der Parteiführung schaltet sich aus seinem Garten hinzu, aus der Leitung dringt lautes Vogelzwitschern.

»So, hallo Genossinnen und Genossen, hier ist Martin.« Schulz will gefasst klingen, geschäftig, aufrecht. »Wir sind sicherlich in einer schwierigen Situation heute Abend.« Er referiert die Zahlen auf dem Zettel vor sich, die Prognosen von Infratest und der Forschungsgruppe Wahlen. »Es ist in jedem Fall eine Niederlage. Es ist die zweite Niederlage, seit ich Vorsitzender bin. Das heißt, dass wir jetzt zusammenrücken müssen und uns nicht auseinanderdividieren lassen dürfen.«

Torsten Albig, der noch amtierende Ministerpräsident von Schleswig-Holstein und große Verlierer des Abends, ist ebenfalls in der Leitung. Er hat, das muss man nüchtern festhalten, einen

äußerst bescheidenen Wahlkampf hingelegt. Eines seiner Haupt-
themen war, dass kein Afghane nach Afghanistan abgeschoben
werden dürfe. Auf der Prioritätenliste der Bürger stand dieses
Problem aber nicht allzu weit oben. Dass es in Schleswig-Holstein kaum Afghanen gab, die von Abschiebung bedroht waren,
machte die Themensetzung nicht besser. Der größte Fehler aber
war ein Interview, das Albig wenige Wochen vor der Wahl der
»Bunten« gegeben hatte, gemeinsam mit seiner neuen Lebensge-
fährtin. Darin hatte er das Scheitern seiner Ehe erklären wollen,
was jedoch ebenso scheiterte wie die Ehe selbst. »Irgendwann
entwickelte sich mein Leben schneller als ihres«, hatte Albig über
seine Noch-Ehefrau gesagt. »Wir hatten nur noch ganz wenige
Momente, in denen wir uns auf Augenhöhe ausgetauscht haben.
Ich war beruflich ständig unterwegs, meine Frau war in der Rolle
als Mutter und Managerin unseres Haushaltes gefangen.« Mit der
Neuen laufe es dagegen prächtig. »Wir haben zehn Tage Heilfas-
ten gemacht. Nur Brühe, verdünnte Säfte und Tee. Diese für Körper und Geist teilweise harte Erfahrung war total schön für die
Beziehung.« Nicht nur von vielen Frauen wurde dieses Interview
als überheblich und taktlos gegenüber Albigs Frau empfunden.

   In der laufenden Telefonkonferenz besteht die Kunst nun
darin, Albig möglichst die ganze Schuld an der verlorenen Wahl
zuzuweisen, selbst wenn er mithört. Wie das geht, demonstriert
Ralf Stegner, der als Parteichef in Schleswig-Holstein jahrelang
ein Team mit Albig bilden musste, obwohl er davon überzeugt
war, der Bessere von beiden zu sein. Es könne nicht der Bundes-
trend gewesen sein, sagt Stegner am Telefon. »Wir lagen hier bei
20 Prozent, als wir anfingen.« Übersetzt heißt das: Ohne den
Schulz-Effekt wäre das Ergebnis noch schlimmer ausgefallen. In
der Stunde der Niederlage ist die Politik meist noch einen Tick
gnadenloser als sonst.

   »Ihr seht mich tief enttäuscht«, sagt Albig mit betretener
Stimme. Viel mehr hat er nicht zu sagen. Schulz kommt rasch

zum organisatorischen Teil, der Krisenkommunikation: »Ralf (Stegner), du gehst um 18 Uhr in die ARD. Katarina (Barley), du gehst ins ZDF.« Und an Albig gerichtet: »Torsten, ich warte dann, bis du draußen vor den Kameras warst.« Ende der Schalte. Neben Schulz sitzt sein engster Kreis um den ovalen Besprechungstisch: Wahlkampfmanager Engels, Generalsekretärin Barley, Schatzmeister Dietmar Nietan, zwei Pressesprecher, dazu ein paar andere Spitzengenossen wie Arbeitsministerin Andrea Nahles, Bundesfamilienministerin Manuela Schwesig oder SPD-Fraktionschef Thomas Oppermann.

Die Pressesprecher machen sich Vorwürfe wegen dieses einen Fotos aus dem Zug in der vergangenen Wahlkampfwoche. Man war, gemeinsam mit einem Tross Journalisten und Fotografen, in der Regionalbahn von Kiel nach Lübeck unterwegs, von einer Kundgebung zur nächsten. Die Stimmung sei eigentlich gut gewesen an Bord. Man habe sich nett unterhalten, geflachst, dann aber hatte es eine schlechte Nachricht aus dem Wahlkampf in NRW gegeben. Schulz schaute für einen Moment bedröppelt aus dem Fenster in den Regen und Albig zur anderen Seite auf sein Handy. Schon gab es ein Foto, das zum Sinnbild wurde: Die SPD hat resigniert. Wahlkampf ist auch die Kunst, jederzeit die Kontrolle über seine Gesichtszüge zu wahren.

»Wir haben katastrophal bei den Frauen abgeschnitten«, sagt Schulz, jetzt im Analysemodus. »Das Interview hat voll reingehauen.« Andrea Nahles will die Politik gleich ganz von Paargeschichten in Klatschblättern befreien, jenem öligen Genre, mit dem manche Kollegen beim Wähler zu punkten glauben, weil sie dort angeblich ihre menschliche Seite zeigen können. Die menschliche Seite sieht dabei meist so aus, dass Politiker mit ihrem Ehepartner vor einem wie von Food-Designern arrangierten Frühstückstisch in einem akkurat bepflanzten Garten sitzen und über ihre Ehe plaudern, bevor der Pressesprecher die peinlichsten Dinge vor Veröffentlichung wieder aus dem Interview streicht. Bei Albig, der viele Jahre selbst Pressesprecher war, durfte offenbar kein Sprecher mehr ran.»Leute, nie wieder ›Bunte‹-Interviews«, ruft Nahles in die Runde.»Ich versteh echt nicht, wie man das immer noch machen kann.«»Das war klar der falsche Kandidat«, fährt Schulz fort.»Aber wir haben das jetzt vor der Hütte.« Wenn er gleich unten im Atrium des Willy-Brandt-Hauses vor die Kameras trete, werde er von »kommunikativen Defiziten« sprechen, die es in Schleswig-Holstein offenkundig gegeben habe.»Ich werde es auch so benennen, wie es ist: eine totale Niederlage.«

»Du solltest aber auch ein paar Punkte nach vorn setzen«, sagt Engels.»Es geht um Haltung heute Abend. Die SPD muss sehen, dass ihr Spitzenmann steht. Und du kannst sagen, dass weder das Saarland noch Schleswig-Holstein die Bundestagswahl entscheiden.«

»Sehr gut, Dr. Engels!«, lobt Schulz.»Ich werde sagen, dass es wie beim Fußball sei. Wenn man ein Gegentor kassiere, müsse man sich zusammenraffen, um umso stärker zurückzukommen.« Politiker lieben Vergleiche aus der Welt des Fußballs, insbesondere wenn sie männlich sind und der SPD angehören. Schulz schaut seinen Pressesprecher an.»Oder Dünow, hab' ich das schon mal gesagt?« Tobias Dünow googelt die Sätze auf dem iPhone. Leider ergibt die Suche, dass Schulz nach der verlorenen Saarland-Wahl etwas Ähnliches gesagt hat.»Mist«, flucht er.»Wie wär's mit: Ich komme aus NRW. Da steht man nach schlechten Tagen am nächsten Morgen auf und geht zur Arbeit.« Das sei gut, finden alle.»So machen wir's.«

Schulz' Handy rumpelt auf der Tischplatte.»Meine Schwester schreibt: ›Der dumme Albig mit seinem Interview.‹« Dann entschuldigt Schulz sich, er müsse draußen kurz mit seiner Frau Inge telefonieren.»Die ist immer so aufgeregt und denkt deshalb, ich sei es auch. Bin ich gar nicht. Aber das muss ich ihr noch mal sagen.«

Es ist kurz vor 18 Uhr, Schulz schaltet den Fernseher an, in wenigen Minuten werden auch die Bürger erfahren, was hier schon alle wissen. »Wenn die SPD nicht gewinnt«, sagt Tina Hassel in der ARD, »dann wäre der auf Selbstsuggestion beruhende Schulz-Hype verpufft.« Sie spricht im Konjunktiv, obwohl auch sie das Ergebnis längst kennt.

»Das ist das Privileg, SPD-Vorsitzender zu sein«, sagt Nahles vor dem Fernseher. »Da ist man für all die Probleme all der anderen verantwortlich.«

»Wenn du was auf die Mappe kriegst, kriegst du was auf die Mappe«, sagt Schulz. Fraktionschef Oppermann zählt derweil alle Gruppen von Frauen auf, die sich von Albigs Äußerungen beleidigt fühlen konnten. Verheiratete Frauen. Unverheiratete Frauen. Geschiedene Frauen. Junge Frauen. Alte Frauen. Alle Frauen. »Verheerend«, sagt er und schüttelt den Kopf.

Im TV macht sich Jens Spahn von der CDU über den Schulzzug lustig: »Die SPD muss sich fragen, wie viel heiße Luft sie hinterlassen hat.« Er grinst süffisant, während er das sagt. »Wenn der so guckt, krieg ich die Krise«, sagt Nahles.

»Psst, alle mal zuhören«, bittet Schulz die Runde, als die ersten Analysen im Fernsehen gezeigt werden. In der ARD sagt Wahlexperte Jörg Schönenborn gerade, dass das Wahlergebnis eine starke regionale Komponente habe. »Aha«, ruft Schulz. Er hält den Finger in die Luft. »Das ist 'ne interessante Analyse.« Regionale Komponente bedeutet: Albig ist schuld. Nicht er. Es ist ein klitzekleines Stück Hoffnung an einem trostlosen Tag.

Dem Albig müsse man nachhelfen, sagt Nahles. »Wer so unsensibles Zeug sagt, der hat den Schuss nicht gehört.«

»Kommt jetzt die Zerreißprobe?«, fragt Tina Hassel im Fernsehen. Sie meint das unter Sozialdemokraten nicht unübliche Verhalten, in der Stunde der Niederlage übereinander herzufallen oder gar den Spitzenkandidaten in Frage zu stellen. »Völliger Unsinn«, ruft Oppermann Richtung Bildschirm.

Schulz muss gleich runter ins Atrium, wo Mitarbeiter, Journalisten und Kameras auf ihn warten. Er braucht jetzt ein paar passende Sätze für diesen Moment. Er verlässt kurz den Raum, tigert nachdenklich durch das Sekretariat, kommt zurück in sein Büro.

»So Leute, ich hab's.« Er steht im Türrahmen und grinst. »Was hast du?«

Er wisse jetzt, was er gleich sagen werde: »Das Ziel ist ab jetzt nicht mehr das Kanzleramt, sondern die Fünfprozenthürde.« Pause, irritierte Gesichter. Schulz, der eigentlich ein ernsthafter Mensch ist, versucht, Momente der Überforderung gern mit kleinen Albernheiten aufzulösen. Es ist seine Art, mit dem Druck in der Politik klarzukommen. »Und dann entlassen wir noch unseren Schatzmeister.«

Der Schatzmeister der SPD, Dietmar Nietan, schaut ihn irritiert an. »Heutzutage müssen immer Köpfe rollen«, sagt Schulz. »Da brauchst du immer einen Schuldigen. Und das ist jetzt eben der Dietmar.«

Er setzt sich wieder an seinen Platz. In der Wahlsendung wird jetzt nach Kiel geschaltet, wo Wahlverlierer Albig seine Erklärung abgeben will. Es wird ein trotziges Statement, von Selbstkritik ist wenig zu hören. »Es mag sein, dass wir keine Mehrheit bekommen haben«, sagt Albig. »Das macht aber die Politik nicht falsch.«

Irgendwann hält Nahles es nicht mehr aus. »Jaja, alle schuld außer mir!« Sie springt auf. »Ich kann diese selbstgerechte Scheiße nicht mehr hören.« Sie stapft energisch Richtung Tür. »Wenn man das Statement gehört hat, weiß man, warum er verloren hat«, sagt Schulz, der Albigs Rede im Türrahmen verfolgt. Dann läuft er zum Aufzug, um im Atrium vor die Kameras zu treten.

Er steht allein auf der Bühne und sagt, dass er enttäuscht sei. Dass so ein Ergebnis unter die Haut gehe. Dann der verabredete Satz: »Da, wo ich herkomme, da werden nach solchen Abenden

am nächsten Morgen die Ärmel hochgekrempelt, der Helm aufgesetzt, da geht man zur Arbeit.«Ein bisschen Arbeiter-Rhetorik
ist immer gut, auch wenn Schulz und die anderen Genossen nie
einen Helm aufhatten, wenn sie zur Arbeit gingen. Höchstens bei
einer Betriebsbesichtigung.

Als er zurück ins Büro kommt, redet wieder Albig im Fernsehen.»So. Ruhe jetzt.« Schulz schaltet den Ton ab.»Gut, das ist
natürlich scheiße. Aber was willst du machen?« Man müsse jetzt
noch die Wahl am nächsten Sonntag in Nordrhein-Westfalen
hinter sich bringen, dann könne endlich sein Wahlkampf beginnen, dann stehe endlich er im Fokus.»Mein größtes Plus ist die
Authentizität.«

Am nächsten Abend führt in den»Tagesthemen« Ingo Zamperoni ein Interview mit Hannelore Kraft, der Ministerpräsidentin von Nordrhein-Westfalen, sagt aber gleich zu Beginn, dass
man eigentlich ein Interview mit Schulz vereinbart habe. Er
zitiert, dass sich laut einer Umfrage zwei Drittel der Wähler die
Frage stellten: Wo ist Schulz? Und auch jetzt tauche er wieder ab,
die ganze Situation sei doch»absurd«, meint Zamperoni.

Kraft schwimmt. Sie sagt, dass Schulz viele Termine in Nordrhein-Westfalen absolviert habe und auch in dieser Woche noch
mal ganz viele Termine haben werde. Er sei nur deshalb nicht
präsent, weil die Medien ihn nicht mehr begleiteten.

»Naja, aber wir hatten ihn für dieses Interview angefragt«,
wendet Zamperoni ein. Er werde heute Abend wahrscheinlich
eine Veranstaltung haben, sagt Kraft. Was Schulz genau macht
und warum er sich nicht im Fernsehen äußern möchte, bleibt an
diesem Abend offen.

Der Chefredakteur der ARD liest im Anschluss einen Kommentar, in dem nahezu alle Baukastenteile des Politikjournalismus
verbaut sind. Mit Blick auf die zwei verlorenen Landtagswahlen
und die Bedeutung des Wahlausgangs in Nordrhein-Westfalen
kommt auch er an einer Fußballanalogie nicht vorbei:»Martin

Schulz weiß aus seiner Zeit als Fußballer: Ein 0:2 kann man vielleicht noch aufholen. Bei einem 0:3 ist der Zug Richtung Bundestagswahl aber praktisch schon abgefahren.«

»Die haben mich alle schon abgeschrieben!«

Rettungsversuche an Rhein und Ruhr

Vier Tage später steht Schulz in der Fußgängerzone von Leverkusen, angekündigt ist eine »Begegnung mit den Bürgern«. Vier Termine wird er an diesem Tag in NRW absolvieren. Die SPD hat einen großen Bus gemietet, in dem Journalisten ihn begleiten können. Nordrhein-Westfalen wird noch immer als »Stammland« oder »Herzkammer« der SPD bezeichnet, obwohl es beides nicht mehr ist. Trotzdem wäre eine Niederlage hier eine Katastrophe, auch für seine Kampagne.

Bislang hatte Schulz nur wenige Auftritte in diesem Landtagswahlkampf. Hannelore Kraft hatte ihm klar zu verstehen gegeben, dass sie ihr Ding lieber alleine durchziehe und er sich raushalten solle. Schulz brach seine eigene Veranstaltungstour durch die Republik auch deswegen ab, weil Kraft keine »Parallel-Strukturen« von SPD-Veranstaltungen haben wollte. Und er hielt sich inhaltlich zurück. Eigentlich hatte Schulz mit der rheinland-pfälzischen Ministerpräsidentin Malu Dreyer noch vor der NRW-Wahl eine Bildungsoffensive vorstellen wollen. Doch Kraft protestierte vehement. Das würde die Aufmerksamkeit auf die schlechte Bildungssituation in NRW lenken.

Er sei gewillt gewesen, die Bildungsoffensive trotzdem zu präsentieren, wird Schulz später sagen. Aber viele hätten gemeint, das könne man der Hannelore nicht antun. Er habe diese Konzession letztlich gemacht, weil Kraft in allen Umfragen deutlich geführt habe. Und er habe darauf vertraut, dass die CDU mit einem Kandidaten wie Armin Laschet niemals eine Mehrheit bekommen würde.»Ich hätte stärker auf meinen Bauch und auf meine Intuition hören müssen.«Konkret heißt das: Schulz hätte seine eigene Veranstaltungstournee weiterführen, sich stärker in NRW engagieren und seine inhaltliche Offensive nicht auf die Zeit nach der Landtagswahl verschieben dürfen.

Jetzt, drei Tage vor der Wahl an Rhein und Ruhr, steht Schulz in Leverkusen unter einem roten SPD-Zeltchen und versucht zu retten, was zu retten ist.»So, jetzt gehen wir mal zu den Bürgern«, sagt er und läuft in die Mitte der Fußgängerzone. Leider sind kaum Bürger anwesend, zudem folgt ihm ein Tross aus Reportern und Kameramännern und schirmt ihn so hermetisch ab, dass ein Kontakt mit echten Bürgern selbst dann nicht möglich wäre, wenn echte Bürger da wären. Es wird dann eine Pressekonferenz vor der Fielmann-Filiale.

»Tolle Bürgerbegegnung«, ruft irgendwann ein Rentner aus der dritten Reihe.»Wann kann denn der Bürger mal was fragen?« Schulz ist die Situation unangenehm.»Leute, ich misch mich jetzt noch mal unter die Menschen.«Entschlossen durchbricht er den Ring der Journalisten und schreitet die Fußgängerzone hinunter. Aber es ist kaum jemand da, kein Bürger spricht ihn an. Vielleicht haben die wenigen Passanten Angst vor der Meute mit den Kameras. Als der Kandidat und seine Verfolger endlich am Bus ankommen, sind alle erleichtert.

Auf der Fahrt nach Aachen sitzt Schulz für ein sogenanntes Hintergrundgespräch, in dem offen geredet werden soll, im hinteren Teil des Busses. Die Reporter drängen sich um ihn, immer wieder soll er erklären, wann er denn inhaltlich konkreter werde. »Wie oft haben Sie Frau Merkel gefragt, was sie in den nächsten Jahren vorhat?«, fragt Schulz zurück. Es stimmt, dass die Kanzlerin bislang nicht gerade gelöchert wurde, warum sie Deutschland vier weitere Jahre regieren will. Es gibt ein Ungleichgewicht, das man als ungerecht empfinden kann. Aber erstens glaubt in

Deutschland nach zwölf Jahren vergeblichen Wartens ohnehin niemand mehr an eine Zukunftsvision der Bundeskanzlerin. Und zweitens sind die Erwartungen an einen Herausforderer naturgemäß höher. Wer einen Amtsinhaber ablösen will, muss mehr bieten.

Auf der A3 gerät der Bus in einen Stau, was auf nordrhein-westfälischen Straßen fast schon ein Dauerzustand ist und somit ein Kernproblem der hiesigen SPD. »So, jetzt sag ich euch mal was«, sagt Schulz und zieht das Jackett aus. »Jetzt müssen wir mal eine Sache klären.« Er erinnert an ein anderes Hintergrundgespräch während der Zugfahrt in Schleswig-Holstein, bei der das unglückliche Foto entstand. Einige der anwesenden Journalisten seien ja dabei gewesen. Später habe er dann erfahren, dass sie rumerzählt und geschrieben hätten, dass er nervös und angefasst wirke. »Sie können mich in einem Hintergrund so erleben, wie ich bin. Energisch, impulsiv, nicht immer ganz zurückhaltend. Sie können aber auch Politstanzen bekommen.« Wenn die Reporter ihn so haben wollten, wie er sei, wenn er kein Schauspiel vorführen solle, dürfe ihm das im Nachhinein nicht negativ ausgelegt werden, nach dem Motto: »Der ist angefasst, der ist angepisst, der ist nervös, der ist Ichweißnichtwas.«

Sonst bekämen die Reporter fortan alle möglichen Antworten, »aber keine Einblicke in mein Herz«. Er setzt sich wieder hin. Deshalb sage er hier schon mal prophylaktisch: »Ich bin nicht angepisst, ich bin nicht angefasst, noch bin ich nervös.« Zumindest kurzfristig zeigt seine Ansprache Wirkung. Am nächsten Tag steht in keinem Artikel, Schulz wirke angepisst.

Der Bus hält an der Raststätte Frechen-Nord. Herr Schulz werde jetzt in die vorausfahrende Limousine umsteigen, damit er sich für die restliche Fahrt noch etwas ausruhen könne, sagt einer seiner Sprecher.

»Wer hat denn das verfügt?«, fragt Schulz.

»Wir haben das verfügt«, antwortet der Sprecher.

»Das ist doch 'ne Frechheit«, protestiert der Kandidat. »Nein, das ist Frechen«, kontert der Sprecher. Als Schulz schließlich aufsteht, provoziert ihn einer der Journalisten. »Also, wenn Sie sich nicht mal hier durchsetzen können, Herr Schulz ...« Am Ende verlässt er doch den Bus. »Die haben mich alle schon abgeschrieben!«, wird er später über die Runde mit den Journalisten sagen. »Es wird extrem schwierig für mich. Vielleicht laufe ich auch nur einer Fata Morgana hinterher!«

»Das ist alles nicht meine Schuld«
Von Meinungsforschern verführt

Am nächsten Tag läuft Schulz zur Mittagszeit über ein vermülltes Stück Rasen der Raststätte Bottrop-Süd und setzt sich auf eine Metallbank, von der der blaue Lack abblättert. Eine picknickende Großfamilie starrt herüber, als wäre ein Ufo gelandet. Wegen der verdunkelten Limousinen und den vier sonnenbebrillten Leibwächtern. »Erst mal in Ruhe 'nen Kaffee und dann noch pinkeln gehen«, sagt Schulz. Ein Begleiter bringt einen Kaffee im Pappbecher vom Raststätten-McDonald's. Hupen, Autobahnlärm, schreiende Kinder, klassische Wahlkampf-Verschnaufpause. Gerade kommt er aus Grevenbroich (Betriebsbesichtigung), gleich geht es weiter nach Dülmen (Wochenmarktbesuch). Den Journalisten-Bus hat er heute nicht im Schlepptau.

Schulz würde gern nach vorn blicken, aber es fällt ihm schwer, zu sehr wurmen Vergangenheit und Gegenwart. Die Landtagswahlen, von denen er bis vor kurzem noch glaubte, sie würden seine Kampagne beflügeln, entpuppen sich als schwerer Ballast.

Er hadert mit der Bildungspolitik und der Sicherheitspolitik in Schleswig-Holstein und Nordrhein-Westfalen. Mit der Verkehrspolitik natürlich auch. Er, der für eine neue SPD stehen will, muss realisieren, dass seine Partei seit Jahrzehnten überall ihre Finger im Spiel hat, und das nicht immer glücklich. Er hadert mit der Haltung der Spitzenkandidaten in beiden Ländern, die nicht die seine sei. »Weder diese gnadenlose Arroganz von dem Albig, noch dieses Zickige von der Kraft. Das ist alles nicht meine Schuld!« Das sei der Nachteil, wenn man an der Spitze einer solchen Partei stehe. »Du bist für alles verantwortlich, aber du kannst nur bedingt Einfluss nehmen.« Schulz konnte auch nichts für die verheerende Kölner Silvesternacht 2015/2016, in der sich viele Flüchtlinge und Migranten übergriffig bis kriminell verhielten und die zum Inbegriff von Staatsversagen wurde. Er konnte nichts dafür, dass Hannelore Kraft und ihre Regierung damals den Eindruck hinterließen, die Opfer dieser Nacht weder ausreichend geschützt noch ein hinreichendes Problembewusstsein entwickelt zu haben. Es dauerte Tage, bis Kraft zu den schockierenden Vorfällen dieser Nacht endlich Stellung bezog. All das haben die Menschen in Nordrhein-Westfalen nicht vergessen, als sie im Mai 2017 über ihre Landesregierung abstimmen sollen – eine Wahl, die als »entscheidender Test« für die Kanzlerkandidatur von Martin Schulz interpretiert wird. All diese Skandale und Unzulänglichkeiten sind nun aber Teil seines Erbes.

Immerhin, sagt Schulz auf der Raststätte, liege die SPD auf Bundesebene noch bei 27 Prozent. Als er im Januar nominiert wurde, seien es 20 oder 21 Prozent gewesen. Trotzdem empfänden die Leute solche Umfragewerte nun als Krise. »Die Zeiten sind verrückt.« 27 Prozent seien nach wie vor eine stabile Ausgangslage, um den Kampf mit Angela Merkel aufzunehmen. »Aus heutiger Sicht hat die Frau alle Trümpfe in der Hand – und ich keinen«, sagt Schulz in Bottrop-Süd. »Das ist so.« Er zuckt die Schulter. »Und das ist meine Chance! Ich werde unterschätzt. Die unterschätzen mich!«

Aber er weiß auch um die eigenen Fehler, dass nach der ersten Welle der Begeisterung etwas verspielt wurde. »Ich habe meinen Eierköppen gesagt: Ich will euch mal was sagen.« Eierköppe, das muss man wissen, ist der Oberbegriff für seine engsten Mitarbeiter und immer liebevoll gemeint:»Alle eure Meinungsforscher haben gesagt: Herr Schulz, werden Sie nicht konkret! Bleiben Sie im Ungefähren, solange es geht!« Er schüttelt den Kopf.»Jetzt verlieren wir eine Wahl nach der anderen, und immer muss ich mir anhören: ›Das verlieren Sie, weil Sie nicht konkret werden.‹« Er sei nicht konkret geworden, weil er den Meinungsforschern und deren Umfragen geglaubt habe.

In der Politik werden Bauchgefühl und innere Überzeugung zunehmend durch die Demoskopie ersetzt. Es gibt kaum noch Forderungen, Strategien, Kandidaten, die nicht zuvor auf ihre Gefälligkeit geprüft werden. Parteien beauftragen Institute damit, die Popularität einzelner Positionen oder Personen in Meinungsumfragen oder bei sogenannten Fokusgruppen zu testen. Das sind zusammengecastete Gruppen von zehn bis zwanzig Bürgern, denen ein Moderator bestimmte Themen zuwirft oder sie zu einzelnen Politikern befragt. Die Institutsleute sitzen währenddessen hinter verspiegelten Glasscheiben. Was sie als Ergebnis solcher Fokusgruppen-Befragungen interessant finden, versuchen sie in Fragen zu kleiden, die sie dann in Massenumfragen testen.

Seine Kandidatur verdankt Schulz auch dem Umstand, dass er in Umfragen und Fokusgruppen beliebter war als Sigmar Gabriel. Als die Institute, die für die SPD arbeiten, Anfang 2016 den Namen von Martin Schulz in die Debatte warfen, bekamen die Leute in den Fokusgruppen plötzlich ein Leuchten in den Augen. Ja, das könne mal eine Alternative sein. Auch so kam er plötzlich als möglicher Kanzlerkandidat ins Spiel.

Die Folgen der demoskopiegesteuerten Politik sind problematisch. Erstens lässt sich für vor- und zurückgetestete Positionen kaum noch große Leidenschaft entfachen. Zweitens nähern sich Parteien, wenn sie alle dem gleichen Ratgeber vertrauen, in ihrer Programmatik zwangsläufig an, was beim Bürger den demokratiegefährdenden Eindruck hinterlässt, dass alle Parteien gleich sind. Angela Merkel hat die umfrageorientierte Politik während ihrer Amtszeit auf die Spitze getrieben. Kaum änderte sich bei einem Thema die Mehrheitsmeinung, änderte sich auch ihre Politik. Das führte dazu, dass die CDU heute selbst nicht mehr weiß, wofür sie eigentlich steht, und gerade von der SPD inhaltlich kaum noch zu unterscheiden ist.

Hinter der Fixierung auf Umfragen steckt auch die Annahme, Politik dürfe den Menschen allenfalls geringfügige Veränderungen zumuten. Als sei es inzwischen zu riskant, eine Vorstellung davon zu entwickeln, wie eine Gesellschaft idealerweise aussieht. Man könnte den Wähler mit einer Zukunftsvision ja vor den Kopf stoßen.

Aber auch Schulz, der eine Sehnsucht nach authentischer, von Überzeugungen und Visionen geleiteter Politik hat, kann der Versuchung nicht widerstehen, mit Hilfe der Demoskopie erfolgreich zu sein. Gerade, erzählt er auf der Raststätte, lasse er folgende Aussage testen: »Ich verspreche Ihnen keine Steuersenkungen. Wer Ihnen jetzt Steuersenkungen verspricht, betrügt Sie. Ich verspreche Ihnen Entlastungen, bei den Kitagebühren, bei anderen Beiträgen, bei der Stabilisierung der Rente, bei Investitionen in den Wohnungsbau, damit die Mieten nicht explodieren, beim Schienenanschluss in den ländlichen Räumen. Aber ich verspreche Ihnen explizit keine Steuersenkungen.« Untersucht wird die Aussage von Pollytix, einem von zwei Meinungsforschungsinstituten, mit dem die SPD in diesem Wahlkampf exklusiv zusammenarbeitet.

Schulz redet sich heiß: »Ich will den Menschen sagen: Ich belüge euch nicht, wie Frau Merkel euch immer belogen hat, auch wenn ich damit die Wahl verliere. Alle Parteien versprechen Steuersenkungen, selbst die Linkspartei. Vor jeder Wahl werden Steuersenkungen versprochen. Aber ich mache das nicht. Weil ich nicht glaube, dass das Volk betrogen werden muss. Was wir mit diesem Geld machen müssen, ist investieren.« Er ist völlig begeistert von der Aussage, die er gerade testen lässt. Sie aber trotz aller inneren Überzeugung ohne Test einfach zu vertreten, traut er sich dann doch nicht. Eine Woche später werden die Ergebnisse von Pollytix vorliegen. Der Satz »Ich bin gegen Steuersenkungen« ist durchgefallen. Die Leute mögen den Steuersenkungsversprechungen zwar nicht glauben, aber das Gegenteil wollen sie auch nicht hören. Die Demoskopen raten daher, auch bei der Steuer Entlastungen zu versprechen. So wird es später in Schulz' Wahlprogramm stehen. »Ich muss ab Montag 'nen Neustart machen, egal wie das hier am Sonntag ausgeht.« Schulz lässt den Blick über die zugemüllte Raststätte schweifen. Er muss dieses in jeder Hinsicht runtergerockte NRW jetzt schnell hinter sich lassen, mit blauem Auge davonkommen, auf nach Dülmen, dann Marl, Duisburg, abends Eschweiler. Vorher noch schnell Händewaschen. Schulz, seit Jahrzehnten viel im Auto unterwegs, ist Raststättenprofi. Auf dem Weg zur Sanifair-Einrichtung von Bottrop-Süd taucht seine Hand in die rechte Hosentasche und fischt zielsicher die 70 Cent Eintrittsgeld heraus.

»Leck mich en de Täsch!«
Blumen für Hannelore Kraft

Sein Flieger aus Köln hat über eine Stunde Verspätung. Die ersten Zahlen der Umfrageinstitute erreichen ihn, als er um 17 Uhr, gleich nach der Landung in Tegel, das Handy einschaltet. Die SPD wird an diesem 14. Mai die Macht in Nordrhein-Westfalen verlieren, ihrem selbsterklärten Stammland. Die Hoffnung auf ein blaues Auge hat sich nicht erfüllt.

Engels und Dünow sind zum Flughafen gefahren, um ihn in Empfang zu nehmen. Auf dem Weg zur Parteizentrale telefoniert Schulz mit Hannelore Kraft, der Wahlverliererin. Sie teilt ihm mit, dass sie gleich ihren Rücktritt erklären werde. Schulz widerspricht, er findet, dass es verantwortlicher sei, den Neuanfang mitzugestalten, statt sich nach der Niederlage gleich vom Hof zu machen. Aber Kraft hört wieder mal nicht auf ihren Parteivorsitzenden.

Kurz vor 18 Uhr sitzt Schulz wie am Sonntag zuvor umringt von seinem Team und Mitgliedern der Parteiführung am ovalen Tisch in seinem Büro. »Das Leben ist wie eine Hühnerleiter«, sagt er. »Beschissen.« Niemand reagiert, Stille im Raum, nur der Fernseher läuft leise vor sich hin. »Ich bin jetzt der königliche Niederlagenkommentator.« Er schüttelt den Kopf. Es folgt ein zutiefst rheinischer Satz: »Leck mich en de Täsch!«

Als in der ARD die farbigen Balken in die Höhe schießen und der rote der SPD bei 30,5 Prozent stehen bleibt, starrt er schweigend auf den Bildschirm, den Zeigefinger auf den Lippen. Seine Partei hat rund acht Prozentpunkte verloren, die CDU gut sechs hinzugewonnen und ist nun stärkste Partei. Schulz steht auf, schreitet, die Hände in der Hosentasche, unruhig durch den Raum, hin und her, dann läuft er zum Fenster und starrt hinaus.

Wieder die Frage, wie er auf dieses Desaster reagieren soll. Was soll er gleich, unten im Atrium, vor den Genossen und der deutschen Öffentlichkeit erklären? Er dreht sich um. »Ich mein, das Problem, was wir haben, ist: Ich kann eigentlich nur sagen, dass wir für die Analyse ein paar Tage brauchen.«

»Was du sagst, ist eigentlich scheißegal«, sagt Sprecher Dünow. »Wichtig ist nur, dass du nicht depressiv rüberkommst. Dass du kämpferisch wirkst.«

In der ARD erinnert Frank Plasberg den SPD-Mann Karl Lauterbach an eine Aussage von Schulz, die erst wenige Wochen zurückliegt: »Wenn Hannelore Kraft im Mai in Nordrhein-Westfalen gewinnt, werde ich im September Bundeskanzler.« Plasberg will wissen, ob diese Aussage noch Gültigkeit habe. »Martin

Schulz hat jedenfalls nicht gesagt, dass er andernfalls verliert«, antwortet Lauterbach.

»Ha!«, ruft Schulz vor dem Fernseher, er klatscht laut in die Hände. »Der ist klasse, der Karl!« Es ist ein trotziger Moment des Triumphes, ein kurzes Aufbäumen gegen die depressive Stimmung im Raum.

Bis zur ersten Hochrechnung um 18.12 Uhr füllt sich das Büro weiter, auch Schulz' Stellvertreter Ralf Stegner und Manuela Schwesig nehmen am Tisch Platz. Kaum einer redet, bis ein Mann ins Büro kommt, der einen Teller mit belegten Brötchen bringt und ihn vor dem Kandidaten abstellt. Schulz verzichtet auf das Buffet, das draußen im Sekretariat aufgebaut wurde, er versucht, trotz des Frusts seine Diät beizubehalten. »Ohne Streichfett, ohne alles«, sagt der Mann. »Ganz wie gewünscht.«

»Armin Laschet ist der schlechteste Spitzenpolitiker, den ich kenne«, sagt Schulz, als der Wahlsieger von der CDU auf dem Bildschirm erscheint. Dann erinnert er an die »Noten-Affäre« Laschets, der als Lehrbeauftragter einst für einen Skandal gesorgt hatte, weil ihm die Klausuren seiner Studenten abhandengekommen waren und er, wie es hieß, die Noten dann einfach erfunden hatte. »Die Klausuren nicht korrigieren und dann mit Schulpolitik die Wahl gewinnen – du fasst es nicht!« Schulz schüttelt den Kopf.

Im Fernsehen erklärt nun Hannelore Kraft, sie habe in Nordrhein-Westfalen ihre eigenen Themen setzen wollen. Daher habe sie die Bundes-SPD um Zurückhaltung im Wahlkampf gebeten. Es ist der Versuch, die Schuld ganz auf sich zu nehmen. Schulz nickt zufrieden. Wenigstens das.

Dann ist es Zeit für seine eigene Erklärung, der Kandidat muss runter ins Atrium. Offen ist die Frage, ob er alleine auf die Bühne treten soll oder mit den Kollegen aus der SPD-Spitze. Stegner und Schwesig plädieren für die zweite Variante, man müsse jetzt Geschlossenheit demonstrieren. Die Diskussion geht hin und her.

»Was ist jetzt?«, fragt Wahlkampfmanager Engels. »Alleine oder gemeinsam?«

»Alleine«, sagt Schulz, er klingt entschlossen, aber Schwesig hält erneut eine Gegenrede. »Wie Ihr wollt«, sagt er schließlich. Es wirkt, als sei ihm gerade alles egal.

Bevor er zum Aufzug läuft, erinnert sein Sprecher noch mal an sein Credo: »Sei kampfesmutig!« Er gibt ihm einen Klaps auf den Rücken, wie ein Boxer, der seinen Schützling in den Ring schickt. »Komm, los!«

Auf der Bühne steht dann gleich hinter Schulz, und damit immer im Bild, Ralf Stegner, dessen Gesichtsausdruck selbst dann griesgrämig wirkt, wenn er blendend gelaunt ist. An diesem Abend passt seine Miene perfekt zur Lage. »Das ist ein schwerer Tag für die SPD«, sagt Schulz. »Das ist ein schwerer Tag auch für mich persönlich.« Während der ersten Worte atmet er schwer, räuspert sich oft, er kann nicht verbergen, wie mitgenommen er ist. Zu Beginn seiner Kampagne hatte Schulz sich geschworen, den Bürgern nichts vorzuspielen, sich so zu präsentieren, wie er tatsächlich drauf ist. Immerhin das gelingt ihm. Auch der Glückwunsch an Armin Laschet, dessen Sieg er in Wahrheit für einen schlechten Scherz hält, fällt Schulz sichtbar schwer. Er braucht mehrere Anläufe, bis er umständlich sagt: »Es gebietet die politische Kultur, dass wir dem Wahlsieger, dem künftigen Ministerpräsidenten von Nordrhein-Westfalen, von Herzen gratulieren.« Seine Miene und die vielen Pausen im Satz verraten, dass diese Gratulation eher nicht von Herzen kommt. Als Schulz zurück in sein Büro kommt, loben seine Mitarbeiter den Auftritt. Sie spüren, dass ihr Kandidat in dieser Stunde Zuspruch benötigt, dass es der falsche Moment für Kritik ist.

Später stürmt der stellvertretende Parteivorsitzende Thorsten Schäfer-Gümbel ins Büro. Er hat eine Interviewanfrage vom »heute-journal« und will fragen, ob es nicht eine gute Idee wäre, wenn der Kandidat die Sache übernimmt. »Ich hab' genug

Niederlagen kommentiert«, sagt Schulz. »Ich bin nur noch am Niederlagen-Kommentieren. Ich hab' die Schnauze voll davon.« Er schüttelt den Kopf und schaut ins Nichts. »Ich muss endlich mal in die Offensive kommen.« Dann läuft er wieder ziellos durch sein Büro. Jemand merkt an, dass Angela Merkel den ganzen Abend noch nicht zu sehen gewesen sei. »Die geht nie raus«, ruft Schulz. »Seit zwölf Jahren nicht.«

Nachdem sich sein Büro geleert hat, will er noch kurz die »Tagesschau« sehen. Der Sprecher sagt, dass die SPD in Nordrhein-Westfalen ihr historisch schlechtestes Ergebnis erzielt habe. »Mann, gibt es bittere Momente im Leben«, sagt Schulz. »Ausgerechnet der Laschet!« Als ein Moderator hämisch über den »völlig verpufften Schulz-Effekt« räsoniert, ruft Schulz: »Dieser Drecksack! Dem fehlt jeglicher Anstand.« Und als kurz darauf Hannelore Kraft zu sehen ist, sagt er: »Für dich haben wir einen hohen Preis gezahlt.«

Dann schaltet er den Fernseher aus, er will weg, zurück ins Mövenpick. »Ich ruf jetzt erst mal die Inge an.« Die Brötchen ohne Fettaufstrich bleiben unberührt an ihrem Platz zurück. Später wird Schulz sagen, dass die Partei und seine Kampagne sich von diesem Tag nie wieder erholt hätten.

Am nächsten Morgen sitzt Hannelore Kraft in seinem Büro. Es ist üblich, dass alle Kandidaten am Tag nach ihrer Landtagswahl ins Willy-Brandt-Haus kommen und dort vor Kameras einen Blumenstrauß vom Parteivorsitzenden überreicht bekommen. Kurz vor der geplanten Übergabe gibt es in Schulz' Büro einen letzten Konflikt. Kraft sagt, sie wolle keine Blumen. »Du kriegst die Blumen und dann ist Schluss!«, antwortet Schulz. So kommt es dann auch.

»Mannomannomann«
Panne, Pech und Pleite

Am 22. Mai soll Martin Schulz endlich in die Offensive kommen, an diesem Montag soll das Wahlprogramm, sollen die Inhalte seiner Kampagne, vorgestellt werden. Der Vorwurf, er sei bislang völlig unkonkret geblieben, stimmte zwar nur bedingt, immerhin hatte er eine große Reform des Arbeitslosengeldes vorgestellt, ein Konzept für die Familienarbeitszeit entworfen oder versprochen, dass für Kitas keine Gebühren mehr anfallen sollen. Das waren mehr konkrete Reformideen, als Angela Merkel über Jahre präsentiert hat. Aber der Eindruck des Unkonkreten hatte sich dennoch im kollektiven Bewusstsein eingenistet. »Ich bin die letzten vier Monate zehnmal konkreter gewesen als diese Frau!«, klagt Schulz. »Aber ständig heißt es: Wann werdet ihr endlich konkret?« Je länger der Wahlkampf läuft, desto fester ist Schulz davon überzeugt, dass die meisten Journalisten auf Merkels Seite stehen. Die für diesen Tag geplante Vorstellung des Wahlprogramms, wenn auch nur als Entwurf, soll endlich ein neues Kapitel der Kampagne einleiten. Aber es kommt, wie fast immer, wenn Schulz und sein Team sich etwas vorgenommen haben, etwas dazwischen.

Am Vormittag gibt es eine Bombendrohung im Willy-Brandt-Haus. In der Poststelle wird ein verdächtiges Päckchen gefunden, das Gebäude daraufhin geräumt. Die Präsidiums- und Vorstandsmitglieder, die den Programmentwurf verabschieden sollen, müssen zwei Stunden lang auf dem Bürgersteig warten. Es findet sich keine Bombe, aber es gibt andere Probleme. Das Pressegespräch, bei dem der Entwurf vorgestellt werden soll, war für 14.30 Uhr angekündigt, auch in der Terminvorschau der Nachrichtenagentur dpa, in der die wichtigsten politischen Termine des Tages aufgelistet werden. Weil es aber unzählige Änderungsanträge gab und man unsicher war, ob der Zeitplan exakt eingehalten werden könne, hatte ein Mitarbeiter der Pressestelle am Vorabend bei der dpa angerufen und gebeten, den Termin vorerst aus der Vorschau zu nehmen. Man werde kurzfristig informieren. Das führte zu der nächtlichen Meldung, die SPD verschiebe den Programmprozess.

Als Wahlkampfmanager Engels um halb fünf morgens auf sein Handy guckt, ist dies sogar die Aufmachermeldung bei SPIEGEL ONLINE. »Ich dachte, ich fall aus dem Bett.« Engels versucht, die Angelegenheit aufzuklären, was nicht ganz leicht ist, weil manche Menschen, anders als er, dazu neigen, um diese Zeit zu schlafen. Schließlich kann er die dpa dazu bewegen, eine Korrekturmeldung zu bringen. Aber da hat das Chaos längst seinen Lauf genommen.

Auf dem Weg ins Willy-Brandt-Haus hört Engels im Auto die Ankündigung des Deutschlandfunks, man werde gleich mit dem SPD-Abgeordneten Johannes Kahrs ein Interview zu der Frage führen, was es mit der Verschiebung des Programmprozesses auf sich habe. Engels ruft umgehend bei Kahrs an, um ihn zu briefen: »Das ist 'ne Falschmeldung.« Da könne er jetzt nichts mehr machen, sagt Kahrs. Das Interview sei bereits geführt und aufgezeichnet worden. Minuten später hört Engels im Radio, wie Kahrs leidenschaftlich eine Verschiebung verteidigt, die es gar nicht gibt. »Es ist ein Irrsinn«, flucht Engels. »Ein absoluter Irrsinn.« Was wie ein Stück aus dem absurden Theater anmutet, ist durchaus typisch für eine immer schnellere, sich bisweilen selbst überholende Kommunikationskultur, bei der Journalisten und Politiker sich gegenseitig treiben und Schnelligkeit oft vor Gründlichkeit geht.

Er ahne schon die Schlagzeilen von morgen, sagt Engels, als er im Büro angekommen ist: »Kommunikationschaos in der SPD!« Da sehe man mal, was das für ein Wahnsinn sei. »Und es war: Nichts.« Es ist der Auftakt zu einer nicht enden wollenden

Unglücksserie. Pech und Pannen werden zu den treuesten Begleitern von Schulz' Kampagne.

Als die Vorstellung des Programmentwurfs am Nachmittag
trotz Bombendrohung und Terminverwirrung pünktlich um
14.30 Uhr beginnt, sitzen Thomas Oppermann, Manuela Schwesig und Katarina Barley vor den Journalisten, nicht aber Schulz
selbst. Seine Berater hatten ihm gesagt, er solle den Termin den
drei Vorsitzenden der Programmkommission überlassen. Er
selbst solle sich abends im Fernsehen äußern.

Am Nachmittag sitzt Schulz mit seinem engsten Team im Büro,
er ist außer sich:»Warum bin ich nicht zu diesem Pressegespräch
gegangen? Auf allen Kanälen läuft: ›Die SPD versteckt Schulz!‹
Das ist ein Fehler.«

Wo das denn stehe, fragt Engels.

»Überall! Das ganze Netz ist voll mit diesem Mist. Meine Frau
behauptet, in allen Netzwerken gebe es eine regelrechte Hetz-
kampagne.« Seine Mitarbeiter versuchen, ihn zu beruhigen,
erfolglos.

»Leute, wir sind schon in 'ner beschissenen Lage.« Lange Pause.
»Vielleicht guck ich auch die falschen Medien.«

»Ich würde gar keine mehr gucken«, rät Engels.

»Ich weiß nicht, was machen wir falsch?« Schulz' Hand rumst
auf die Tischplatte, Gläser und Tassen klappern.»Irgendwas
machen wir doch falsch! Oder ist es wirklich eine Kampagne
gegen uns? Ich weiß es nicht.« Wieder Schweigen, Schulz starrt
auf sein Handy.

»Guck mal hier, da schreiben die auf ›heute.de‹ …« Er liest laut
vor:»Zu offensichtlich sind die Fehler im Wahlkampf. Die ver-
patzte Vorstellung des Programmentwurfs …«

»Warum ist die Vorstellung des Programmentwurfs verpatzt?«,
fragt Schulz, bekommt aber keine Antwort. Der Bericht auf
»tagesschau.de« sei sehr freundlich, sagt Engels, um ihn zu
besänftigen.

»Dieses ›heute.de‹!«, ruft Schulz. »Ich weiß nicht, ob das 'ne wichtige Plattform ist, aber die sind immer gegen uns. Ich habe da noch nicht einen positiven Artikel gelesen, weder über mich noch über uns. Noch nie!« Er knallt sein Handy auf den Tisch. Als er sich beruhigt hat, reflektiert er seine Situation. Er merke natürlich, wie die Journalisten und die Parteifreunde nun auf ihn starren und sich fragen: Steht der Typ? Fällt der? Kriegen wir ihn weggebissen? »Aber ich falle nicht. Ich wanke nicht mal«, sagt Schulz. »Da unterschätzen mich die Leute manchmal. Ich bin natürlich ein sensibler Charakter. Aber ich werde mir eher den Arm abhacken, als dass das im Haus einer mitkriegt.«

Ein Mitarbeiter bringt eine dampfende Tasse und stellt sie vor ihm ab. »Was ist das denn?«, fragt Schulz. »Pfefferminztee? Du bist doch ferngesteuert, oder? Das ist doch bestimmt die Idee von der Inge.«

»Natürlich«, sagt der Mitarbeiter. »Meinst du, das ist meine Idee, dir 'nen Pfefferminztee zu machen?«

Am Abend soll er allen großen Nachrichtensendungen ein Interview geben, um dem Eindruck entgegenzuwirken, er sei abgetaucht. Die werden nun geprobt. Sein Sprecher stellt Fragen, die wahrscheinlich kommen werden. »Herr Schulz, was kosten Ihre Wahlversprechen?« Schulz überlegt. »Tja, was sag ich dazu?« Sein Sprecher atmet schwer, dann lacht er. Er empfehle zu sagen, dass das Steuer- und Abgabenkonzept noch erarbeitet und dass alles gegenfinanziert werde.

Nächste Frage: »Herr Schulz, Sie haben zwei Landtagswahlen krachend verloren. Wie geht's Ihnen eigentlich?«

»Mir geht's gut. Aber wenn ich an die beiden Landtagswahlen denke, muss ich kotzen. Haben Sie vielleicht mal 'ne Tüte?«

»Lass dich nicht ärgern«, sagt Engels. »Du musst mit deiner ganzen Körperspannung signalisieren: All die Fragen sind legitim, aber ich habe ein Konzept, ich habe einen Plan und heute war ein guter und wichtiger Tag.« Noch etwas ist Engels aufge-

fallen:»Du beantwortest tatsächlich immer die Frage.
«Gewiefte Interviewprofis begreifen Journalistenfragen meist als Einladung, um genau das zu erzählen, was sie ohnehin loswerden wollten, und reden haarscharf bis meilenweit an der Frage vorbei. Wenn überhaupt, greifen sie die Frage zu Beginn nur scheinbar auf, um dann rasch die Richtung zu wechseln. Schulz fehlt entweder die Übung oder die Chuzpe, es ähnlich zu tun. Wer eine anständige Frage stellt, soll auch von ihm eine anständige Antwort bekommen. Das ist aller Ehren wert, unterscheidet ihn aber vom Gros seiner Konkurrenten.

»Ich weiß«, sagt Schulz.»Das ist meine große Schwäche.«

Die letzte Frage des Probedurchgangs lautet:»Warum haben Sie Ihr Programm nicht selbst heute Nachmittag vor der Presse vorgestellt?« Der Kandidat lacht, es ist die Vorfreude auf den eigenen Witz, der jetzt kommt.»Wir halten es in der SPD so: Mit Journalisten zweiter Garnitur redet Herr Oppermann. Mit richtigen Journalisten rede ich.« Großes Gelächter am Tisch, endlich gute Stimmung. Genau das solle er sagen.

In den»Tagesthemen« lautet am Abend die erste Frage der Moderatorin Pinar Atalay:»Warum waren Sie denn heute bei der Vorstellung des Wahlprogramms nicht dabei?« Schulz' Antwort:»Wir haben eine Kommission, die dieses Programm erstellt hat, die hat das präsentiert. Und ich hab' gesagt: Ich geh dann zu Frau Atalay in die ›Tagesthemen‹.«

Er wird auch nach dem Mitarbeiter gefragt, der die Terminverwirrung verursacht hat. Schulz hätte allen Grund, den Mann zu feuern, aber er verteidigt ihn inbrünstig. Er wird ihn auch später nicht entlassen.

»Finden Sie denn, dass Sie gut aufgestellt sind mit ihrem Wahlkampfteam?«, lautet Atalays letzte Frage.»Ja, das finde ich schon«, antwortet Schulz.»Wir haben hervorragende Leute.«

Das»heute-journal« beginnt die Sendung mit dem Fußballerspruch:»Zuerst hatten wir kein Glück, dann kam auch noch Pech

dazu.« Mit der Vorstellung des Wahlprogramms habe die SPD
dringend punkten müssen. »Aber dann: gestern später Abend die
Agenturmeldung: Die SPD sagt die Präsentation ab. Später heißt
es: verschoben. Und dann plötzlich doch.«

Im anschließenden Interview mit Schulz zielen die ersten
sechs Fragen nur auf die Form des Politikmachens, auf Organi-
satorisches und Strategisches. Erst danach geht es entfernt um
Inhalte, den Programmentwurf, der an diesem Tag eigentlich im
Zentrum der Aufmerksamkeit hätte stehen sollen. Die Frage lautet: »Ist das jetzt der große Wurf?« Kurz danach ist Schluss.

Oben, im sechsten Stock des Willy-Brandt-Hauses, warten
nun die Leute vom »RTL Nachtjournal«. »Wir müssen gucken,
ob wir da ein bisschen Puder kriegen«, sagt Schulz im Aufzug.
»Ich hab' nämlich 'ne rote Nase.« Seine Konkurrentin Angela
Merkel kennt dieses Problem nicht, sie ist rund um die Uhr mit
einer vom Staat finanzierten Visagistin unterwegs.

»Wir kriegen schon Puder«, sagt sein Sprecher. Aber Schulz
stellt sich grundsätzlichere Fragen: »Wieso hab' ich eigentlich 'ne
rote Nase? Ist das Stress?« Die Aufzugtür öffnet sich, das Kamerateam erwartet ihn. Mit Puder.

Nach dem Interview kommt er noch einmal zurück ins Büro.
Der Bericht in der »Tagesschau« wäre fair gewesen, habe der
Engels gerade geschrieben, weiß Schulz zu berichten. »Und
SPIEGEL ONLINE versenkt uns natürlich frontal, was wir für
ein Scheißverein sind.« Die Überschrift des Artikels, auf den er
anspielt, lautet: »Die gehetzte Partei«. Den meisten Journalisten
gehe es immer nur um die Form, sagt Schulz. »Inhalte interessieren die nicht.« Aber das Glück bei diesen Nachrichtenportalen
im Internet sei: »Das ist mal 'ne Stunde da, und dann ist es auch
wieder weg.« Das sei aber zugleich das Problem, die Schnelllebig-
keit, mit der da gearbeitet werde.

Schulz hat zwar eine Tendenz, die Schuld bei anderen zu
suchen, aber solche Momente werden meist rasch von Phasen

der Selbstkritik abgelöst. Jetzt geht es um die eigenen Unzulänglichkeiten an diesem Tag. »Das sind schon Fehler, da fragst du dich, wie so was möglich ist.« Langes Schweigen. »Da haben wir an einem Tag, wo wir einstimmig unser Wahlprogramm verabschieden, mit dem wir deutlich konkreter sind als alle anderen Parteien, diese Scheiße. Mannomannomann!« Seine Finger trommeln auf den Tisch. »Wie kommen wir da raus aus der Nummer? Das ist die entscheidende Frage: Wie komm ich da raus?«

Mit Klarheit, mit Kampfeslust und mit klarer Kante komme man da raus, sagt sein Sprecher.

Er sei natürlich ein Ackergaul, entgegnet Schulz. Aber er sei halt auch nur bis zu einer gewissen physischen Grenze belastbar. Solange er seinen Schlaf bekomme, könne man ihn 16 Stunden laufen lassen. »Mein Problem ist, wenn ich zu wenig Schlaf habe.« Seit Ende Januar sei das leider der Fall. Es ist nicht das erste Mal, dass der Kandidat einen einsamen Eindruck macht. Er ist zwar ständig von Menschen umgeben, und doch wirkt er bisweilen verloren. Das hat weniger mit der Kompetenz seiner Mitarbeiter zu tun, als mit dem Anspruch, alles selbst entscheiden und leisten zu müssen. Es fällt Schulz schwer zu delegieren, einfach mal loszulassen. Auch deshalb beschäftigt ihn seine körperliche Kraft so oft, der Schlafmangel, die zunehmende Erschöpfung. In der Psychologie beschreibt die Trias aus Selbstüberforderung, Selbstgeißelung und Selbstbestrafung den klassischen Weg in den Burnout. In Momenten wie diesen wirkt Schulz wie das personifizierte Opfer einer immer aufgeregteren Aufmerksamkeitsökonomie, in der nicht nur der politische Gegner, sondern auch die Medien auf jeden noch so kleinen Fehler lauern.

»Wir müssen jetzt den Ehrgeiz haben, denen zu zeigen, dass wir keine nervöse Partei und keine gehetzte Partei sind«, sagt Schulz. »Dass diese Unterstellung, dass hier nur Novizen am Werke sind, nicht stimmt.«

Die Wahrheit ist wohl, dass die Außenwahrnehmung und die Wirklichkeit der Kampagne nicht allzu weit auseinanderklaffen. Zwar sind alle Beteiligten hoch motiviert, aber viele von ihnen sind das erste Mal in eine Kanzlerkandidatur involviert und haben noch nie als Team zusammengearbeitet. Als fatal erweist sich auch, dass die Kampagne Peer Steinbrücks vier Jahre zuvor, in der es ähnliche Pannen in der Parteizentrale gab, nie analysiert wurde. Nils Minkmar hatte die Probleme der Steinbrück-Kampagne in seinem Buch »Der Zirkus« sehr klar und anschaulich beschrieben. Sigmar Gabriel bekam im Herbst 2013 von »FAZ«-Herausgeber Frank Schirrmacher das allererste Exemplar des Buches überreicht, er war der erste Leser des Buches überhaupt. Gabriel kannte die Probleme, aber er unternahm nichts dagegen. Eine parteiinterne Kommission zur Aufarbeitung der Fehler, wie Martin Schulz sie nach seiner Kampagne einsetzte, gab es erst recht nicht. So war man im Frühjahr 2017 nicht besser gerüstet als 2009 oder 2013.

»Leute, beschäftigt euch nicht mit der SPD«
Die Partei bei Laune halten – mit Eiersandwich

Am darauffolgenden Samstag, dem 27. Mai, hält Schulz eine Rede vor den Unterbezirksvorsitzenden der Partei im Atrium des Willy-Brandt-Hauses. Er spricht leidenschaftlich und pointiert, zum ersten Mal seit den Tagen des Hypes wirkt er wieder entschlossen. Die Genossen sind erleichtert, sie klatschen begeistert.

Während der Rede sind auch Journalisten zugelassen, danach will man unter sich sein, es folgt eine Aussprache im großen Saal in der siebten Etage, hinter verschlossenen Türen. Die Unterbezirksvorsitzenden sind wichtig für die Stimmung in der Partei.

Wenn sie schlecht gelaunt sind oder sich übergangen fühlen, hat das Auswirkungen auf ihr Engagement im Wahlkampf.

Während in den Medien spätestens nach den verlorenen Landtagswahlen vor allem über Schulz' Absturz berichtet wird, ist die Stimmung in der Partei deutlich positiver. Euphorisch ist niemand mehr, aber zufrieden mit dem neuen Vorsitzenden sind die meisten Mitglieder und Funktionäre noch immer. Auch wenn Schulz in diesen Wochen kaum Zeit für die klassische Arbeit eines Vorsitzenden hat, weil er hauptberuflich Kanzlerkandidat ist, spüren die Genossen, dass er die Partei anders führen will als Sigmar Gabriel, weniger ruppig, weniger autoritär. Über Gabriel hieß es, mit der üblichen Übertreibung, dass er in seinen sieben Jahren als Vorsitzender jedes Parteimitglied mindestens einmal persönlich beleidigt oder angeschnauzt habe. In der anhaltenden Begeisterung für den Vorsitzenden Schulz steckt auch die Erleichterung über das Ende des Vorsitzenden Gabriel.

Nun aber muss Schulz verhindern, dass der negative Trend seiner Kampagne sich auf die Moral der Genossen auswirkt. Sie sitzen im Halbkreis um eine Bühne. Auf den Tischen am Rand des Saales liegen weiße Plastiktüten mit Verpflegung, darin ein Apfel, eine Banane und ein Eiersandwich. Es geht gut los. Eine Frau, die sich als Bezirksvorsitzende »aus dem wunderschönen Schwarzwald« vorstellt, will sich bei Schulz »für die ausgezeichnete Rede bedanken«, die er soeben gehalten habe. Sie sei nach Berlin gekommen, »um neuen Schwung zu bekommen«. Das habe funktioniert. »Wir müssen viel positiver sein und weniger übereinander herziehen«, mahnt sie ihre Mitgenossen. Das ist rührend. Sozialdemokraten zu sagen, sie sollten positiv sein und nicht übereinander herziehen, ist so, als würde man ein Kind bitten, Rosenkohl statt Süßigkeiten zu naschen. Das zeigt sich gleich bei der nächsten Wortmeldung. »Ich kam in den letzten Tagen aus dem Kopfschütteln nicht mehr raus«, sagt der junge Unterbezirksvorsitzende aus dem Kreis Münster. Was das bitte schön für ein Programmprozess sei! Er beklagt, dass es nach der Zusendung des Entwurfs viel zu wenig Zeit für Änderungsanträge gegeben habe. »Das nennt ihr Beteiligungsprozess, liebe Genossinnen und Genossen? So funktioniert's, glaube ich, nicht. Jedenfalls nicht mit der Überschrift ›Beteiligung‹.«

Die Widerborstigkeit der eigenen Mitglieder ist für die SPD seit jeher ein Wettbewerbsnachteil im Kampf mit der CDU. Im Gegensatz zum normalen Christdemokraten will der Sozialdemokrat tatsächlich mitreden und mitentscheiden. Während Unionsmitglieder die Tatsache, dass ihre Partei an der Macht ist, wesentlich wichtiger finden, als das, wofür sie programmatisch steht, ist es bei der SPD genau umgekehrt. Ihre Mitglieder sind im Zweifel lieber inhaltlich mit sich im Reinen als an der Regierung. Zudem wollen die Genossen ständig in alles eingebunden werden, und zwar wirklich eingebunden. Sie haben ein Gespür für jede Form von Partizipationssimulation, mit der Parteispitzen ihren Mitgliedern gerne vorgaukeln, dass ihre Meinung gefragt ist – um am Ende doch allein zu entscheiden. Diese Grundhaltung macht die SPD durchaus sympathisch, im Idealfall sogar lebendiger und kreativer als ihr konservatives Pendant. Aber sie birgt auch die Gefahr der neurotischen Selbstbeschäftigung bis hin zur Selbstzerfleischung.

Schlimmer noch als eine konservative Regierung ist für viele Sozialdemokraten ein autoritär agierender SPD-Vorsitzender, von denen es in der Vergangenheit mehrere gab. Schulz hat sich vorgenommen, auch in dieser Hinsicht anders zu sein, nicht nur einfühlsamer, sondern auch demokratischer. Er will den Mitgliedern und Ortsvereinen mehr Gelegenheit zur Mitsprache geben. Das aber erfordert ein hohes Maß an Zeit und Geduld.

Er steht nun auf, um den Bezirksvorsitzenden zu antworten. Dass die Partei am Programmprozess nicht beteiligt sei, könne der Genosse aus Münster doch nicht ernsthaft erzählen. Seit zwei

Jahren laufe dieser Prozess, Tausende Seiten an Vorschlägen seien aus der Partei gekommen. Gut, das habe man dann ein wenig glätten müssen (der Entwurf umfasst nun 67 Seiten), aber allein aus dem Parteivorstand habe es dazu wieder 640 Änderungsanträge gegeben. Außerdem sei er erst seit März Vorsitzender, sagt Schulz. »Es kann nicht sein, dass ich die Partei nach außen vertreten muss, ohne Einfluss auf das Programm zu nehmen.« Jetzt, da der Entwurf verabschiedet sei, gehe er bekanntlich wieder an die Unterbezirke und Ortsvereine. »Du kannst bis zum Parteitag jede Zeile mit einem Änderungsantrag versehen.« Er geht dann artig auf alle Punkte ein, die kritisiert wurden. Besonders lange widmet er sich der Kritik, die SPD rede unter seiner Führung plötzlich zu viel über innere Sicherheit. Man müsse zugeben, dass man das Thema nicht ernst genug genommen habe, rechtfertigt sich Schulz. »Ein Fehler wird nicht deshalb kein Fehler, weil die SPD ihn begangen hat.« Man könne den Menschen doch nicht übelnehmen, wenn sie Angst vor Wohnungseinbrüchen hätten. Die habe er selbst auch. »Wenn du nach Hause kommst und einer hat in deiner Intimsphäre rumgewühlt, das geht nie mehr weg. Da können wir als Sozialdemokraten hingehen und sagen: Püh, statistisch betrachtet ist es gar nicht so schlimm.« Aber das sei falsch. »Wenn wir das nicht ernst nehmen, hängen uns die Schwarzen ab. Ich will, dass wir das ernst nehmen.«

Für die SPD ist das Thema innere Sicherheit traditionell ein Schwachpunkt. Da die Wähler eher der Union zutrauen, sie vor dem Bösen in der Welt zu schützen, wird es nie das ausschlaggebende Thema sein, wegen dem die Bürger SPD wählen. Nur einmal in ihrer jüngeren Geschichte galt die innere Sicherheit nicht als explizites Defizit der Partei: als sie mit Otto Schily den Innenminister stellte. Der posierte gern mit Kampfhelm und erhobenem Schlagstock für Fotografen und präsentierte ständig neue Sicherheitspakete. Vielen Genossen war das unfassbar peinlich, hinterließ bei einer Mehrheit der Bürger aber den Eindruck, bei Schily und der SPD in sicheren Händen zu sein.

Zum Schluss habe er noch eine Bitte, sagt Schulz zu seinen Unterbezirksvorsitzenden:»Leute, beschäftigt euch nicht mit der SPD! Beschäftigt euch mit dem politischen Wettbewerber! Und vor allem: Beschäftigt euch mit dem Wähler!« Wenn man dem Wähler erzähle: Der SPD-Pannenverein in Berlin habe wieder eine Präsentation vergeigt, sage sich der politische Gegner:»Das ist toll, die Sozis frikassieren sich selber, da brauchen wir gar nichts mehr zu tun.« Darin sei die SPD leider immer schon Weltmeister gewesen.

»Der Unterschied zwischen den Schwarzen und uns besteht in Folgendem: Die Schwarzen zanken sich wie die Kesselflicker von morgens bis abends. Und am Ende des Tages steht irgendeiner auf und sagt: Leute, aber es geht doch gegen die Roten. Und dann sind die sich einig. Wir sind uns meistens einig, aber am Ende der Veranstaltung steht immer einer auf und sagt: ›Ich hätt' da noch was.‹ Darüber wird dann drei Stunden diskutiert, und das steht dann anschließend in der Zeitung.«

Dann verspricht er den Genossen noch große Emotionen im Wahlkampf.»Bei der Frage, welcher Kandidat näher bei den Problemen der Bürger ist, führe ich mit weitem Abstand.« Wenn dieser Eindruck bleibe, dann gewinne man die Wahl.»Selbst im Wahlkreis Münster.«

»Kurze Manöverkritik«, sagt Wahlkampfleiter Engels, als sie kurz darauf in Schulz' Büro sitzen.»War 'ne super Veranstaltung. Du hast den kritischen Journalisten gezeigt, dass die Stimmung einfach immer noch gut ist. Und du hast uns den Begriff von der Gerechtigkeit zurückerobert. Und zwar: ein breites Verständnis von Gerechtigkeit.«

»Ich hab' den Begriff ›soziale Gerechtigkeit‹ nicht einmal in den Mund genommen«, sagt Schulz.»Nicht ein Mal.« Er reagiert damit auf Kritik, wonach es angeblich keinen allzu drängenden Wunsch nach mehr sozialer Gerechtigkeit im Land gebe und Schulz einen zu eng gefassten Gerechtigkeitsbegriff habe. »Lass uns bei der Gerechtigkeit bleiben«, sagt Engels. »Du hast es ja fast geschafft, dass die Schlaumeier jetzt alle sagen: Gerechtigkeit ist das falsche Thema. Aber wir haben glasklare Empirie: Die Leute erwarten, dass du für Gerechtigkeit kämpfst.« Nach der Panne bei der Präsentation am Montag habe man jedenfalls eine erstklassige Woche hingelegt.

»Nein, Leute, wir haben keine erstklassige Woche hingelegt«, widerspricht Sprecher Dünow. »Wir haben einen Desaster-Montag hingelegt, und dann haben wir uns da rausgearbeitet. Ich finde, man muss die Kirche auch im Dorf lassen.«

Aber Engels lässt sich nicht beirren. Er glaube zwar nicht, dass man in den Umfragen unmittelbar hochgehen werde. »Aber ich sage dir: Das kann ein Turning Point gewesen sein. Jetzt kommt innere Sicherheit, dann Steuern, dann kommt dein Buch raus, dann dein Auftritt bei Markus Lanz – und dann wollen wir doch mal sehen, wo wir in zwei, drei Wochen stehen.«

Das Tröstende an einem Wahlkampf ist, dass es immer neue Events, Reden oder Interviews gibt, auf die man seine Hoffnung richten kann. Es gibt viele potenzielle Wendepunkte, zumindest in der Theorie. Mal ist es die Vorstellung des Steuerkonzepts, mal nur ein Auftritt bei Markus Lanz. Das hilft, um angesichts aller Pannen und Rückschläge nicht im Loch zu versinken.

Ob sich das Kämpfen lohnt, lässt sich vorerst nur an zwei Maßeinheiten ablesen: Medienberichte und Meinungsumfragen. Beides nimmt in den Gesprächen von Schulz' innerem Zirkel großen Raum ein. Zumindest mehr Raum, als ich mir das als Journalist vorgestellt hatte, was die schwierige Frage aufwirft, wer hier eigentlich wen beeinflusst: das Handeln der Politiker die Berichte und Umfragen – oder umgekehrt? Schulz und sein Team wirken auf mich bisweilen wie Getriebene, die sich mehr von Umfragen und Medienberichten in die eine oder andere Richtung jagen lassen, als selbstbewusst ihren Kurs zu fahren.

Leider werde über die tollen Auftritte des Kandidaten kaum berichtet, fährt Engels fort. Nur über die Pannen. »Es wird ein Zerrbild gezeichnet, das ich kaum noch ertragen kann. Ständig heißt es, was wir alles für Dorfdeppen seien.«

Er würde davon abraten, Journalisten zu beschimpfen, mahnt Sprecher Dünow. »Wir dürfen nicht in diesen Steinbrück-Modus kommen.« Steinbrück hatte im Wahlkampf 2013 ständig über die unfaire Presse gejammert und ihr am Schluss auf dem Cover des Magazins der »Süddeutschen Zeitung« demonstrativ den Stinkefinger gezeigt. »Guckt euch seine Interviews von heute an: Da dürfen wir niemals hinkommen.«

Schulz schreckt auf. »Wieso, was macht der denn, der Steinbrück?«

Um Werbung für drei Auftritte mit dem Kabarettisten Florian Schröder zu machen, hat Schulz' Vorgänger zwei große Interviews gegeben, in denen er etwas verächtlich über die SPD spricht und dem Kandidaten freundlicherweise ein paar Ratschläge gibt. Statt über Schulz' Reden berichten die Medien nun über Steinbrücks Interviews.

»Dass er überhaupt zwei Interviews gibt, um seine blöde Comedytournee zu bewerben, ist an Widerwärtigkeit kaum zu überbieten«, sagt Dünow.

»Ein echter Experte, dieser Steinbrück!«, sagt Engels. »25 Prozent hat er damals geholt.« Der Deal bei diesen Interviews sei doch klar: »Er kriegt da seine Promo-Interviews, und im Gegenzug muss er der SPD in die Fresse hauen.« Er finde, das richte sich selber.

Was den dreien nicht bewusst ist: Steinbrück ist auch ein wenig beleidigt. Er wundere sich, erzählt dieser Vertrauten, dass Schulz seit seiner Nominierung nicht einmal bei ihm angerufen habe. Er habe vier Jahre zuvor als Kandidat einen ganz ähnlichen

Prozess durchgemacht. Gerne hätte er seine Erfahrungen mit ihm geteilt und sicher nützliche Tipps geben können. Habe aber offenbar niemanden interessiert. »Ich lese schon seit 14 Tagen den Pressespiegel nicht mehr«, sagt Schulz, um die Diskussion abzuschließen. Ein Rat seiner Frau. »Seitdem geht's mir besser.«

»Die andere Seite des lieben Martin«
Die Neuerfindung des Kanzlerkandidaten

Am nächsten Abend, dem 28. Mai, ist im Ristorante Marinelli der Meeresfrüchtesalat bereits bestellt, als Schulz den Rücken durchdrückt und mich feierlich ansieht. Er hat einen Entschluss gefasst. »Ab morgen ...«, sagt er und blinzelt in die Abendsonne, »... ab morgen gibt es einen anderen Schulz.« An diesem lauen Sommerabend war ihm mal nach einer kleinen Abwechslung zumute. Statt wieder im Mövenpick zu speisen, ist er mit seinen Personenschützern quer über die Straßen zum Italiener gelaufen. Gewagtere Ausbrüche aus dem festen Korsett seines Terminplans sind derzeit nicht drin.

Es gibt Kritik an seinem Führungsstil. Er sei zu weich, zu verständnisvoll, nicht entschieden genug. Schulz wähnt Gabriel und dessen Vertrauten Matthias Machnig hinter dem Geraune. Beide drängen ihn, sein Team neu zu besetzen, am besten mit Machnig als neuem Wahlkampfleiter, der zu Gerhard Schröders Zeiten die Kampagnen der SPD managte. Die Frage steht im Raum, ob Schulz die nötige Härte hat, um Bundeskanzler zu werden.

Ironischerweise betrifft der Vorwurf der mangelnden Härte auch Schulz' vorsichtigen Umgang mit Gabriel, der sich in diesen Wochen fast täglich als Europapolitiker profiliert und damit viel Aufmerksamkeit vom Kandidaten abzieht. Er ringt in diesen Tagen mit einem Paradoxon: Einerseits gibt es ein weitverbreitetes Bedürfnis nach einem anderen Politikstil, nach ehrlicheren Politikern, die nicht vorgeben, auf jedes Problem sofort eine Antwort zu haben, die nachdenklich sind und auch ihre menschliche Seite nicht krampfhaft verbergen. Wenn es aber drauf ankommt, scheinen die Bürger doch einen Politikertypus zu bevorzugen, der Selbstbewusstsein und Entschlossenheit verkörpert, der auch mal hart, gar gnadenlos durchgreift und stets den Anschein erweckt, für alle Probleme eine Lösung zu haben. Die Erfolge von Donald Trump und Emmanuel Macron, so verschieden ihre Inhalte auch sind, lassen sich auch mit diesen Wählerwünschen erklären.

»Entweder ich setz mich mit meinem Stil durch, oder ich bin der falsche Mann«, sagt Schulz trotzig. Er glaube, seine Popularität habe auch darin bestanden, dass die Leute das Gefühl hatten: Das ist nicht der übliche Machtpolitiker. »Dann muss ich mich auch nicht verhalten wie ein üblicher Politiker.« Trotzdem ist er gewillt, von nun an ein paar Dinge anders zu machen.

»Die Leute lernen jetzt die andere Seite des lieben Martin kennen«, sagt er, als der Meeresfrüchtesalat serviert ist. »Ich muss jetzt zeigen, was ich kann.« Er haut entschlossen mit der Faust auf den Tisch. Seine Frau Inge habe ihm mal einen Zettel auf dem Küchentisch liegen lassen, darauf der Spruch aus einem Büchlein mit Bauernregeln: »Wer sich bückt, reizt zum Schlag. Wer sich zum Lamm macht, den beißen die Wölfe.« Daran würde seine Frau ihn oft erinnern. Sigmar Gabriel hat er jetzt gewarnt: »Wenn du noch einmal was zu Europa sagst, ist Schluss!«

Schulz muss kurz telefonieren. »Tach Boris, hier ist Martin.« Boris Pistorius, der niedersächsische Innenminister, soll sein Mann für die innere Sicherheit werden, sein Otto Schily. In Niedersachsen hat sich Pistorius einen Ruf als harter Hund erworben, auch weil er ausländische Gefährder konsequent abschiebt. Eigentlich hatte Schulz ihn erst in einigen Wochen der Öffentlichkeit präsentieren wollen, doch weil die Schwäche der SPD bei diesem Thema in Nordrhein-Westfalen so offensichtlich wurde, will er den Termin nun vorziehen. Auf übermorgen. »Der ist echt gut«, sagt Schulz, als das Telefonat beendet ist. »Ein echter Hardliner.« Er hofft, dass der linke Flügel der Partei über die Personalie ein wenig motzen wird, das würde die Botschaft sogar noch unterstreichen. Vielleicht werde er den einen oder anderen Parteilinken sogar ermutigen, ein bisschen zu protestieren. »Ich muss diese Front schließen«, sagt er zur Schwäche der SPD bei der inneren Sicherheit. Die älteren Wähler würden sonst in Scharen davonrennen. Der Plan scheint zu stehen.

Doch am nächsten Abend ist wieder alles anders. Um kurz vor acht erhält Schulz einen Anruf von Erwin Sellering, dem sozialdemokratischen Ministerpräsidenten von Mecklenburg-Vorpommern. Er werde morgen seinen Rücktritt bekanntgeben und Manuela Schwesig, die Bundesfamilienministerin, als Nachfolgerin vorschlagen, sagt Sellering. Bei ihm sei Lymphdrüsenkrebs diagnostiziert worden.

Die Präsentation von Pistorius als Mann für die innere Sicherheit wird verschoben. Schulz muss jetzt einen neuen Generalsekretär finden, weil Katarina Barley, die das Amt bisher innehatte, Manuela Schwesig als Familienministerin beerben soll. Barley sträubt sich zwar gegen diese Versetzung, sie würde gerne Generalsekretärin bleiben, zwischen ihren und Schulz' Mitarbeitern kommt es gar zu Brüllereien, doch am Ende setzt Schulz sich durch.

»Ich hab' ja immer Pech«, sagt er. »Wenn ich unser Programm vorstellen will, wird mir das vom eigenen Haus versemmelt. Und jetzt kommt mir der Sellering dazwischen, der arme Kerl.«

Wen soll er nun zum neuen Generalsekretär machen? »Ich brauch einen, der Wahlkampf kann«, sagt Schulz. Gerade in Wahlkampfzeiten hat das Amt eine zentrale Bedeutung. Doch an diesem Dienstag hat Schulz genau drei Stunden Zeit, um die bedeutende Personalie zu lösen. Am Vormittag erreicht ihn eine Kaskade an E-Mails, SMS- und WhatsApp-Nachrichten. Die einen sagen:»Nimm unbedingt Matthias Machnig.« Die anderen warnen:»Nimm auf keinen Fall den Machnig.« Über Hubertus Heil heißt es:»Wenn du den nimmst, holst du dir 'nen Killer ins Haus!« Andere schwärmen:»Nimm den Hubertus, das ist der einzig Loyale.« Die meisten Empfehlungen kommen, mal wieder, von Sigmar Gabriel, den Schulz und seine Leute inzwischen nur noch den»Quartalshysteriker« oder den»Quartalsirren« nennen.

Schulz entscheidet sich letztlich für Hubertus Heil, der schon einmal Generalsekretär war und trotz seiner 44 Lebensjahre viel Erfahrung mitbringt. Heil zögert zwar zunächst, sagt nach drei Stunden Bedenkzeit aber zu:»Ich wollte das eigentlich nicht mehr werden, aber ich stelle mich auch als Freund in den Dienst der Sache.«

Schulz und er haben bislang nie intensiv zusammengearbeitet, aber der neue Mann bringt zunächst neuen Schwung in die Kampagne. Heil pflegt einen moderneren Politikstil, er hält die sozialen Netzwerke für einen wichtigen Teil der Politikvermittlung und steht als einer von wenigen Sozialdemokraten für Zukunftsthemen wie Forschung, Digitalisierung und Wirtschaftspolitik, für Bereiche, mit denen Schulz nicht zwingend verbunden wird. Heil will die Kampagne straffer führen, ihr eine klare Struktur verpassen, sie professionalisieren. Sein Grundsatz lautet dabei:»Let Schulz be Schulz« – der Kandidat soll so natürlich und authentisch wie möglich rüberkommen. Das klingt zumindest gut.

»Herzkeks«
Der Fluch der Großen Koalition

Am darauffolgenden Donnerstag, dem 1. Juni, dringt die Weltpolitik in die Kampagne des Martin Schulz. Nach einem verheerenden Terroranschlag in Kabul steht die Frage im Raum, ob Deutschland weiter Flüchtlinge nach Afghanistan abschieben kann. Schulz hatte in einem Interview einen Stopp gefordert, nun wollen ihn die Grünen beim Wort nehmen und haben im Deutschen Bundestag einen Antrag auf sofortigen und umfassenden Abschiebestopp nach Afghanistan eingebracht. Die Linken schließen sich an. Die Abstimmung ist für 23 Uhr an diesem Abend angesetzt.

Der Antrag ist auch der Versuch, Schulz und die SPD vorzuführen. Wie glaubwürdig wäre der Kanzlerkandidat, wenn die SPD den Koalitionsfrieden mit der Union als wichtiger erachten und gegen den Antrag der Grünen stimmen würde? Dann hätte taktisches Verhalten über die eigene Überzeugung gesiegt. Einige SPD-Abgeordnete haben bereits signalisiert, dass sie für den Antrag der Grünen stimmen wollen. Wieder mal wird die schwierige Lage der SPD in der ungeliebten Koalition mit der Union offensichtlich. Rein rechnerisch hätte die SPD all die Jahre auch gemeinsam mit Grünen und Linken eine Mehrheit bilden können. Das hätte wenigstens eine klare Frontstellung in diesem Wahlkampf ermöglicht.

Schulz telefoniert mit Fraktionschef Oppermann, dessen Aufgabe es ist, die 193 Bundestagsabgeordneten der SPD zu einem einheitlichen Votum zu bewegen. Schulz wirft ihm lautstark vor, seinen Laden nicht im Griff zu haben. Er ist angespannt, es drohen neue Negativ-Schlagzeilen: »Streit in der Großen Koalition«, oder, was noch ungünstiger für ihn wäre: »Streit in der SPD«. Beides müsse man verhindern, sagt Schulz. Seit Stunden wird nun hektisch verhandelt, eine Lösung muss her. Schulz hat Gabriel beauftragt, mit Innenminister Thomas de Maizière einen eigenen Antrag der Großen Koalition auszuhandeln. Gesucht wird eine Kompromisslösung, und die findet sich auch. Als Kampagnenchef Engels ins Büro kommt, sagt er, dass es um 18.30 Uhr eine Sondersitzung der Fraktion geben werde. »Ich hab' jetzt den Prätorianern gesimst: ›Für den eigenen Antrag stimmen! Das ist ein Sieg für Martin Schulz.‹« Prätorianer werden die wichtigsten Abgeordneten der Fraktion genannt, deren Wort Gewicht hat, die Chefs von Landesverbänden und Parteiflügeln wie dem konservativen »Seeheimer Kreis«, der »Parlamentarischen Linken« und den pragmatischen »Netzwerkern«.

»Gut«, murmelt Schulz.

Etwas später sagt Engels, der ständig auf sein Handy starrt: »Einige MdBs twittern jetzt: ›Abschiebungen nach Afghanistan gestoppt, wie von Schulz gefordert.‹ Sie scheinen es zu kapieren.«

»Sehr gut«, murmelt der Kandidat. Die Stimmung hellt sich auf. Schulz, der nicht nur heute fortwährend von der Gebäckmischung nascht, die vor ihm steht, hält den Keks, den er gerade in der Hand hat, in die Höhe und präsentiert ihn seinem Team. »Guckt mal, dieser Keks hat die Form eines Herzens. Das ist kein Scherzkeks, sondern ein Herzkeks.«

Minuten später hat Engels weitere gute Neuigkeiten aus den sozialen Netzwerken, er zitiert einen Tweet des Abgeordneten Lars Klingbeil: »Nächste Kehrtwende bei Merkel. Schulz wirkt!« Engels schaut seinen Chef an: »Dein Sieg, merkste? Dein Sieg!«

Die Gefahr ist gebannt, der Kandidat zufrieden. »Dann muss ich mich noch beim Oppermann entschuldigen, dass ich ihn eben so angeschnauzt habe.« Er sucht den Namen Oppermann in seinem Handy. »Thomas, ganz kurz.« Er spricht mit sanfter, umarmender Stimme. »Ich wollte dich nur um Verzeihung bitten, dass ich dich eben so angebrüllt hab.' Ehm...« Er sucht nach Worten. »Tut mir leid. Du warst das nächst greifbare Opfer. Sieh es mir bitte nach. Das war, weil meine Nerven so angespannt waren. Kommt nicht mehr vor. Und wenn's wieder vorkommen sollte ...« Oppermann unterbricht irritiert, er ist Entschuldigungen von Parteivorsitzenden nicht gewöhnt. Dann erklärt er Schulz noch einmal, wie die gefundene Lösung aussieht. »Da bin ich dir sehr dankbar«, sagt Schulz. »Und wenn das noch mal vorkommt, dass ich dich anschnauze, dann machste nix, und ich ruf dich später wieder an und entschuldige mich.«

Nach turbulenten Tagen und vor einem verlängerten Wochenende schnell noch eine kurze Bilanz im Kreis des Teams. Man habe den Abwärtstrend jetzt erst mal gestoppt, sagt Engels. Man habe aber auch keinen Aufwärtstrend. »Jetzt müssen wir daran arbeiten, es zu drehen.«

Schulz selbst ist nicht unzufrieden. Wenn er die Medienlage der letzten Tage sehe, sei die gar nicht so schlecht. »Zumindest ist dieses Image weg: Da funktioniert nichts.«

Man solle doch mal wetten, empfiehlt Engels, welcher Journalist als erster schreibe: »Eigentlich machen die das doch ganz gut.« Man habe jetzt seit sechs, sieben Tagen einen echt guten Lauf.

»Aber dann darf uns nächste Woche nichts passieren«, mahnt Schulz.

»Unglaublich«
Stirbt die Sozialdemokratie?

Es folgt eine restlos pannenfreie Woche. Sogar die Präsentation des Rentenkonzepts, einem redlich gerechneten Versuch, sowohl die Beiträge als auch die Renten mit Steuergeldern halbwegs stabil zu halten, gelingt ohne Irritationen. Die Partei glaube noch an die Möglichkeit einer Wende, sagt Schulz am Nachmittag des 12. Juni während der Lagebesprechung in seinem Büro. Das habe auch die Präsidiumssitzung am Morgen gezeigt. Dennoch belastet ihn etwas. »Eines meiner größten Probleme ist: Mich verlässt meine Intuition«, sagt Schulz am Besprechungstisch. »Ich bin völlig verunsichert von all den Ratschlägen.« Alle würden ihm ständig sagen, was er machen solle, sein Team, die Berater, die anderen Schwergewichte der Partei. »Ich bin hin und her gerissen.«

Auch wenn Schulz in gewissen Momenten einen Hang zur Schwarzmalerei hat und seine Gefühle dann ungefiltert rauslässt, rafft er sich nach emotionalen Tiefpunkten rasch wieder auf und konzentriert sich auf Dinge, die Mut machen. So auch jetzt: Die »Bild«-Zeitung habe heute geschrieben, das Rennen zwischen Merkel und ihm sei noch nicht gelaufen, sagt Schulz. Für einen, der angeblich schon lange keine Zeitung mehr liest, ist er recht gut im Bilde, was Tag für Tag über ihn berichtet wird. Wahlkampfmanager Engels und sein neuer Generalsekretär Heil würden behaupten, erzählt Schulz, dass es auch den Journalisten irgendwann langweilig würde, ihn und die SPD immer nur runterzuschreiben. »Ich hoffe, dass sie recht haben.«

Dann steht Besuch aus Frankreich vor der Tür. Pierre Moscovici ist EU-Kommissar für Wirtschaft und Mitglied der Parti Socialiste. Die französischen Sozialdemokraten, die mit François Hollande bis Mai den Staatspräsidenten stellten, sind bei der Parlamentswahl gerade auf 7,4 Prozent abgestürzt und damit klinisch tot. Moscovici zeigt Schulz auf seinem Handy eine Karte mit den einzelnen Wahlkreisen, die das Ende seiner Sozialdemokratie farblich verdeutlicht.

»Unglaublich«, murmelt Schulz.

Gut möglich, dass die Karte auch ein Blick in die Zukunft der SPD erlaubt. Ähnlich wie den Franzosen ist es bereits den Schwestern in den Niederlanden, in Italien oder Griechenland ergangen, die in den vergangenen Jahren zu Kleinstparteien schrumpften. Es ist keinesfalls sicher, dass sich die deutsche Sozialdemokratie dem europaweiten Niedergang wird entziehen können. Viele Bedürfnisse, die die Sozialdemokratie im 20. Jahrhundert zur Erfolgsgeschichte machten, haben sich inzwischen verschoben oder geändert. Zu den Erfolgsbedingungen sozialdemokratischer Parteien gehörten der feste Glaube an eine kollektive Interessenvertretung und die gemeinschaftliche Lösung gesellschaftlicher Herausforderungen. Der fortschreitende Ausbau des nationalen Sozialstaats war die zweite wichtige Bedingung für ihren Erfolg. Beide sind mehr oder weniger verschwunden. Zum einen hat sich der Zeitgeist gewandelt. Viele Menschen sehen gesellschaftliche Probleme heute eher als individuelle Herausforderung. Sie glauben an die Gemeinschaft im Kleinen, in der Familie oder im Freundeskreis, aber nicht mehr an die Gemeinschaft im Großen. Es scheint, als hätte Margaret Thatcher mit ihrem Satz »There is no such thing as society« langfristig recht behalten.

Und zum anderen ist deutlich geworden, dass unter den Bedingungen einer immer aggressiveren Globalisierung das Konzept eines nationalen Sozialstaats nur noch schwer funktioniert. Auch deswegen haben viele Sozialdemokratien rund um die Jahrtausendwende heftig mit dem neoliberalen Zeitgeist geschmust und vieles auf den Weg gebracht, was gegen alte sozialdemokratische Werte und Überzeugungen verstieß. Gerade die SPD war unter Gerhard Schröder, inspiriert oder angestachelt von Tony Blairs »New Labour«, ganz forsch dabei. Nicht zuletzt durch ihre Politik des »Dritten Wegs« gelten sozialdemokratische Parteien in vielen Ländern als nicht mehr glaubwürdig in der Rolle als Anwalt des unterprivilegierten Teils der Bevölkerung. Dass es ihnen nicht gelang, den Finanzkapitalismus zu kontrollieren, machte die Lage nicht besser. Ebensowenig, dass sie später, in der Finanzkrise, Milliarden für die

Bankenrettung bereitstellten, während bei den Schwachen die Leistungen gekürzt wurden. Mit wem willst du koalieren, fragt Moscovici. Schulz prustet los, als habe man ihm einen doppelten Schnaps angeboten.»Naja, da müsste ich ja erst mal 30 Prozent holen, damit ich mir über Koalitionen Gedanken machen kann.«

»Was soll ich denn da?«
Frauenfragen

»So, und jetzt kommst du bitte in die ›Brigitte‹-Stimmung«, sagt Büroleiterin Hagemeister, als der Gast aus Frankreich gegangen ist. Der Kandidat soll jetzt vorbereitet werden auf einen Talk am Abend. Zwei Redakteurinnen der Frauenzeitschrift »Brigitte« werden ihn im Maxim-Gorki-Theater befragen. Es soll auch um den »Menschen Martin Schulz« gehen.

»Was soll ich denn da?«, fragt Schulz. Schnell wird ihm die Bedeutung erklärt: viele Medienvertreter. Merkel habe bei dieser Veranstaltung vor vier Jahren ein riesiges Presseecho gehabt.

Okay, sagt Schulz.»Mein erster Satz wird sein: Ein Mann, ein Wort. Eine Frau, ein Wörterbuch.« War natürlich nur ein Witz. Dann wird ernsthaft geprobt. Er setzt sich seiner Büroleiterin und einem seiner Sprecher gegenüber, rechtes Bein über das linke, Hände gefaltet, bei jeder neuen Frage ändert er leicht die Sitzposition.

Es werden da auch weiche Fragen kommen, sagt Hagemeister, zum Beispiel, was er so im Haushalt mache.

»Waschen. Spülen. Bügeln. Staubsaugen. Putzen. Ich kann im Haushalt so gut wie alles. Außer Kochen.«

Dann solle er das gern auch so sagen, rät sein Sprecher.

»Dass du da viel spülst, glaubt dir eh keiner«, schaltet sich Wahlkampfchef Engels aus dem Hintergrund ein.

»Das ist ja genau das Gegenteil von dem, was die beiden eben gesagt haben«, bemerkt Schulz. »Und was soll ich jetzt bitte sagen?«

Im weiteren Verlauf des Briefings folgen grundsätzlichere Fragen. Ticken Frauen anders als Männer? »In vielen Punkten schon«, antwortet Schulz. »Frauen sind ruhiger, sehr häufig viel reflektierter und nicht so emotional. Ich weiß nicht, ob man das verallgemeinern kann, aber ich weiß, dass meine eigene Frau in Drucksituationen viel ruhiger ist als ich.«

Dann kommt es zu einem interessanten Austausch, der einen Kern von Schulz' Kandidatur berührt. »Wie hart sind Sie? Wer am Zaun des Kanzleramts rüttelt, muss der nicht sehr hart sein?«

»Nee«, sagt Schulz. »Man kann auch ohne Härte am Zaun des Kanzleramts rütteln. Wie hart man ist, ist nicht die entscheidende Frage.« Wer menschliche Kompetenz mit politischer Sachkenntnis kombiniere, der sei gut geeignet fürs Kanzleramt.

»Ich würde Machtbewusstsein durchaus ausstrahlen«, rät sein Sprecher. »Macht ist nichts Schlimmes.«

»Ich hab' doch gar nichts Gegenteiliges gesagt, oder?«

»Nee, aber es klang so, als würdest du schnell auf diese Argumentation reinfallen, dich weichmachen zu lassen. Du bist natürlich auch der Mensch, der nach der Macht greift, weil er weiß, was er damit tun will.

»Muss man dafür hart sein?«

»Nein, aber man muss genau das vielleicht erklären.«

Schon klar, sagt Schulz. Wer nach der Macht im Staate greife, müsse sich bewusst sein, dass das harte Kämpfe und Auseinandersetzungen mit sich bringe. »Die entscheidende Frage aber ist, ob man sich verhärtet. Ich bin hart im Nehmen, sicher auch manchmal hart im Austeilen. Aber ich lasse mich nicht verhärten.«

Am Abend wird er vor unzähligen Journalisten auf der Bühne gefragt, welchen Roman er denn schreiben würde, wenn er Zeit dafür hätte. Ein Buch über Karl V., antwortet Schulz. Dieser

Kaiser fasziniere ihn, weil er stark unter der Macht gelitten habe und der einzige bedeutende Herrscher gewesen sei, der Macht freiwillig abgegeben habe. Für ihn, so Schulz, sei er damit »eine der sympathischsten Figuren der Weltgeschichte«. Hätte Schulz den Eindruck von Stärke und Machthunger erwecken wollen, hätte er nicht von Karl V. erzählt. Doch die Zuschauer bekommen an diesem Abend eine zutiefst ehrliche Antwort, egal ob sie im Wahlkampf gegen ihn verwendet werden kann oder nicht.

Den Abschluss des »Brigitte«-Trainings bildet die Frage, warum in der SPD nur so wenige Frauen nach ganz oben kommen, und zielt genau auf die bisherige Achillesferse der Partei: »Werden Frauen in ihrer Partei nur als Staffage betrachtet?«

»Wenn diese Frage kommt, steh ich auf und gehe«, sagt Schulz. »So ein Blödsinn!«

»Nein, genau das wollen wir nicht, Martin«, sagt seine Büroleiterin, die neben der Bundesgeschäftsführerin die einzige Frau ist, die regelmäßig an den Strategiesitzungen seiner Kampagne teilnimmt. »Du bis souverän, ruhig und antwortest ganz gelassen.«

Er probiert es noch einmal. »Die SPD hat in der Bundesregierung vier Ministerinnen und zwei Minister. Ich glaube, dass die SPD zeigt, dass kompetente Frauen bei uns sehr wohl Führungspositionen haben. Insofern kann ich den Vorwurf nicht ganz verstehen.«

»Genau so«, sagt sein Sprecher. »Nicht aus dem Anzug gehen.«

Als die Frage genau so am Abend gestellt wird, bleibt Schulz im Anzug. Er bekennt sogar freimütig, dass er sich auf genau diese Frage vorbereitet habe, und sagt dann, was er vorbereitet hat. Auch sonst gibt er sich am Abend weit charmanter, als die Widerborstigkeit am Nachmittag erahnen ließ. Über seine Frau Inge sagt er auf der Bühne: »Ich würde sagen, ich liebe sie fast noch mehr als damals.«

Inge und Martin Schulz sind seit 32 Jahren verheiratet, sie haben zwei erwachsene Kinder und empfinden ihre Ehe als gro-

ßes Glück. Für Politiker aber ist es eine ungewöhnliche Partner-
schaft, weil Inge Schulz öffentlich nicht auftaucht. Es gibt nur
wenige Fotos von ihr, die meist vor dem Rathaus von Würselen
an Wahltagen gemacht wurden, vor oder nach der Stimmabgabe.
Bei öffentlichen Anlässen begleitet sie ihren Mann nie. Sie gab
nie ein Interview und verweigerte jede Homestory. Und dennoch
sind sie in Gedanken stets beieinander. Als ihr Mann im Dezember 2012, auf dem bisherigen Höhepunkt seiner Karriere, in Oslo
den Friedensnobelpreis für die Europäische Union entgegen-
nahm, erhielt er am Abend eine SMS von seiner Frau:»Ich war so
aufgeregt«, schrieb Inge Schulz.»Mir sind alle Frikadellen ange-
brannt.«

Er selbst könnte eine Rede über ein Bild halten, das man aufhängen muss, erzählte Schulz einmal. Aber er könne das Bild
nicht aufhängen. Das mache seine sehr praktisch veranlagte Frau
wahnsinnig.»Aber wir waren immer komplementär. Alles, was
sie nicht kann, kann ich. Und umgekehrt.«

Inge Schulz, die selbst Mitglied der SPD und ein politischer
Mensch ist, unterstützte das Engagement und die Karriere ihres
Mannes vom ersten Tag an. Im Gegenzug hatte sie sich ausbe-
dungen, nie selbst in der Öffentlichkeit stehen zu müssen. Zum
einen, weil ihr Prominenz zuwider ist und sie als studierte Dip-
lomingenieurin ihre Karriere als Landschaftsarchitektin ungestört weiterverfolgen wollte, zum anderen, um ihre Kinder vor
Öffentlichkeit zu schützen.

Die Inszenierung des Eheglücks gehörte jahrzehntelang zur
Pflicht für jeden Politiker, der in Deutschland etwas werden
wollte. Selbst Helmut Kohl, dessen Ehe bekanntlich nicht allzu
glücklich war, präsentierte sich und seine Hannelore immer
wieder vor Fotografen und Kameras. Meist waren auch Tiere
mit im Bild. Dieser Zwang hat nachgelassen, die Gesellschaft ist
inzwischen aufgeklärt genug, um zu wissen, dass hinter einem
guten Politiker nicht unbedingt ein Familienidyll stecken muss.

Und dennoch ist die Rigorosität, mit der Inge und Martin Schulz die berufliche und die private Ebene voneinander trennen, für manch einen befremdlich. Schulz bekommt das in diesem Wahlkampf immer wieder zu spüren. Als er an einem Sonntag im Juni alleine in einem Park in Potsdam spazieren ging, hielt plötzlich ein Mann auf einem Fahrrad vor ihm: »Herr Schulz, wissen Sie, warum Ihre Umfragewerte nach unten gehen?«

»Nein. Warum?«

»Weil Ihre Frau nicht hinter Ihnen steht.«

Als Schulz auf die Bemerkung des Mannes nicht einging, setzte der nach: »Dann muss man sich eben eine andere Frau nehmen.« Er habe den Mann dann stehenlassen und sei weitergegangen, erzählt Schulz und schüttelt den Kopf. »Was nehmen Leute sich raus?«

»Tja, worüber reden wir denn jetzt?«
Fotoshooting mit dem Kandidaten

»Muss das denn sein?«, fragt Schulz im Aufzug des Berliner Sofitel. Oben, in der zehnten Etage, hat die Werbeagentur KNSK zwei Suiten reserviert und sie in Fotostudios verwandelt. Hier sollen an diesem Sonntagnachmittag des 18. Juni die Porträts des Kanzlerkandidaten entstehen, die in der heißen Wahlkampfphase auf Plakaten in ganz Deutschland zu sehen sein werden. Schulz soll die nächsten Stunden posieren. Es ist nicht der erste Shooting-Termin seit Beginn der Kampagne.

»Ich hab' überhaupt keinen Bock.«

»Das ist die falsche Einstellung«, sagt seine Büroleiterin. »Je entspannter du da reingehst, desto schneller bist du fertig.«

»Ich hasse diese Fotoshootings.«

Im Schlafzimmer der Suite liegen diverse eingeschweißte

Boss-Krawatten zur Auswahl auf dem Bett, daneben eine mobile
Kleiderstange mit ebenso vielen Anzügen. Schulz wird neben
dem Bett vor einen Schminkspiegel gesetzt. Während eine Visagistin der Agentur sein Gesicht bearbeitet, tritt der Fotograf von
hinten an ihn heran.»Ganz schön wäre es«, sagt er,»wenn man
heute den Eindruck hätte, dass es Ihnen so ein klein wenig Spaß
macht. Wenn Sie ein klein wenig entspannt wären.«
»Wie soll ich mich entspannen, wenn die mich behandeln wie
so'n Hamster im Laufrad«, antwortet Schulz. Er meint die Menschen, die seinen Terminkalender füllen.»Dafür bin ich nicht
verantwortlich«, entschuldigt sich der Fotograf, und beginnt,
Schulz' Schultern zu massieren.

Für die erste Runde wird der Kandidat auf einer beigen Leder-
couch platziert. Er sitzt in einer ebenso kühlen wie nichtssagen-
den Hotelsuite, umzingelt von Sofitel-Mobiliar.»Bitte von der
Stimmung her leicht sein, ohne zu versteifen«, sagt der Fotograf.
Später sagt er:»Bitte an die Offenheit denken und auch an den
Staat, für den man steht.« Für jede Kameraeinstellung soll Schulz
unterschiedliche Gesichtsausdrücke»durchdeklinieren«, in dieser Reihenfolge:»Erst der Staatsmann, das offizielle, präsidiale
Gesicht. Ja, wunderbar. Und jetzt bitte auch der Mensch, einfach
mal mit viel Menschlichkeit, ja, gut so!« Schulz bemüht sich, aber
er kann nicht verbergen, dass er das Gewese, das um ihn gemacht
wird, für ziemlichen Humbug hält.

Dann soll er den Anzug wechseln. Er verschwindet im Badezimmer der Suite. Als er wieder rauskommt, sagt er:»Die Hose
ist viel zu weit, da passt meine Schwiegermutter ja mit rein.« Aber
die Hose kommt eh nicht aufs Bild.»Also mir macht das richtig
Spaß mit Ihnen«, sagt der Fotograf.»Ich freue mich echt jedes
Mal auf unsere Termine. Ich weiß, dass Sie das nicht so mögen,
aber ich hab' echt Spaß.«

Als Nächstes soll Schulz im Dialog mit normalen Menschen
gezeigt werden. Das Willy-Brandt-Haus hat dafür zwei Mitarbei-

ter gecastet: Elena, eine junge, blonde Frau mit Pferdeschwanz. Und einen Mann mit angegrauten Schläfen, der entfernt an George Clooney erinnert. »Tja, worüber reden wir denn jetzt?«, fragt Schulz. Er kennt Elena nicht. Worüber sollen sie nun jenes vertiefte Gespräch führen, das das Plakat später insinuieren soll? Elena fällt auch nichts ein. »Vielleicht Fußball?« Es stellt sich heraus, dass sie und der Kandidat Fans des 1. FC Köln sind. Endlich ist ein Thema gefunden. Auf den Plakaten dieses Sommers, die die Botschaft vermitteln sollen, dass Schulz ein offenes Ohr für die Sorgen der Bürger hat, geht es in Wahrheit um die Wechselabsichten des Kölner Stürmers Anthony Modeste nach China. Den Fotografen stört das nicht. »Das ist ja eh keine besonders tiefsinnige Sache, die wir hier machen«, sagt er.

Aber Schulz' Gesichtsausdruck ist ihm zu negativ. Er versucht sich weiter als Motivator. »Bitte positiv zuhören, nicht negativ zuhören. Es läuft doch bei Ihnen, nicht wahr? Ihre Strategie geht doch auf, nicht wahr, Herr Schulz?« »Jaja«, sagt Schulz. »Schön wär's.« Dann redet er weiter über Anthony Modeste.

»Wenn Sie es beide mit Köln haben, können Sie ja auch noch über Karneval reden«, schlägt der Fotograf vor. Er braucht dringend einen heiteren Schulz. Aber Schulz sagt jetzt lieber ein Gedicht auf. Wann immer ihm langweilig ist oder es eine unangenehme Situation zu überbrücken gilt, singt er entweder französische Chansons oder er sagt Gedichte auf. Diesmal ist es Friedrich Schillers »Ring des Polykrates«:

Er stand auf seines Daches Zinnen
Er schaute mit vergnügten Sinnen
Auf das beherrschte Samos hin.
»Dies alles ist mir untertänig«,
Begann er zu Ägyptens König,
»Gestehe, dass ich glücklich bin.«

Er könnte auch die weiteren 15 Strophen des »Ring des Polykrates« aufsagen, aber der Fotograf geht dazwischen. »Vielleicht probieren wir es mal ganz ohne reden: Sie hören einfach nur zu, Herr
Schulz!«

In einer der Umbaupausen erfährt Schulz dann, dass sein
Wahlkampfmanager Markus Engels am Morgen wegen Gleichge-
wichtsstörungen ins Krankenhaus eingeliefert wurde. Niemand
weiß Genaues, Schulz macht sich große Sorgen, soll aber für die
Aufnahme der Plakatmotive weiter Heiterkeit und Zuversicht
demonstrieren. »So, wir gehen noch mal die einzelnen Mimiken
durch und beginnen mit fröhlich«, sagt der Fotograf. »Vielleicht
noch mal 'nen Karnevals-Witz erzählen?« Kurz darauf erreicht
Schulz seinen Kampagnenchef Engels am Telefon. Es geht ihm
besser. Er solle sich alle Zeit zum Ausruhen nehmen, sagt Schulz.
»Mach' keinen Quatsch. Ich brauche dich, hörst du!«

Der einhellige Tenor zu Schulz' Wahlplakaten wird später lauten, dass diese viel zu bieder und nichtssagend geraten seien.

»Ein Anschlag auf die Demokratie«
Wie der »Wumms« in die Parteitagsrede kommt

Später am Tag ist sein Büro wieder mit Beratern gefüllt. Um den
Tisch sitzen sein Redenschreiber, der Pressesprecher, der Generalsekretär, die Bundesgeschäftsführerin, sein Wahlkampfmanager und sein langjähriger Berater aus Brüssel. Es soll eine Vorbesprechung, ein Brainstorming für die große Parteitagsrede am
kommenden Sonntag geben. Sie soll zum Wendepunkt im Wahlkampf werden. Auf dem Tisch stehen Fruchtspieße und Kekse.

Man müsse erstens eine Haltung und zweitens ein Narrativ für
die Rede finden, sagt Hubertus Heil, der neue Generalsekretär.
Narrativ ist eigentlich die sehr alte Bezeichnung für eine sinn-
stiftenden Erzählung, die unser Handeln und Erlebtes mit Hilfe

einer Geschichte einbettet in ein bereits vorhandenes Weltbild oder mythologisches Bewusstsein. In der Gegenwart ist es aber vor allem ein Lieblingswort aus der Agentur- und Werbewelt. Gemeint ist das, was bei den Konsumenten, in diesem Fall den Bürgern, hängen bleiben soll: eine möglichst plausible Erklärung des eigenen Anliegens.

Als Erstes wird die Frage diskutiert, wie scharf Schulz Angela Merkel angreifen darf, es ist die Schlüsselfrage aller Wahlkämpfe gegen die Kanzlerin. Man habe da eindeutige Umfragedaten, sagt Heil:»Wenn du Merkel angreifst, gehen viele Leute, die zwischen CDU und SPD schwanken, zu Merkel. Vor allem die Frauen.«

Dann mache es wohl keinen Sinn, sich an Merkel abzuarbeiten, sagt Schulz. Der Mitarbeiter aus Brüssel widerspricht: Man wolle doch, dass Martin wieder authentischer auftrete, so wie am Anfang der Kampagne.»Und ein authentischer Martin Schulz würde Merkel in irgendeiner Form attackieren. Alles andere wäre dieses Spindoktoren-Umfragen-geprüfte Vorgehen.«

Das Bild, das man zeichnen wolle, sagt Sprecher Dünow, sei doch:»Du hast Energie, du hast Visionen, und Merkel hat weder Energie noch Visionen.« Daher müsse unbedingt etwas Visionäres kommen, etwas wie die Forderung nach den Vereinigten Staaten von Europa.»So'n Wumms«, sagt Dünow, damit die Leute sagen:»Das ist geil. Das ist der alte Martin, der den Mut hat zu Pathos, Mut zu großen Ideen. Und das ist eine Rede, die man von Merkel nie hören könnte.«

Ihm habe neulich jemand, der Schulz im Fernsehen gesehen habe, gesagt:»Der sah so traurig aus, wann leuchtet der wieder?«, erzählt Heil.»Wenn du mit den Visionen, über die wir gesprochen haben, wieder anfängst zu leuchten, dann ist das ein geiler Parteitag. Und dann brauchen wir das Ackern, die Schweißflecken. Du musst dir möglicherweise überlegen, ob du in der Halle dein Jackett da weglegst.«

Und dann würde er gern noch die Geschichte der asymmetrischen Demobilisierung erzählen, sagt Schulz. Er spielt an auf den alten Rat des Meinungsforschers Matthias Jung an Angela Merkel, sich im Wahlkampf auf nichts festzulegen, ja nicht zu polarisieren, den Gegner ins Leere laufen zu lassen. In seinem Stuhl sitzend entwickelt Schulz nun einen zornigen Generalangriff gegen Merkel und die CDU, er redet sich in einen Rausch, die Wangen beben, beide Zeigefinger trommeln im Takt der Worte und Sätze auf die Tischkante. »Fast alle glauben Angela Merkel zu kennen, aber niemand weiß, wofür sie steht«, ruft er in den Raum. Redenschreiber Jonas Hirschnitz lässt sein Aufnahmegerät mitlaufen. Als Schulz fertig ist, sagt er: »Wenn du das so machst, dann steht der Saal.«

Das sei gut, sagt der Freund aus Brüssel. »Du würdest sie damit ja auch relativ offensiv angehen.«

»Ja, aber ohne dass ich sie persönlich attackiere«, sagt Schulz. »Im Gegenteil: Ich mach' ihr sogar ein Kompliment für ihre Strategie.« Und dann zu seinem Redenschreiber: »Hast du das jetzt mitgeschrieben?«

»Ich hab's aufgenommen.«

Einmal in Schwung, kommt Schulz auf sein Herzensthema Europa zu sprechen. »Ich träume ihn noch, den Traum der Vereinigten Staaten von Europa«, beginnt er eine leidenschaftliche Rede aus dem Stegreif. Er skizziert ein 21. Jahrhundert, das ein europäisches und ein sozialdemokratisches sein werde.

»Puh, mich hast du gerade«, sagt Heil. Alle anderen geben sich ebenfalls begeistert. Man brauche diese großen pathetischen »Tagesschau«-Sätze, sagt Dünow. »Du bist total unterpathetisch in der Vergangenheit.« Dabei sei das doch Schulz' Stärke, das Pathos, die großen Ideen. »Das ist doch unsere einzige Chance aufs Kanzleramt – wenn wir sagen: Schluss mit Klein-Klein, hier ist der Mann für die großen Ideen!« Heftiges Nicken, große Einigkeit am Tisch.

Aber dann, wie fast immer in diesen Runden, haben alle noch »eine klitzekleine Anmerkung«, nur eine »winzige Kleinigkeit«, die man beachten müsse, und schon ist die Euphorie im Eimer und das Leuchten des Kandidaten merklich runtergedimmt. »Ein Wunsch noch zum Schluss«, sagt Schulz. »Ihr kennt mich ja, ich muss frei sein, so wie eben. Wenn ich die Rede vom Blatt ablese, kannst du es vergessen.«

Dass die Rede ein Knaller werden muss, um eine Wende im Wahlkampf einzuleiten, unterstreichen die neuen Umfragen von Forsa und Allensbach, die drei Tage später hereinkommen. Die SPD stagniert, oder sie verliert sogar. Im Schnitt steht sie jetzt bei weniger als 25 Prozent. »Es ist frustrierend«, sagt Schulz, während er an diesem Mittwoch durch sein leeres Büro tigert. »Die Umfragen würgen jedes Gefühl von Aufbruch oder Trendwende sofort wieder ab. Ein Riesenmist.«

Es folgt ein kurzer lebensphilosophischer Ausflug, der haarscharf an einer Sinnkrise vorbeischrammt. Er mache sich häufig grundsätzlichere Überlegungen über das Leben, sagt Schulz. Er sei jetzt 61. Die durchschnittliche Lebenserwartung für Männer in Deutschland liege bei etwa 83 Jahren. Halbwegs fit sei man, wenn's gut laufe, bis 75. »Das heißt: Ich hab' noch 13 bis 15 gute Jahre.« Solche Gedanken würden manchmal den Impuls auslösen zu sagen: Ich schmeiß den Bettel hin. Ihr könnt mich alle mal! Bisweilen frage er sich schon: Warum die restliche Zeit nicht einfach genießen? Seine Frau argumentiere gelegentlich auch so.

Er höre natürlich nicht auf, setzt Schulz seinen philosophischen Exkurs fort. Er bleibe an Bord, aus Verantwortung und Pflichtgefühl. »Aber das Pflichtgefühl hat dann zur Folge, dass du manchmal schlechte Laune kriegst.«

Leichter wäre es natürlich, sagt er, wenn er den Ruf der Geschichte hören würde, wie der vor wenigen Tagen, am 16. Juni 2017, verstorbene Helmut Kohl. Kohl hatte über seinen Beitrag zur deutschen Wiedervereinigung gesagt, er habe im Herbst 1989 den Mantel der Geschichte an sich vorbeiwehen sehen und dann beherzt zugegriffen. »Ich höre den Ruf aber nicht«, sagt Schulz. Und einen Mantel sieht er ebenfalls nicht. »Trotzdem mach' ich weiter.«

Vielleicht liegt hier das größte Problem seiner Kampagne: das Fehlen eines größeren Motivs, einer Vision für die Gesellschaft. Vielleicht bräuchte Schulz eine Idee, für die er selbst brennt, für die er kämpfen und die Wähler begeistern kann. Etwas, wie es die Ostpolitik oder der Appell, mehr Demokratie zu wagen, für Willy Brandt gewesen ist. Oder die Wiedervereinigung für Helmut Kohl. Für solche großen Ziele, für solche kraftvollen Veränderungen lässt sich naturgemäß mit größerer Leidenschaft kämpfen als für die Aufhebung der sachgrundlosen Befristung oder andere kleine Nachbesserungen am System der Bundesrepublik. Vielleicht liegt in dieser Leerstelle der tiefere Grund für Schulz' Unentschlossenheit und sein gelegentliches Mäandern.

Nachdem der Wahlkampf quasi nicht vorbereitet war und ihm das große Leitmotiv fehlt, könnte nur noch ein klarer Kompass des Kandidaten helfen. Mit einem ähnlichen Problem hatte – bei allen sonstigen Unterschieden – die Präsidentschaftskampagne von Hillary Clinton zu kämpfen. Wie das Buch »Shattered«, die Rekonstruktion ihres vergeigten Wahlkampfs, offenlegte, hatte Clinton erkennbar Probleme, selbst zu definieren, wofür sie in ihrem Wahlkampf genau stehen wollte. Sie erwartete von ihrem Team, dieses Dilemma für sie zu lösen. Ohne klare Vorstellungen der Chefin aber taten sich ihre Berater schwer, der Kandidatin ein eindeutiges Profil zu verpassen.

Zu kokettieren, dass man jederzeit mit der Politik aufhören könne, um endlich das Leben zu genießen, gehört zum Standardrepertoire der meisten Politiker, vor allem der männlichen. Auffällig ist allerdings, dass niemand derjenigen, die so reden, je freiwillig aufhört. Wie der große Reporter Jürgen Leinemann in seinem Buch »Höhenrausch« beschrieb, machen die Aufmerksamkeit, der Status und die Macht, die der Beruf mit sich bringen, leicht süchtig. Mit der Politik aufzuhören, käme somit einem Entzug gleich, in den sich die wenigsten Süchtigen freiwillig begeben. Schulz, der seine ganz eigenen Suchterfahrungen gemacht hat, empfindet tatsächlich ein Pflichtgefühl gegenüber seiner Partei und den Grundsätzen, die ihm wichtig sind. Aber das ist kaum der einzige Grund, warum er nicht schon seit Jahren mit seiner Frau Inge auf der Terrasse in Würselen sitzt.

»Jemand Plätzchen?«, fragt Schulz, als seine Berater später erneut am Tisch sitzen, um die Parteitagsrede weiter vorzubereiten. Vielleicht sind es nicht nur die schlechten Umfragen, die aufs Gemüt drücken. Womöglich ist es auch ein Problem, wenn man täglich vor derselben Keksmischung sitzt.

Wieder sind drei Stunden zur Besprechung der großen Rede vorgesehen, wieder dieselbe Besetzung am Tisch. Schulz' Leute haben bis vier Uhr nachts an einem Manuskript gearbeitet. Alle Fachabteilungen des Willy-Brandt-Hauses wurden gebeten, ein paar knackige Forderungen aus ihrem Themenbereich einzureichen. Auf dem Tisch liegen nun 50 Seiten Text.

»Ich muss langsam mal ein Gefühl für die Rede kriegen«, sagt Schulz, der davon ausgeht, dass das Manuskript jenen Tenor und jene Passagen enthält, für die er drei Tage zuvor plädiert hatte. Er steht auf, läuft hinter sein Stehpult und trägt vor. Als an einer Stelle im Manuskript das Wort Ortsverein auftaucht, unterbricht er kurz. »Kennt Ihr den Witz mit dem SPD-Ortsverein? Also, fragt der eine Genosse den anderen: ›Warst du bei der letzten Ortsvereinssitzung?‹ – ›Nein, aber wenn ich gewusst hätte, dass es die letzte ist, wär ich gekommen.‹« Großes Gelächter, weiter im Text. Als er eine knappe Stunde später fertig ist, klopft die Runde Beifall auf der Tischplatte. Schulz aber lugt unsicher über das Pult, sein Blick sagt: Freunde, was ist das denn?

Fast alles Scharfe, Mutige, auch Riskante, das er drei Tage zuvor angeregt hatte, taucht im Manuskript nicht mehr auf. Es ist nicht ganz klar, wie viele Abteilungsleiter hier am Werke waren, aber sie scheinen erstens ihren Kandidaten und zweitens die Gesetze des Wahlkampfs schlecht zu kennen. Den gewinnen eher selten die bravsten Herausforderer.

Am Beispiel der Redevorbereitung fällt auf, dass in Schulz' Team eine klare Hierarchie fehlt. Wer ist der Boss? Wer macht die Ansagen? Wer entscheidet, was wann wie gesagt wird? Der Kandidat? Der Generalsekretär? Der Wahlkampfmanager? Oder, im Falle der Rede, der Redenschreiber? Die Frage ist nicht geklärt, und so rühren zu viele Köche gleichberechtigt einen wässrigen Brei an, der Schulz erkennbar nicht schmeckt.

»Wo ist der Satz: Jeder glaubt, Merkel zu kennen, aber keiner weiß, wofür sie steht?«, fragt Schulz.

»Unsere Forschung legt deutlich nahe, auf direkte Angriffe auf Angela Merkel zu verzichten«, sagt Generalsekretär Heil.

»Aber wir hatten am Sonntag auch gesagt, dass wir bereit sind, diesen Preis zu zahlen, um die gewünschte Emotionalisierung hinzukriegen«, sagt Schulz' Mitarbeiter aus Brüssel. Es ist genau der gleiche Dialog wie drei Tage zuvor.

»Das mit der Zivilisierung der entfesselten Kräfte des Kapitalismus im digitalen Zeitalter, das habt Ihr überhaupt nicht aufgenommen«, sagt Schulz enttäuscht. »Warum?«

»Der Länge wegen«, sagt Heil.

»Du verstehst mich nicht, Hubertus.« Er wolle auf Folgendes hinaus, sagt Schulz: »Braucht die Gesellschaft noch die Sozialdemokratie? Es gibt ja genügend Leute, die sagen: Man braucht uns nicht mehr, weil all das, wofür wir streiten, längst erstritten ist. Ist doch alles sozialdemokratisch. Wofür brauchen wir noch die Sozis?«

Die Antwort sei, dass man seit mittlerweile 154 Jahren einen Auftrag habe, der auch heute noch gültig bleibe: Menschenwürde,

Freiheit und Selbstbestimmung. Und diese Werte müssten unter
den sich wandelnden Bedingungen immer neu erstritten werden,
nun eben unter den Bedingungen von Digitalisierung und Globalisierung.

»Also jetzt mal ganz ehrlich«, sagt Schulz und klopft auf das
Manuskript. »Das ist eine Regierungserklärung, aber keine Parteitagsrede. Die Emotionalisierung, die ich auf dem Parteitag
brauche, die krieg ich damit nicht rüber. Haben die Aufsichtsräte
wieder alles rausgestrichen?« Aufsichtsräte ist Schulz' Oberbegriff für alle Mitarbeiter, die zur Vorsicht raten und ihn nicht so
sein lassen, wie er sein will.

Es heißt jetzt nicht mehr »Vereinigte Staaten von Europa«,
sondern »Vereinigte Demokratien von Europa«, erklärt Heil. Das
sei besser. In der Bevölkerung gebe es da eine Ambivalenz. Schulz
habe eben gesagt, das sei zu sehr eine Regierungserklärung und
dass man die Partei fesseln müsse. Das glaube er auch. »Aber wir
müssen auch aufpassen, dass wir dann nicht das Grundsatzpro-
gramm der SPD neu schreiben.«

Es folgt eine lange Diskussion darüber, ob Schulz von den Vereinigten Staaten von Europa träumen darf oder sicherheitshalber
doch nur von deren Vereinigten Demokratien.

»Wenn du die Vereinigten Staaten forderst, machen die im
Konrad-Adenauer-Haus 'ne Flasche auf«, sagt ein Abteilungsleiter. »Und zwar 'ne große.« Hinter der Angst vor dem Begriff
»Vereinigte Staaten von Europa« steht die Sorge, dass Schulz als
unpatriotisch verunglimpft werden könnte, als einer, der die
deutsche Nation zugunsten eines europäischen Überstaates
preisgeben wolle. »Damit werden die dich den ganzen Wahlkampf über hetzen.«

Er sehe den Punkt, sagt Schulz. »Aber ich muss mich von Merkel abgrenzen. Die wurschtelt sich nur durch mit ihrer Europapolitik, die hangelt sich nur von Gipfel zu Gipfel.« Dann fragt
er, ob ihre Meinungsforscher von Pollytix keine Zahlen zu Europa

hätten. Er bittet darum, den Demoskopie-Experten des Willy-Brandt-Hauses kommen zu lassen. »Wir rätseln hier über die Haltung des Volkes zu Europa«, erklärt Schulz, als der Experte da ist. »Was sagen sie, wenn ich die Vereinigten Staaten von Europa fordere?« Tja, das sei so konkret leider nicht abgefragt worden, lautet die unergiebige Antwort. In der Parteitagsrede wird es am Ende einen halbherzigen Kompromiss geben. Der Begriff der »Vereinigten Staaten« wird zwar auftauchen, aber nicht mehr als expliziter Traum des Kandidaten. Schulz wird es stattdessen so formulieren: »Unsere Genossinnen und Genossen, die 1925 auf dem Parteitag in Heidelberg die Vereinigten Staaten von Europa forderten, waren tief geprägt vom Ersten Weltkrieg, und sie taten das acht Jahre vor der Machtergreifung Hitlers in einer Welt des völligen Umbruchs. Ich weiß nicht, vielleicht wäre uns und ganz Europa der tiefe Zivilisationsbruch des Zweiten Weltkriegs erspart geblieben, wenn sich dieser Geist durchgesetzt hätte, der damals die Vereinigten Staaten von Europa forderte.« Eine klare, mutige Forderung ist zu einer wehmütigen Erinnerung an eine schöne Idee zusammengeschrumpft. Kaum einer in der Halle klatscht, als er diese Passage später beim Parteitag vorträgt, sie geht völlig unter und taucht auch in den Berichten der Medien nicht auf.

Die fast schon panische Angst vor Zuspitzung und der fehlende Mut zum Risiko werden die Kampagne bis zum Schluss begleiten. Erst sechs Monate später, nach der verlorenen Wahl, wird sich Schulz auf dem nächsten Bundesparteitag der SPD trauen, die »Vereinigten Staaten von Europa« zu fordern, die er bis 2025 verwirklichen will. Die Genossen bejubeln ihn dafür, und am nächsten Tag prangt seine Vision auf allen Titelseiten.

»Gegen die Rechten ist auch kein Wort drin«, bemängelt Schulz bei der Vorbesprechung seiner Dortmunder Rede. »Der SPD-Parteitag steht auf den Tischen, wenn ich die AfD vermöbele. Aber da ist überhaupt nichts drin!« Schulz ist verzweifelt, all die Einwände seiner Leute empfindet er als Versuch, seine Leidenschaft zu zähmen und seine Anliegen zu verwässern. Das mit der asymmetrischen Demobilisierung sei auch nicht drin, klagt er. »Alles Sachen, die mir wichtig waren – warum ist das alles rausgeflogen?«

Schulz setzt erneut zu einer Stegreifrede an: »Man kann das im Soziologendeutsch asymmetrische Demobilisierung nennen. Ich nenne es Aushöhlung der Demokratie.« Er spricht dreimal von »Aushöhlung«, dann schiebt er noch einen Satz hinterher: »Die sinkende Wahlbeteiligung vorsätzlich in Kauf zu nehmen, ist ein Anschlag auf die Demokratie.« Dieser Satz ist es, der von seiner Rede später hängen bleiben wird.

Er könne die Passage sogar an den Anfang stellen, sagt Schulz. Plötzlich ist die miese Laune verflogen, Euphorie flammt auf. »Damit steige ich ein! Das ist doch mal ein Intro. Was meinst du, was da los ist!«

»Wumms ist das«, sagt einer.

»Da kocht der Saal direkt«, sagt Redenschreiber Hirschnitz.

»Raus!«
Der Parteitag als Wendepunkt?

Am Vorabend des Parteitags, der am Sonntag, den 25. Juni, in Dortmund stattfinden wird, lädt die SPD Delegierte und Journalisten ins alte Sportstadion »Rote Erde« ein. Schulz hält eine launige Begrüßungsansprache auf einer Bühne am Rande des Spielfelds, danach soll es eine Zusammenkunft mit den Journalisten geben. Für Schulz ist es die Chance, einen Vorgeschmack auf den geplanten Aufbruch zu vermitteln, die Journalisten auf jene frohe Botschaft einzustimmen, die von diesem Parteitag ausgehen soll. Aber die Umstände arbeiten gegen ihn.

Der Kandidat steht im Gedränge, am Rande einer Bierbude. Von den rund 40 Journalisten kann nur eine Handvoll hören, was er zu sagen hat. Erst als der Unmut unter denen, die ihn nicht verstehen, wächst, kommt ein Sprecher endlich auf die Idee, einen anderen Ort zu wählen. Man läuft zehn Meter weiter zu einem Tisch mit Bierbänken. Leider stehen sie ungeschützt im Regen und gleich neben einem Lautsprecher, aus dem die Musik der Live-Band dröhnt. Niemand möchte in dieser Umgebung Gespräche führen. Schulz muss fast brüllen, um sich verständlich zu machen, das verleiht seinen Ausführungen einen latent aggressiven Grundton. Obwohl er eigentlich mit Zuversicht auf diesen Parteitag blickt, entsteht der Eindruck, Schulz sei genervt, gereizt, larmoyant.

Nun liegen die Wurzeln der SPD in der Arbeiterbewegung und nicht in den Rotary Clubs des Landes. Bier und Bratwurst gehören bei Sozialdemokraten ebenso zur Parteikultur wie eine gewisse rustikale Kumpeligkeit im Umgang, auch zwischen ihren Politikern und den über sie berichtenden Journalisten. An diesem Abend aber fragt man sich, ob es bei dieser Kampagne wirklich um das Amt des Bundeskanzlers geht oder um den Vorsitz beim FC Merkur 07, einem Fußballclub aus dem Dortmunder Norden. Bei der CDU, so visions- und antriebslos sie in diesem Wahlkampf auch sein mag, wäre eine solche Szene undenkbar. Vor CDU-Parteitagen werden die Büroleiter der wichtigsten Medien weit im Vorfeld eingeladen, um den Vorabend in einem ruhigen, abgeschirmten Bereich bei gutem Essen mit der Vorsitzenden Merkel zu verbringen.

Aber die SPD ist eben anders und vergibt so die Chance, ihren Kandidaten in Bestform zu präsentieren. Auf den Parteitag, der eigentlich zum Wendepunkt der Kampagne werden soll, nehmen die meisten Journalisten den Eindruck eines schlechtgelaunten Spitzenmannes mit.

Am nächsten Morgen sitzt Schulz in seiner Suite »Mondrian«

im Dortmunder Dorint-Hotel am reich gedeckten Frühstückstisch und spielt seinem Team ein Video auf seinem iPhone vor.
Es stammt aus einer österreichischen Satiresendung. Man sieht,
wie die Staats- und Regierungschefs in Brüssel beisammenstehen,
auch Merkel und Schulz. Mit Micky-Maus-Stimme werden ihnen
absurde Dialoge in den Mund gelegt.

»Wisst Ihr, was ich daran so toll finde?«, fragt er, als das Film-
chen vorbei ist. »Wesentlich inhaltsreicher sind die Gespräche
dort tatsächlich nicht.«

Dann berichtet er, dass er am Morgen ein Interview mit einer
Sprachwissenschaftlerin gelesen habe, die ihm zu Beginn der
Kampagne als Chefberaterin empfohlen wurde. In dem Interview
habe sie gesagt, dass er sprachlich »falsch framen« würde, referiert Schulz. »Wenn ich von sozialer Gerechtigkeit rede, sei das
die Vermittlung der Verteilung von oben nach unten. Damit
würde ich auch vermitteln, dass oben gut und unten schlecht sei.«
Das wollten die Leute aber nicht, weil auch die Leute von unten
eigentlich nach oben gehören wollten.

Für Schulz sind die englischen Begriffe aus der Welt der PR-
Berater, die immer häufiger in der Politik zu hören sind, vor
allem eines: »Kokolores«. Hinter all den »Framings«, »Narrati-
ven«, »Relaunches« oder auch »Remodelings« wittert er die
Absicht, Leute wie ihn zu verbiegen. Es fällt ihm schwer, sich mit
dieser Welt der Inszenierer, ihren Ratschlägen und Redeverboten
anzufreunden. »Die Frau hat mich stundenlang vollgetextet, ich
hätte den falschen Frame«, erzählt Schulz. Da habe er seinem
Wahlkampfleiter Engels gesagt: »Ich habe den richtigen Frame,
und der heißt: Raus!«

Er habe ja immer gewusst, dass Schulz das falsche Brillenge-
stell habe, sagt sein Vertrauter aus Brüssel. »Aber dass du auch
noch den falschen Frame hast, das hab' ich nicht gewusst.« Die
beiden ziehen sich seit Jahren gegenseitig auf. Das tut dem gegen-
seitigen Vertrauen keinen Abbruch, im Gegenteil. Ein Beamter

aus Brüssel habe ihm neulich gesagt, bei der Präsentation des Steuermodells habe Schulz ganz schön schlecht gelaunt ausgesehen, fährt der Vertraute fort.

»Ja?«, fragt Schulz überrascht. »Warum denn?«

»Ich hab' ihm dann erklärt: Vielleicht hat Martin in dem Moment erst realisiert, was diese Pläne für ihn persönlich bedeuten würden.« Süffisantes Grinsen. »Du hast doch ein Rad ab«, sagt Schulz.

Gleich soll Schulz ein letztes Mal seine Rede proben. Dafür hat die Partei eigens ein rotes Rednerpult mit dem SPD-Logo in die Suite »Mondrian« bringen lassen und neben der Zimmerpflanze positioniert. Alle sind da, nur einer aus dem Team fehlt. Schulz fragt zigmal nach, wo er denn sei. Als es klingelt, springt er auf und öffnet die Tür, aber es ist nur der Zimmerservice. Immer wenn es einem seiner Leute nicht gut geht, wühlt ihn das auf. Eigentlich rennt ihm die Zeit fürs Proben davon, aber er will nicht anfangen, bevor nicht geklärt ist, wo der vermisste Mitarbeiter ist. Schulz sitzt schweigend da.

Dann ein Anruf. »Okay. Gott sei Dank. Er hat nur verschlafen.«

»Jetzt entspannen«, sagt Büroleiterin Hagemeister. »Und Rede üben.« Alle gehen rüber ins Wohnzimmer, setzen sich auf das Sofa und die Sessel und hören ihm zu.

»Ich bin stolz auf alle, die an diesem Programm mitgearbeitet haben«, beginnt er. Dann muss er kurz aufstoßen, das Frühstück. »Oops, kleines Bäuerchen zwischendurch«, sagt Schulz.

Im Manuskript stehe ja auch »Pause«, bemerkt sein Redenschreiber trocken.

Als Schulz nach 50 Minuten fertig ist, klopfen seine Leute auf die Sofa- und Sessellehnen. Später, auf dem Parteitag, wird dieselbe Rede 82 Minuten dauern, weil sie zigfach von Applaus unterbrochen wird.

6000 Menschen sind in die Westfalenhalle gekommen. Im Bemühen, den erhofften Aufbruch auch optisch und akustisch zu demonstrieren, hat das Willy-Brandt-Haus den Parteitag als eine Mischung aus Politikveranstaltung und Popkonzert inszeniert. Dort, wo sich bei den großen Konzerten der betanzbare Innenraum befindet, sitzen nun die Delegierten, nach Landesverbänden unterteilt, ordentlich aufgereiht an ihren Tischen. Auf den Rängen sind die Fans mit Fähnchen, die für die erhoffte Stimmung sorgen sollen. Die meisten sind freiwillig und auf eigene Faust aus ganz Deutschland angereist, manche sind die Nacht durchgefahren, um jetzt dem Kandidaten zujubeln zu können. Die Organisatoren in der Parteizentrale hatten bis zum Schluss gebangt, ob genügend begeisterte Anhänger kommen würden. Eine halbleere Halle wäre peinlich gewesen, ein vermeintlicher Beleg dafür, dass der Kampagne jede Euphorie abhandengekommen ist. Aber die Sorgen sind unbegründet. Die Ränge sind voll, die Stimmung ist gut.

30 Jahre zuvor, im Wahlkampf 1987, hatte Helmut Kohl an diesem Ort vor einer ähnlich vollen Parteitagshalle gesprochen. Der Kanzler und CDU-Vorsitzende, der damals vor einem schwierigen Bundestagswahlkampf und heftig in der Kritik stand, hatte die Zahl seiner jubelnden Anhänger aber nicht dem Zufall überlassen. Er ließ die Partei 15 Sonderzüge und 331 Busse anmieten, um den Parteimitgliedern die Fahrt nach Dortmund zu erleichtern. Die gigantischen Kosten für diese Publikumsbeschaffungsmaßnahme wurden, wie erst viel später bekannt wurde, mutmaßlich aus Kohls schwarzen Kassen finanziert.

Schulz zieht zu einer hundertfach geloopten Passage aus einem Coldplay-Song »Viva La Vida« in die Halle ein. Coldplay und Martin Schulz passen in etwa so gut zueinander wie Angela Merkel und die Rolling Stones. Deren Hit »Angie« wurde trotzdem lange Zeit bei Merkels Wahlkampfauftritten gespielt.

Vor Schulz reden Gerhard Schröder und Johanna Uekermann, die damalige Chefin der Jusos. Die Botschaft der beiden Auftritte soll sein, dass alle Genossen hinter Martin Schulz stehen, vom

Agenda-Kanzler bis zur feministischen Sozialistin. Vor allem der Auftritt Schröders ist eine Überraschung. Der Altkanzler hatte keinen Hehl daraus gemacht, dass er lieber Sigmar Gabriel als Kanzlerkandidaten gesehen hätte. In den ersten Wochen seiner Kandidatur hatte Schulz zudem den Eindruck erweckt, auf Distanz zu Schröders Agenda 2010 zu gehen, was bei vielen enttäuschten Ex-Wählern der SPD gut angekommen war. Jetzt aber erhofft sich Schulz von Schröders Auftritt einen Schub für die eigene Kampagne. Immerhin ist der Altkanzler der beste Wahlkämpfer, den die Sozialdemokraten in den letzten Jahrzehnten hatten. Legendär ist seine Aufholjagd aus dem Jahr 2005, als die SPD in den Umfragen noch weiter hinter der Union zurücklag, als dies momentan der Fall ist, und mit einem fulminanten Schlussspurt fast einen Gleichstand erzielte. Daran soll Schröder nun in seiner Rede erinnern. Und er soll noch einmal davon erzählen, wie er sich 2003 George W. Bush und dem Irak-Krieg in den Weg stellte. Auf wenige Episoden ihrer jüngeren Parteigeschichte sind die Sozialdemokraten so stolz wie auf diese.

Schröder liefert, was von ihm erwartet wird. Aber er sagt auch ein paar Sätze, die auf den Kern dessen zielen, was Schulz gerade beschäftigt, ohne dass die jubelnden Anhänger in der Halle dies wissen könnten. Man müsse dieses Amt unbedingt wollen, ruft der Altkanzler den Genossen zu. »Auf dem Weg in dieses Amt darf es eben keine Selbstzweifel geben – nicht beim Kandidaten, aber auch nicht bei euch, auch nicht bei der deutschen Sozialdemokratie.« Kaum jemand ahnt, dass die Selbstzweifel des Kandidaten zu diesem Zeitpunkt um einiges höher sind als die Zweifel der Partei an ihm.

Unmittelbar bevor Schulz selbst ans Rednerpult tritt, fragt er zwei seiner Berater noch einmal, ob er das wirklich sagen solle mit dem Anschlag auf die Demokratie. Beide raten zu, es ist jetzt auch zu spät für hektische Änderungen. Er hält die Rede, sagt den Satz, und die 6000 Genossen jubeln ihm zu. Sein Jackett

zieht er wie besprochen nach 52 Minuten mit der Bemerkung
»Mann, ist das heiß hier« aus.

Aber nicht alles von dem, was er sich für diese Rede
gewünscht hatte, gelingt. Entgegen seinem Appell, unbedingt
frei reden zu müssen, liest er weite Teile seiner Rede vom Blatt
ab. Dadurch klingen viele Passagen weniger inbrünstig als die
frei formulierten wenige Tage zuvor in seinem Büro. Ein Tele-
prompter hätte es ihm erlaubt, den Text von zwei gläsernen
Schirmen abzulesen, die das Publikum nicht sieht. Doch Schulz
hatte sich gegen diese Hilfe entschieden, auch wenn er so nicht
immer runter aufs Blatt hätte schauen müssen. Die Rede ganz
frei zu halten, war auch deshalb keine Option, weil es üblich
ist, dass das Manuskript vor Redebeginn an die Journalisten
verteilt wird. Daran kann man sich halten, muss man aber nicht.
Gerhard Schröder zum Beispiel scherte sich herzlich wenig um
den verteilten Text. Für den Parteitag besteht der Kompromiss
nun darin, dass in Schulz' Manuskript, anders als im Manuskript für die Journalisten, ein paar Passagen enthalten sind, die
nur aus Stichwörtern bestehen. Diese werden tatsächlich die
besten, leidenschaftlichsten und am meisten bejubelten Teile der
Rede.

Am Abend, wieder zu Hause in Würselen, sagt Schulz, dass
er völlig platt, aber auch zufrieden sei. Ein »sehr starker« Auftritt
sei das gewesen, glaubt er. »Ich hab' mich bemüht, wieder der
Schulz vom Januar zu sein.« Er weiß aber bereits, dass das nicht
alle so sehen. Auf der Autofahrt nach Hause hat er die Online-
Medien gelesen. »Ich bin echt von den Socken, wie einige Journalisten reagiert haben«, sagt er nun. Auf »sueddeutsche.de« liest
er, dass dies nicht der große Wurf gewesen sei, dass die Rede
nichts Neues oder gar Überraschendes enthalten habe. Schulz
ruft den Autor des Artikels umgehend an und versucht ihm zu
erklären, dass er da offenkundig etwas nicht verstanden habe.
Den großen Bogen, den Begründungszusammenhang für sozial-

demokratische Politik, den er aufgezeigt habe, den habe es so noch nicht gegeben.

Am nächsten Tag hat der Kandidat dann alle Medienberichte studiert. Sein Satz über den »Anschlag auf die Demokratie« überlagert alle anderen Aspekte dieses Parteitags. Viele Kommentatoren finden, dass Schulz sich in der Wortwahl vergriffen habe. Dass die Maßlosigkeit seiner Sprache und die Heftigkeit der Attacke ein Beleg für seine Verzweiflung seien. Ziemlich gewiss ist aber auch: Hätte Schulz auf derartige Attacken verzichtet, hätte man ihm vorgeworfen, zu zahm zu sein und den Kampf schon aufgegeben zu haben. Dass auch Unionspolitiker ihn für den Ausdruck kritisieren, freut Schulz. »Endlich gibt es Reibung«, sagt er. »Wenn ich es nicht so hart gesagt hätte, wäre die Debatte nicht entfacht worden.« Mit der Kritik müsse er jetzt ein paar Tage leben.

»Ich hoffe, dass es ein paar Schwarze gibt, die sich dazu hinreißen lassen, mich persönlich zu beleidigen.« Er habe aber auch genau registriert, dass sich niemand aus Merkels engstem Zirkel geäußert hat. Die würden auch jetzt an ihrer Strategie festhalten: Bloß nicht reagieren! Bloß nichts sagen! »Ich könnte der Merkel 'nen Lkw Mist vors Kanzleramt schicken, da würde die nicht reagieren«, sagt Schulz.

Am nächsten Tag wird Merkel, angesprochen auf die Attacke, sagen, dass sie den Herrn Schulz ganz anders kennengelernt habe. Um dann alle Hoffnung auf Reibung mit zwei Wörtern zu beenden: »Schwamm drüber.«

»Das ist das Demokratieverständnis von Angela Merkel«
Ehe für alle – Verachtung für eine

Am 26. Juni ist Angela Merkel Gast bei jener »Brigitte«-Veranstaltung, die Schulz zwei Wochen zuvor besucht hatte. Kurz vor Ende des Termins läutet sie mit ihrer Antwort auf eine Publikumsfrage völlig überraschend eine Wende bei der »Ehe für alle« ein. Zumindest glauben das einige Besucher im Saal. Sie finde, sagt Merkel am Ende eines völlig unverständlichen und heillos konfusen Satzes, dass man bei diesem Thema »in Richtung Gewissensentscheidung« gehen solle. Es wirkte eher gedankenlos dahingestammelt, zudem sagte Merkel, dass man erst nach der Bundestagswahl über diese Frage entscheiden solle. Aber am Ende steht eine Eilmeldung.

»Das darf nicht wahr sein«, denkt Schulz, als er am späten Abend die Nachricht auf seinem iPhone liest. »Was für eine Frechheit.« In den Wochen zuvor hatten erst die Grünen, dann die FDP und zuletzt er selbst erklärt, dass sie ohne die Ehe für alle keinen Koalitionsvertrag unterschreiben würden. Die Union, die diese bislang strikt abgelehnt hatte, steht plötzlich ohne potenzielle Koalitionspartner da. Bevor es mich die Macht kostet, ändere ich lieber meine Haltung, wird Merkel sich gedacht haben.

Schulz ist ernsthaft entrüstet darüber, wie seine Kontrahentin Politik macht: dass sie selbst in einer solch grundlegenden Frage keine Überzeugung zu haben und allein taktischen Überlegungen zu folgen scheint. Dass sie für den Erhalt ihrer Macht fast alles preisgeben würde. Schulz hatte lange Zeit großen Respekt für Merkel, für ihre Arbeitsleistung, auch für ihren Einsatz für Europa. Mit dem Manöver bei der Ehe für alle aber, sagt er, habe er diesen Respekt verloren. Und es wird nicht besser, als Merkel bei der von Schulz erzwungenen Bundestagsabstimmung zwar erklärt, für das Adoptionsrecht homosexueller Paare zu sein (worum es praktisch ging), dann aber gegen das Gesetz stimmt. Für Schulz ist das nicht nur der Gipfel des Taktierens, er sieht auch einen Mangel an Empathie. »Es gibt schon Momente im Leben eines Politikers, in denen du empathisch sein musst.«

Die beiden, die sich in diesem Wahlkampf als Kontrahenten ums Kanzleramt gegenüberstehen, kennen sich schon lange. In Brüssel hatten Schulz und Merkel oft über Sach- und Zuständigkeitsfragen gestritten, er als Chef des Europäischen Parlaments – und sie als mächtigste Vertreterin im Europäischen Rat der Staats- und Regierungschefs. Sie vertraten zwei EU-Organe, die in Konkurrenz zueinander stehen – wobei sich das Parlament oft benachteiligt fühlte und auf größere Mitsprache pochte. Meist ging es bei den Auseinandersetzungen um die Frage, welches Organ die größere Legitimation besitzt: das in einer europaweiten Abstimmung gewählte Parlament oder die in ihren Ländern gewählten Staats- und Regierungschefs. »Die haben mich wieder ausgeschlossen«, klagte Schulz, als die Staats- und Regierungschefs in einer wichtigen Frage wieder einmal unter sich beraten wollten. »Eine Unverschämtheit! Wenn Sie mich fragen, hat das die Merkel veranlasst.« Vor den Verhandlungen über den Fiskalpakt drohte Schulz einmal mit einer Sitzblockade, sollte er wie üblich nach einem Eingangsstatement aus der Sitzung des Europäischen Rates hinausgebeten werden. »Ich bleibe sitzen, ich bin das Parlament«, hatte er damals trotzig erzählt. »Und wenn die mich rausschmeißen, setz ich mich vor die Tür mit einem Schild: ›Das ist das Demokratieverständnis von Angela Merkel.‹« Schulz schimpfte oft wie ein Rohrspatz über die Kanzlerin, zugleich betonte er damals stolz, dass er Merkels Handynummer habe und in engem Kontakt mit ihr stehe.

Als er dann im Januar 2017 als Kanzlerkandidat und SPD-Chef nominiert wurde, begann ein neues Kapitel ihrer Beziehung.

Merkel rief Schulz umgehend an, um zu gratulieren. Sie erinnerte an die gute Zusammenarbeit in Brüssel. »Ja, da wollten Sie mich ja nicht mehr haben«, entgegnete Schulz süffisant. Mit ihrem Einfluss hätte Merkel wohl dafür sorgen können, dass er für weitere Jahre Präsident des EU-Parlaments hätte bleiben können, obwohl die Übergabe an einen Konservativen nach insgesamt fünf Jahren fest verabredet war. Kurz nach der Nominierung von Frank-Walter Steinmeier zum Bundespräsidenten im Herbst 2016 hatte Schulz die Kanzlerin am Rande eines Treffens des Europäischen Rates auf diese Frage angesprochen. »Ich kann doch nicht jede Woche einen Sozialdemokraten zum Präsidenten machen«, antwortete Merkel trocken. Schulz fand das undankbar. Schließlich hatte er Merkel in Brüssel immer wieder bei wichtigen Entscheidungen zu einer Mehrheit verholfen, nicht zuletzt beim berüchtigten Flüchtlingsdeal mit der Türkei, mit dem jener Flüchtlingsstrom eigedämmt wurde, der Merkel in die größte Krise ihrer Kanzlerschaft gestürzt hatte.

Im Februar gab dann CDU-Fraktionschef Volker Kauder ein Interview, in dem er versuchte, Schulz als unpatriotisch darzustellen: »Jemand, der auch in Europa nicht zuerst die Interessen Deutschlands vertritt, kann nicht deutscher Bundeskanzler werden.« Schulz empörte sich über Kauders Aussage, er fand sie nicht nur falsch, sondern auch hinterhältig. Zugleich vermutete er, dass Merkel dahinterstecken könne, immerhin ist Kauder seit zwölf Jahren einer ihrer engsten Vertrauten. Bei nächster Gelegenheit sprach er die Kanzlerin auf Kauders Bemerkung an. Ach Gott, sie könne ja nicht jeden Satz kontrollieren, den Herr Kauder so von sich gebe, habe sich Merkel verteidigt, sagt Schulz. Aber er glaubte ihr nicht. Wenn sie nicht gar dahinterstecke, so Schulz, habe sie die Attacke immerhin geduldet. »Man sieht sich immer zweimal im Leben«, sagte er der Kanzlerin.

Ende März revanchierte er sich mit einer spitzen Bemerkung während einer Koalitionsrunde im Kanzleramt. Es ging um

Flüchtlinge, um »Menschen mit unsicherer Bleibeperspektive«,
wie es im Amtsdeutsch heißt. »Da geht's um uns beide«, erklärte
Schulz und sah Merkel lächelnd an. »Wieso?«, fragte die spitz.
»Naja, wir beide haben doch auch eine unsichere Bleibeperspektive«, erklärte Schulz schließlich seinen Witz. Aber Merkel, so
berichten es Teilnehmer, konnte darüber gar nicht lachen.

Im Laufe des Wahlkampfs steigert sich Schulz' Empörung
über den Politik- und Wahlkampfstil seiner Gegnerin. Er ist
zunehmend frustriert darüber, dass Merkel ihn konsequent
ignoriert, obwohl er ihr doch auf Augenhöhe begegnen wollte.
Die Ehe für alle bringt für ihn nun das Fass zum Überlaufen.
Eine politische Gegnerschaft, die all die Jahre von Respekt
geprägt war, schlägt zeitweise in Verachtung um. Schulz nimmt
das Duell um die Kanzlerschaft nicht mehr sportlich sondern
persönlich. Immer wieder wird er in den internen Debatten über
Merkels taktisches Spiel mit der Ehe für alle fluchen – und sich
jedes Mal so aufregen, als habe er gerade erst von ihrer Volte
erfahren. Spätestens am Wahlabend wird diese Empörung für
jedermann sichtbar, am deutlichsten in der »Elefantenrunde«.
Sie erklärt die Pampigkeit, mit der Schulz fortan auch öffentlich
über seine Kontrahentin sprechen wird – und seinen unversöhn-
lichen Kurs unmittelbar nach der Wahl: die kategorische Ablehnung einer erneuten Großen Koalition unter Merkels Führung.
Dass Schulz nur wenige Monate später, zu Beginn des Jahres
2018, mit Merkel friedlich über die Bildung einer neuen Regierung verhandeln würde, scheint zu diesem Zeitpunkt, Ende Juni
2017, schlicht undenkbar.

Auch bei der Ehe für alle gibt es eine interessante Vorge-
schichte. Schon im Februar hatten viele Abgeordnete aus der
SPD-Bundestagsfraktion Schulz darum gebeten, endlich einem
Gruppenantrag von Grünen und Linken zustimmen zu dürfen,
der die Einführung der Ehe vorsah. Die SPD fordere dies seit
Jahren, klagten die Abgeordneten. Trotzdem müsse man fast

jede Woche mit »Nein« stimmen, wenn Grüne und Linke ihren Antrag im Rechtsausschuss einbrächten. Bei der schwachsinnigen Ausländermaut der CSU müsse man hingegen zustimmen. Schulz, der den Frust seiner Kollegen verstehen konnte, sprach das Thema beim nächsten Gipfel der Parteichefs an, aber Merkel beschied ihm, dass die Union nicht mitmachen werde. Als Schulz zerknirscht zu seinen Abgeordneten zurückkam, erklärte er ihnen, dass er koalitionstreu bleiben werde, und verbot seinen Parlamentariern auch weiterhin, dem Antrag von Grünen und Linken zuzustimmen.

»Da mach' ich nicht länger mit«, sagt Schulz nun Ende Juni, nachdem er von der Wende der Kanzlerin bei der »Brigitte«-Veranstaltung erfahren hat. Er ruft Fraktionschef Oppermann an und bittet ihn, das Gesetz zur Einführung der Ehe für alle noch in dieser Woche im Bundestag zur Abstimmung zu bringen. Gerne mit der Union, notfalls aber auch ohne sie.

»Und was machen wir, wenn sie das als Koalitionsbruch begreift?«, fragt Oppermann.

Werde Merkel nicht tun, entgegnet Schulz. Wegen der Ehe für alle werde sie niemals die Stabilität der Bundesregierung riskieren. »Die werden einmal aufjaulen, und damit hat es sich. Wir ziehen das Ding jetzt durch.« Es kommt dann genau so, wie von Schulz prognostiziert. Ob dieses beherzte Handeln jedoch seiner Kampagne hilft, ist eine andere Frage.

»Nach wie vor eine Trumpfkarte«
Wer ist der Boss?

Im Saal der Bundespressekonferenz sitzt der Kandidat am 27. Juni mit acht weiteren Sozialdemokraten auf dem Podium, darunter Sigmar Gabriel und die anderen sozialdemokratischen Bundesminister. Sie möchten, kurz vor Ende der Legislaturperiode, eine

Bilanz der eigenen Arbeit in der Bundesregierung präsentieren. Der Saal ist so voll wie sonst nur bei Besuchen der Kanzlerin. Am Morgen meldete das Insa-Institut immerhin 26 Prozent für die SPD, einen kleinen Anstieg. Ein Hauch von Hoffnung, 89 Tage vor der Wahl.

Im Kalender der Berliner Politik ist eine solche Pressekonferenz eigentlich nicht vorgesehen. Es ist ein reines PR-Event. Wenig überraschend fällt dann die Bilanz auch sehr gut aus. Man sei das politische Innovationszentrum, ja der Motor der Regierung gewesen, sagt Schulz. Er spricht als Erster und am längsten, obwohl er nie Teil dieser Regierung war und es bewusst nicht werden wollte. Mit Gabriel, der die SPD in diese Regierung führte und bis heute als Vizekanzler fungiert, wurde vereinbart, dass er sich zurückhalten solle. Er soll Schulz den großen Auftritt überlassen.

Gabriels Idee war das nicht. Über die Frage, welchen Charakter diese Pressekonferenz haben soll, hatte es zuvor bei einem Frühstück der SPD-Minister im Kabinett, der sogenannten A-Runde, heftigen Streit gegeben. Gabriel wollte unbedingt einen gleichberechtigten Auftritt, sprich: ähnlich lange reden wie Schulz. »Sigmar, nimm dich zurück«, hatte Fraktionschef Oppermann ihn nach Angaben von Teilnehmern bei diesem Ministerfrühstück gewarnt. »Da hast du all die Jahre nur drauf gewartet, dass du mir mal sagen kannst, ich soll mich zurücknehmen«, soll Gabriel geantwortet und Oppermann wiederum gekontert haben: »Ja genau. Und ich hätte es viel früher machen sollen.«

Nach sieben Jahren als Parteivorsitzender haben viele Genossen mit ihrem einstigen Chef abgeschlossen, einige begegnen ihm gar hasserfüllt. Aber anders als früher trauen sie sich nun, ihm Kontra zu geben. Sie wissen, dass die Macht mit der Aufgabe des Parteivorsitzes von ihm zu Schulz gewandert ist, dass sie keine Angst mehr vor Gabriel haben müssen. Der mag noch ein paar Monate lang Außenminister und Vizekanzler sein, aber diese Rolle scheint ein sicheres Verfallsdatum zu haben: den Wahltag.

Gewisse Rachegelüste waren schon vor dem Berliner Parteitag im März zu erkennen gewesen, auf dem Schulz als Gabriels Nachfolger bestätigt werden sollte. Die Organisatoren aus dem Willy-Brandt-Haus hatten Gabriel ursprünglich nur zehn Minuten für seine Abschiedsrede einräumen wollen. Zehn Minuten nach sieben Jahren. Schulz persönlich intervenierte damals und verlängerte die Redezeit auf 30 Minuten. Dass der als maßlos bekannte Gabriel dann fast eine Stunde sprach, empfanden viele als Unverschämtheit.

Schulz gegenüber klagt Gabriel in diesen Wochen des Öfteren sein Leid. So viele Jahre habe er der Partei gedient, sich für sie aufgeopfert – und nun behandelten ihn die eigenen Genossen derart respektlos. »Du bist doch nach wie vor eine Trumpfkarte in unserem Spiel«, versucht ihn Schulz zu beruhigen. Doch er müsse sich disziplinieren.

In einem seiner vielen Gespräche mit Gabriel traut sich Schulz dann etwas, was er nach eigener Aussage nur ganz selten mache: autoritär zu sein. Er versucht seinem Freund klarzumachen, dass er sich einordnen müsse. Andernfalls, so gibt er ihm zu verstehen, werde er nach der Wahl womöglich keinen Job für ihn haben. Schulz ist ungern autoritär. Er hat Gabriel oft dafür kritisiert, wie dieser mit Parteifreunden umging, die ihm in die Quere kamen oder die ihm schlicht auf den Senkel gingen. Nun zwingt ihn jener Gabriel, autoritärer zu sein, als es ihm lieb ist. Immerhin glaubt Schulz, seine Warnung sei angekommen, Gabriel habe endlich verstanden, was von ihm erwartet wird.

»Die Hochdruckbetankung muss weitergehen«
Wie plant man eine Aufholjagd?

»So, Kinder«, sagt Schulz am 29. Juni, bevor an seinem Tisch im Willy-Brandt-Haus die verbleibenden 13 Wochen bis zur Wahl geplant werden. »Ich erzähle euch jetzt mal, was der Kandidat vorhat: Ich fahre gleich nach Hamburg, lasse meinen Fuß behandeln, bleibe da und schicke euch eine Nachricht: Macht, was Ihr wollt! Euer Schulle.«

Dass er später nach Hamburg fährt, ist hingegen kein Witz. Seit Tagen plagen ihn Schmerzen am Fuß. Nach seiner Parteitagsrede, erzählt er, habe er vor Schmerzen fast nicht gewusst, wie er vom Podium zurücklaufen sollte. »Aber das durfte ich mir natürlich nicht anmerken lassen.« Tat er auch nicht, aber mit diesem Fuß kann er nicht länger Wahlkampf machen. Nun soll sich ein Orthopäde aus Hamburg dem Problem widmen.

Ebensowenig wie von seinen Schmerzen im Fuß bekommt die Öffentlichkeit von einer anderen Sorge mit, die den Kandidaten in diesen Tagen umtreibt. Hinter den Kulissen seiner Kampagne spielt sich ein menschliches Drama ab: Schulz hat seinen Wahlkampfmanager verloren. Markus Engels erlitt am Tag nach dem Dortmunder Parteitag einen Schlaganfall. Seit Jahren beeinträchtigt Engels eine chronische Erkrankung, die ihn jedoch nicht davon abhalten konnte, seinem langjährigen Chef bei der größten Mission seines politischen Lebens zur Seite zu stehen. Engels war bereit, dem Ziel, Martin Schulz zum Bundeskanzler zu machen, beinahe alles unterzuordnen, auch die eigene Gesundheit. Nun hat er Glück im Unglück, der Schlaganfall hätte weit schlimmer verlaufen können. Aber er soll nach der akuten Behandlung im Krankenhaus unbedingt in eine Reha-Klinik, um sich zu erholen.

Die Leitung des Wahlkampfes muss der neue Generalsekretär Hubertus Heil übernehmen. An diesem Donnerstag hat Heil einen Plan mitgebracht, den er nun am Tisch verteilt. Es ist der Versuch, dem Wahlkampf eine klare Struktur zu verpassen. 13 Seiten, eine für jede Woche bis zur Wahl. »Der Versuch einer Streckenplanung«, sagt Heil. Er ist bemüht, der Kampagne mehr Systematik zu verleihen.

Auf jeder Seite steht aufgelistet, welche Themen die jeweilige Woche bestimmen könnten, wo der Kandidat sein wird, was die Partei plant, was die Kampagne, was der Gegner, und was in der Welt so los ist. Es gibt auch ein Motto für jede Woche, das der laufenden lautet: »Wir machen Druck!« Für die nächste steht dort: »Wir schreddern das CDU&CSU-Programm«. Man habe im Haus bereits ein »Schredder-Team« gegründet, erläutert Heil. Dieses beschäftige sich ausschließlich mit der Frage, welche Punkte aus dem Programm man angreifen könne.

Am Ende der nächsten Woche wird in Hamburg der G20-Gipfel stattfinden. Die Frage ist, was Schulz machen soll, während Merkel auf großer Bühne die Staats- und Regierungschefs der 20 wichtigsten Industrie- und Schwellenländer empfängt. Er glaube ja gar nicht, dass die Kanzlerin nur schöne Bilder bekomme, sagt Schulz. Bilder mit Putin, Trump oder Erdoğan seien keine schönen Bilder. Und dann wisse man nicht, was während des Gipfels im Schanzenviertel passiere. Brennende Autos? Straßenblockaden? »Ich hoffe, dass es friedliche Demonstrationen sind, aber die Einschätzung der Hamburger ist, dass sie da den Ballyhoo in der Stadt haben.«

»Wie ist eure Einschätzung?«, fragt Heil. »Wenn es da Krawalle gibt im Schanzenviertel ...«

»Dann ist das kein Problem für Merkel, das ist im Zweifel ein Problem für Scholz«, sagt Schulz' Sprecher. Die mediale Wahrnehmung werde sein: Drinnen bändigt Merkel die Autokraten, während draußen der sozialdemokratische Bürgermeister die

Kontrolle über linke Chaoten verliert. Rückblickend klingt diese Aussage beinahe visionär.

Das Essen ist da, fünfmal Currywurst mit Pommes, serviert unter einer Warmhalteplastikhaube am Besprechungstisch. »Warum hab' ich kein Mayo?«, fragt Schulz. Als kurz darauf eine Sekretärin mit zwei Plastiktütchen Mayonnaise ins Zimmer eilt, klatscht er begeistert in die Hände.

Nächster Programmpunkt: Schulz' Sommerreise, die in der Woche nach dem G20-Gipfel stattfinden soll. »Ach du Scheiße«, sagt er. An jedem Tag werden ihn 20 bis 30 Journalisten in einem Bus begleiten, die meisten aus der Hauptstadt. Schulz graut vor dieser Reise.

Ende Juli wird es dann eine erfreulichere Reise geben, zu Emmanuel Macron nach Paris. Das Gespräch im Élysée-Palast ist für 18 Uhr angesetzt. Vorher will Schulz eine Rede an einer französischen Universität halten. Die Frage ist nur, ob sich für diese Termine die gewünschte Medienberichterstattung einstellen wird. Wichtig sei, dass man ein gemeinsames Foto oder ein Statement mit Macron bekomme. Ansonsten, sagt der Sprecher, solle man den Trip lieber lassen. Die Journalisten werde nichts anderes interessieren.

Nein, protestiert Schulz, das mit dem Foto sei nicht entscheidend. Entscheidend sei, was er selbst im Anschluss in die Kameras sage. Was er mit Macron bei dem Treffen bespreche, das sei die Botschaft. »Ich werde da ganz große Übereinstimmung in unseren Konzepten feststellen, größere als mit Merkel und Schäuble.« Und Macron werde das nicht dementieren können, weil das Protokoll besage, dass er sich nicht zu solchen Gesprächen äußere. Man müsse mal eines sehen: Merkel fahre zum Papst und breche mit einer vatikanischen Regel, wonach man nicht aus Papst-Gesprächen zitieren darf. »Die hat gesagt: ›Er hat mich ermuntert.‹ Das ist ein echter Bruch der Regel. Da haben mir die Ohren geschlackert. Also da hab' ich jetzt keine Hemmungen.«

In einer der folgenden Wochen ist in Heils Streckenplan Merkels alljährlicher Besuch bei den Wagner-Festspielen in Bayreuth vermerkt. »Kann ich an dem Tag, wo sie nach Bayreuth geht, nicht einen Gegenpunkt setzen?«, fragt Schulz. »Ja, das wäre gut, wenn du an dem Tag was Modernes machst«, sagt Heil. »Ich weiß nicht, was magst du denn für Musik?«

»Roland Kaiser«, sagt Schulz und muss selbst lachen. Die Idee wird dann wieder verworfen.

»Hömma«, sagt Schulz, und deutet auf ein Ereignis, das im Plan unter der Rubrik »Welt« eingetragen ist. »Am Donnerstag, dem 10. August, ist der Jahrestag des Sturzes von Ludwig XVI.« Er frage sich, ob man da nicht einfach die Merkel stürzen könne. Aber auch diese Idee wird letztlich verworfen.

Dann muss Schulz zum Zug nach Hamburg, »Wir müssen für jeden Tag ein Event haben, für jeden Tag eine Botschaft«, sagt er im Rausgehen. »Die Hochdruckbetankung muss weitergehen.«

»Irgendwann dreht es sich«
Die Einsamkeit des Kandidaten

Früh am Morgen dieses 30. Juni beschließt der Deutsche Bundestag mit den Stimmen von SPD, Grünen, Linken und Teilen der Union die Einführung der Ehe für alle. Angela Merkel stimmt gegen das Gesetz, obwohl sie die damit einhergehende Gleichberechtigung von homosexuellen Paaren bei der Adoption von Kindern ausdrücklich befürwortet. Zwar wollte sie verhindern, dass das Thema einer erneuten Koalitionsbildung und damit ihrem Machterhalt im Wege steht. Aber da sie es sich mit dem konservativen Flügel ihrer Partei nicht komplett verscherzen will, votiert sie letztlich gegen ihre eigene Meinung.

Für Schulz sind es die vielleicht schönsten Stunden seiner Kanzlerkandidatur. Wo er aufkreuzt, wird er ausgelassen gefeiert.

Das Gesetz ist in gewisser Hinsicht sein Baby, denn ohne sein beherztes Handeln zu Wochenbeginn, so viel ist sicher, wäre die Ehe für alle nicht so schnell verabschiedet worden. Im Saal der SPD-Fraktion schneidet er eine Torte in Regenbogenfarben. Vor dem Brandenburger Tor besucht er eine Kundgebung, die den Beginn einer neuen Zeit für Schwule und Lesben feiert. Er wird von vielen glücklichen Menschen umarmt, geküsst, geherzt. Sie sind aufrichtig dankbar für das, was Schulz für die öffentliche Anerkennung ihrer Liebe getan hat. Für Schulz, der den Menschen gerne zugewandter begegnen würde, als es das Korsett des Kanzlerkandidaten erlaubt, ist dieser Empathieüberschuss eine willkommene Auszeit vom nüchternen Tagesgeschäft. Er lacht und strahlt an diesem Morgen so viel wie sonst in einer ganzen Wahlkampfwoche. Er muss keine Rolle spielen, muss sich nicht verstellen.

Erst jetzt wird ihm bewusst, welche Bedeutung dieses Gesetz für die Betroffenen hat. Als heterosexueller Mann habe er schlicht keine Vorstellung davon besessen, wie es sich anfühlt, mit weniger Rechten ausgestattet zu sein. Schulz war nie ein leidenschaftlicher Vorkämpfer für die Rechte von Schwulen und Lesben. Er hielt deren Gleichberechtigung für richtig, aber sie war nie ein Schwerpunkt seiner Arbeit und Reden. Dieser Vormittag ist einer der seltenen Momente, in denen er als Politiker das Gefühl bekommt, das Leben von Menschen ganz unmittelbar und sehr grundlegend zum Besseren verändert zu haben. Auch in den Medien wird er für einen kurzen Moment lang für sein entschlossenes politisches Handeln gewürdigt.

Er wirkt ausgelassen, beinahe euphorisch, als er zum Mittagessen ins Mövenpick kommt. Ihn habe das tief bewegt, sagt er. Zu sehen, wie ein alter Haudegen wie Klaus Wowereit, der politisch mit allen Wassern gewaschen sei, vor Rührung mit den Tränen kämpfe, das habe auch ihn sehr berührt.

Seiner Kampagne aber wird dieser Erfolg wenig helfen. Wenn

eine Partei von der Einführung der Ehe für alle profitiert, dann am ehesten die Grünen, die sich länger und energischer für sie eingesetzt haben als die SPD. Zudem werden Parteien fast nie für das bereits Erreichte gewählt, sondern für das, was sie vorhaben. Aus taktischer Sicht mag es sogar falsch gewesen sein, eines der wenigen Konfliktthemen zwischen SPD und Union vorzeitig zu entschärfen. Aber so zu denken wäre zynisch gewesen, sagt Schulz.

Eine Folge hat die Aufregung um die Ehe für alle gewiss: Kaum jemand redet noch über den Dortmunder Parteitag und den Aufbruch, der von dort ausgehen sollte. Der große Auftritt von Martin Schulz mag zwar erst fünf Tage her sein. In Zeiten schrumpfender Aufmerksamkeitsspannen ist das jedoch eine halbe Ewigkeit.

Für seine Kampagne, das lässt sich an diesem Freitag Ende Juni sagen, war die zurückliegende Woche dennoch die beste seit längerer Zeit. Noch etwas gibt Schulz Zuversicht. Der Orthopäde in Hamburg hat am Vortag eine Entzündung am Mittelfußknochen diagnostiziert und ihm eine Spritze verpasst. Jetzt geht es zumindest dem Fuß besser. Schulz selbst ist nach dieser turbulenten Woche und dem emotional aufwühlenden Morgen ziemlich erschöpft. »Ich bin so fertig, ich weiß nicht mal mehr, was ich essen soll.«

Am Abend sei er oft in einem komischen Zustand, erzählt er dann. Der größte Verzicht bei einem Leben, wie er es führe, sei das ewige Alleinsein. »Dass dich abends keiner in den Arm nimmt. Dass du dich nicht einfach mal fallen lassen und aus deiner Rolle raustreten kannst.« Das sei doch ein zutiefst menschliches Bedürfnis, sagt Schulz. »Und dann überkommt mich manchmal die Melancholie.«

In den zwei Wochen nach der NRW-Wahl sei er »richtig getroffen« gewesen, erzählt er, »innerlich getroffen«. Dass er Verantwortung übernehmen musste für die Fehler der aus seiner Sicht unbelehrbaren Hannelore Kraft, empfand er als zutiefst unge-

recht. Am liebsten hätte er gesagt: Ich habe da nicht kandidiert!
Sonst wäre das anders ausgegangen! Aber das könne man natürlich nicht machen.

Ganz schlecht drauf sei er gewesen, habe schlecht geschlafen,
doch er habe versucht, sich das nicht anmerken zu lassen. »Du
kriegst all die Häme mit, von wegen ›Der Schulzzug ist entgleist‹,
›Der Hype ist vorbei‹, ›Alles nur heiße Luft und nix dahinter‹.
Was mich am meisten niedergedrückt hat, war die Sorge: Ich
krieg es nicht mehr aufgefangen. Die Spirale geht weiter nach
unten.« Und erstmals habe er auch physisch einen richtigen
Dämpfer gespürt. »Wenn du Erfolg hast, zieht dich das Adrenalin
nach oben. Wenn du Misserfolg hast, ist der Adrenalinpegel
immer noch hoch, aber er ist negativ und zieht dich nach unten.
Und trotzdem musst du Stärke demonstrieren und die Aktivitäten hochfahren.« Er musste gute Stimmung simulieren, obwohl
seine Laune am Boden war. Anfang Juni fehlte ihm jegliche
Zuversicht, dass es in seiner Kampagne irgendwann mal wieder
bessere Tage geben könne.

Das ist nun anders.

In den vergangenen paar Wochen sei die SPD gut gewesen und
die Union nicht schlecht, bilanziert Schulz an diesem letzten
Junitag. »In dieser Woche waren wir richtig gut und die anderen
richtig schlecht.« Möglicherweise könne dies die Woche sein, in
der man die Umfragen langsam hochdrücken könne. Seine fla-
che rechte Hand schichtet die Luft und malt eine imaginäre auf-
steigende Treppe. »Irgendwann dreht es sich«, sagt Schulz.
»Wenn ich bis Ende Juli bei 27 Prozent bin, dann hab' ich bis
Mitte September die 30.«

»Das ist alles abgeschrieben!«
Die Sozialdemokratisierung der CDU

An diesem 3. Juli steht wieder ein wichtiger Tag bevor. Es ist acht Uhr früh, als Schulz' Team in seinem Büro zum Jour fixe zusammenkommt, der montäglichen Besprechung mit Vertretern der Kampagne, der Parteizentrale und der Werbeagentur. Um 13 Uhr wollen Angela Merkel und Horst Seehofer ihr Wahlprogramm vorstellen. Die wichtigsten Details sind bereits durchgesickert. Nüchtern betrachtet bietet das Programm der Union kaum Angriffsflächen. Es gibt nicht viel, was Schulz und seinem Team beherzte Attacken ermöglichen könnte. Stattdessen folgt es Merkels Maxime: bloß keine Reibung. Der Eindruck, dass hier zwei wirkliche Alternativen zur Wahl stünden, soll gar nicht erst aufkommen. Dahinter steckt das Kalkül und die Erfahrung, dass bürgerliche Wähler in der Regel brav ihrer Pflicht nachkommen, zur Wahl zu gehen, während viele potenzielle SPD-Wähler eher in Zeiten großer Polarisierung ihre Stimme abgeben. Der Programmslogan, den sich das Konrad-Adenauer-Haus ausgedacht hat, ist denn auch an Beliebigkeit kaum zu überbieten. Man könnte damit auch für Halbfettmargarine werben: »Für ein Deutschland, in dem wir gut und gerne leben.« Dieses Ziel können alle Deutschen, vom Anhänger der Linken bis zum AfD-Wähler, problemlos unterschreiben.

Früher standen sich mit SPD und CDU noch verschiedene Weltanschauungen und Gesellschaftsentwürfe gegenüber, zumindest waren beide Seiten bemüht, diesen Eindruck zu erzeugen. »Freiheit statt Sozialismus« plakatierte die CDU im Bundestagswahlkampf 1976. Heute, über 40 Jahre später und nach zwölf Jahren Kanzlerschaft von Angela Merkel, muss man die Unterschiede in den Programmen beider Parteien mit der Lupe suchen. Unter Merkels Führung ist die Union so weit nach links beziehungsweise ins Ungefähre gedriftet, dass sich mit klassischen sozialdemokratischen Inhalten kaum ein Kontrast erzeugen lässt. So hat das »Schredder-Team« des Willy-Brandt-Hauses trotz eifriger Durchforstung des Programms nur wenig Material gefunden, um eine feurige Kampagne daran zu entzünden.

Wie sollen Schulz und die SPD auf das sehr sozialdemokratisch klingende Programm des Gegners reagieren? Am Nachmittag will der Kanzlerkandidat im Foyer des Willy-Brandt-Hauses eine Pressekonferenz geben. Wie soll er das Unionsprogramm bewerten? Die Diskussion über die richtige Reaktion ist ein Musterbeispiel, wie sehr sich Politiker von taktischen Erwägungen leiten lassen. Und wie groß die Angst vor der Ehrlichkeit ist.

Wie denn die Medienlage zum CDU-Programm sei, will Schulz zunächst wissen. Heil hält ihm sein iPhone hin und spielt eine kurze Analyse des ZDF-Journalisten Thomas Walde aus der Sendung »Berlin direkt« vor. Walde sagt, dass Themen wie die Obergrenze für Flüchtlinge oder die Zukunft der Rente keine Rolle im Programm von CDU und CSU spielten. »Diese Konfliktthemen will die Union, soweit bisher bekannt, offensichtlich aussparen und dadurch entschärfen.«

»Und genau da müssen wir ansetzen«, sagt Heil. »Wir müssen in die Konfliktthemen rein.«

Schulz rührt gedankenversunken in seinem Filterkaffee. »Hmmm, was sind denn unsere Konfliktthemen?« Es folgen Vorträge des Generalsekretärs und der Bundesgeschäftsführerin, es fallen alle Stichworte: Gerechtigkeit, Steuern, Rente, sachgrundlose Befristung, paritätische Finanzierung der Gesundheit, Lohngerechtigkeit, Geld für Rüstung. Aber Schulz wirkt nicht überzeugt. »Wir sind uns hoffentlich über eines klar: Übermäßig überzeugend haben wir bisher noch nicht argumentiert hier am Tisch.«

Wenn er heute vor die Presse trete, dann müsse er eine klare Ansage machen. »Und zwar eine, die richtig Wumms hat. Ich

gehe nur raus, wenn ich zwei, drei Botschaften habe, die jeder nachplappern kann und die richtig provokant sind.«
»Haben wir den Mut zu sagen: Das ist abgeschrieben!«, fragt Schulz.»Schlicht und einfach bei uns abgeschrieben!« Er selbst ist dafür. Er wolle gern sagen: Das Programm ist der kleinste gemeinsame Nenner zwischen CDU und CSU, zweier verfeindeter Parteien. Es ist schlampig zusammengestoppelt, ohne Visionen. Und es ist abgeschrieben.»Das müsste meiner Meinung nach die erste klare Ansage sein.«

»Ich rate strikt davon ab, A- und B-Noten zu verteilen«, entgegnet Heil.»Ich würde das mit dem Abschreiben ganz weglassen. Das ist Gejammer. Das findet draußen niemand skandalös. Die sagen: Ja, gut, wenn Ihr gute Inhalte habt und die schreiben ab, so what?«

Aber Schulz lässt die Sache mit dem Programmklau keine Ruhe. Er versucht es noch einmal.»Kann man das wenigstens ironisieren und sagen:»Wir stellen fest, dass die CDU der SPD mit den wesentlichen Punkten recht gegeben hat. Deshalb wird es jetzt auch Zeit, dass wir die Regierung übernehmen.« Er schaut fragend in die Runde.

Davon würde er dringend abraten, sagt sein Sprecher.»Weil wir die harte inhaltliche Konfrontation brauchen.« Zu sagen, das sei im Kern das Gleiche wie bei der SPD, halte er für gefährlich.

»Ich bin da anderer Meinung«, sagt Schulz.»Wir haben vorige Woche angefangen, die asymmetrische Demobilisierung zu thematisieren.« Der Vorwurf habe Merkel und die CDU getroffen, das Aufheulen sei ja hörbar gewesen. Merkel habe versucht, das Thema schnell beiseitezudrücken, deshalb habe sie»Schwamm drüber« gesagt. Warum, bitte schön, solle man beim CDU-Programm jetzt so tun, als gäbe es große Unterschiede, als sei das nicht Teil der asymmetrischen Demobilisierung?

Wenn er im Konrad-Adenauer-Haus säße, sagt Heil, würde er sich genau diese Reaktion wünschen: Die haben bei uns abgeschrieben. »Das haben wir übrigens schon im Wahlkampf 2009 gesagt und 2013 auch. Das wirkt klein.« Es gebe in der Politik nun mal kein Urheberrecht. Der Rest der Runde sieht es genauso.

»Gut«, sagt Schulz. »Sie haben zwar abgeschrieben, aber wir müssen so tun, als wäre all das zu 100 Prozent das Gegenteil von uns.« Er werde sich damit abfinden, aber irgendwo widerspreche es seiner Überzeugung und der Strategie, die man gerade erst eingeschlagen hatte. »Vorigen Sonntag habe ich ein richtig dickes Ding da gefahren: einer amtierenden Regierungschefin einen Anschlag auf die Demokratie zu unterstellen. Das ist ja ein weitreichender Vorgang! Das ist nicht irgendwas!«

»Wir wollten diese Woche halt mal die Phase wechseln«, sagt Heil. Er schaut auf seinen Wochenplan. Letzte Woche habe das Motto geheißen: »Wir machen Druck.« Das habe man gemacht. »Heute müssen wir die CDU ernst nehmen. Und ernst nehmen bedeutet, steif zu behaupten, da steht etwas drin in dem Programm.«

Schulz windet sich in seinem Stuhl, man sieht ihm an, wie unwohl er sich fühlt. Er war mit dem Wunsch angetreten, ohne große taktische Spielereien auszukommen. Er wollte sagen, was ist, so reden, wie es seiner Überzeugung entspricht. Sich nicht verbiegen lassen.

Also gut, murmelt er und versucht zusammenzufassen, was er nun zu sagen gedenkt: In kürzester Zeit zusammengestoppelt. Hätte Merkel so viel Zeit auf ihr Programm verwendet wie auf die Vorbereitung dieser G20-Gipfel-Show in Hamburg, wäre es besser geworden. Das Programm sei ein Programm der massiven Aufrüstung und der fehlenden Gerechtigkeit. So in etwa.

»›Zusammengestoppelt‹ finde ich super«, sagt Heil. »Und ›geklaut‹ ist jetzt auch nicht mehr drin. Aber die ›Show in Hamburg‹ würd' ich weglassen.«

»Alles, was Schlagzeilen produziert, muss man weglassen!«, ruft Schulz. »Das ist 'ne Show da in Hamburg! Und ich sag euch voraus: Das Schanzenviertel wird brennen. Und diese Bilder werden alles überlagern.« Bei der Pressekonferenz wird er später nichts von »klauen« und »abschreiben« sagen. Er stellt das Programm der Union so dar, als sei es eine große Gefahr für den sozialen Frieden im Lande. Er nennt es »unseriös«, »ungerecht« und »unverantwortlich«. In diesem Gestus wird er auch den restlichen Wahlkampf bestreiten. Es ist müßig, darüber zu spekulieren, ob die andere Erzählung, die vom uninspirierten Ideenklau, die wirksamere gewesen wäre. Es wird aber rasch deutlich, dass die Erzählung von der kalten, unsozialen CDU nicht wirklich verfängt, weil ihr die Glaubwürdigkeit fehlt. Im Vergleich mit Merkels Herz-Jesu-CDU von heute wirkte die SPD zu Gerhard Schröders Zeiten jedenfalls wie der politische Arm der Arbeitgebervertreter. Und im Gegensatz zur SPD, der die Schröder-Reformen immer noch angekreidet werden, machen die Unionsanhänger Merkels Wendemanöver, bis zu diesem Zeitpunkt zumindest, mehrheitlich mit.

»Bin ich hier der Parteivorsitzende oder der Befehlsempfänger?«
Die zerhackte Zeit

Bei Besprechungen wie diesem Jour fixe am Morgen des 3. Juli müssen meist Dutzende Fragen und Probleme diskutiert und gelöst werden. Oft springt die Debatte wild hin und her, was für die Konzentration nicht immer förderlich ist.

Er wolle übrigens alle Plakate und Fotos der Kampagne vor Veröffentlichung gezeigt bekommen, sagt Schulz plötzlich. Filme auch. Aber nicht erst zu einem Zeitpunkt, wo keine Änderungen mehr möglich sind. Das kenne er aus der Vergangenheit, etwa aus seinem Europawahlkampf 2014. Wenn er da gesagt habe:

Gefällt mir nicht, habe es immer geheißen, das neu zu produzieren, sei jetzt zu teuer.
»Da haben wir beide aber nicht zusammengearbeitet«, entgegnet Heil. Er werde jedoch nicht zulassen, dass der Kandidat mit irgendwelchen Zwischenprodukten behelligt werde. Was denn Zwischenprodukte seien, fragt Schulz. Dinge, die auf einer Arbeitsebene entschieden werden müssten, erklärt Heil. »Darf ich mal fragen: Bin ich hier der Parteivorsitzende oder der Befehlsempfänger?«
»Du bist mein Vorsitzender, ich bin dein Generalsekretär«, sagt Heil. Als solcher habe er die Aufgabe, alles so vorzubereiten, dass Schulz am Ende entscheiden könne. Aber er wolle nicht, dass Schulz sich um jede Schraube kümmern müsse. »Ich bau' die Bühne, und du stehst drauf. Und wenn du dich unwohl fühlst, müssen wir die Bühne umbauen.« Die Arbeitsteilung, die Heil da formuliert, klingt vernünftig. Sie setzt jedoch voraus, dass der Kandidat auch bereit ist, sich nicht um jede Schraube persönlich zu kümmern.

Beim nächsten Problem geht es um etwas völlig anderes: Euro-Gruppenchef Jeroen Dijsselbloem will den Kandidaten spontan treffen, er ist heute in Berlin. Dijsselbloems Mitarbeiter hat Schulz eine WhatsApp-Nachricht geschickt. Schulz will wissen, ob man das zeitlich hinbekomme.

Der habe doch haushoch verloren, bemerkt einer am Tisch. Dijsselbloems Partei der Arbeit (PvdA, die niederländische Sozialdemokratie) war bei der Parlamentswahl im März auf 5,7 Prozent abgestürzt.

»Kriegen denn Genossen hier nach Prozentzahlen Termine?«, fragt Schulz empört.

»Was bringt uns ein Treffen mit Dijsselbloem?«, fragt ein Berater zurück.

»Sorry, Leute!«, protestiert Schulz. »Wenn wir so mit Leuten umgehen, dann ist das nicht mein Stil.« Wenn es der Terminplan nicht zulasse, könne man absagen, aber der Grund dürfe nicht sein, dass jemand 5,7 Prozent geholt habe.

Was ebenfalls auffällt während dieser strategischen Sitzungen, sind die permanenten Unterbrechungen. Ständig brummt, klingelt oder piepst ein iPhone. Kaum ein Satz kann zu Ende gesprochen, kaum ein Gedanke zu Ende gedacht werden. Politik im Zeitalter der Mobiltelefonie ist der ständige Kampf um Konzentration und Aufmerksamkeit, ein Kampf gegen Ablenkungen. Der häufigste Satz in vielen Meetings lautet: »Äh, wo waren wir stehen geblieben…?« Ein kreatives Brainstorming ist so fast unmöglich.

Als sie gerade mitten in einer Diskussion sind und bei Schulz wieder mal das Handy brummt, fängt er laut an zu lachen und zeigt dem Rest der Runde sein Display. »Hier, schickt mir der Gabriel.« Zu sehen ist eine gefakte Ikea-Werbung für das Produkt »Trömp – Vollpfosten«.

Mit dem Problem der zerhackten Zeit hat nicht nur das Team Schulz zu kämpfen. Angela Merkel regiert seit Jahren unter diesen Bedingungen. Das Tempo der Politik hat rasant zugelegt. Mehr Ereignisse denn je verlangen nach Aufmerksamkeit, jede Stunde, jeden Tag, jede Woche. Ursache dafür sind vor allem neue Kommunikationstechnologien wie Internet oder Smartphones und die verschärfte Globalisierung bei gleichzeitiger Hysterisierung der nationalen Politik.

Das alles frisst die Energien von Politikern. Auch ein Konrad Adenauer hatte oft einen vollen Tag, aber er hatte auch die Muße, sich um seine Rosen zu kümmern, ein Sinnbild für träge, störungsfreie Stunden. Heute ist der Tagesablauf eines Spitzenpolitikers eng getaktet, Freiräume und Leerlauf gibt es kaum noch, selbst im Urlaub hält man regelmäßigen Kontakt zum Büro. Politik ist zu einem Beruf am Rande der ständigen Überforderung geworden.

Auch Angela Merkel ist handysüchtig. Wenn ihr etwas einfällt, schreibt sie rasch eine Nachricht. Ihre Vertrauten antworten sofort. So wird mit dem ersten Gedanken Politik gemacht, die Zeit des Nachdenkens, des Besinnens, fällt oft weg.

Der Online-Journalismus ist ein Katalysator dieser Entwicklung, nicht nur, weil er schnell ist, sondern auch, weil er zu schnellen, provokanten Urteilen zwingt. Mit steilen Thesen erhält man im Netz am leichtesten die (auch finanziell gebotene) Aufmerksamkeit. Wer nichts Aufregendes zu bieten hat, wird nicht geklickt, die Konkurrenz im Internet ist zu groß.

Vor Jahren habe ich Andreas Brücher zum Gespräch getroffen. Damals war er Leiter des Referats 201 des Bundespresseamtes, genannt »Lagezentrum«. Er erzählte mir von seinem »VIP-Service«, einem SMS-Dienst mit wichtigen Nachrichten, allein für die Kanzlerin und ihre wichtigsten Minister. Als der VIP-Service eingerichtet wurde, habe man vielleicht fünf SMS pro Tag rausgeschickt, berichtete Brücher. Inzwischen schieße man aus der »SMS-Schleuder« bis zu 70 Meldungen raus. Und das war der Stand vor einigen Jahren.

Natürlich trage man zur Beschleunigung des politischen Betriebs bei, sagte Brücher. Andererseits werde es nun mal so gewünscht. Mit den Jahren habe er ein gutes Gespür für das Informationsbedürfnis des jeweiligen Kanzlers und seiner Regierungssprecher entwickelt. Bei Merkel sei das sehr stark ausgeprägt. Wenn längere Zeit keine SMS verschickt wurde, kommt es vor, dass Merkel oder andere Mitglieder der Regierung im Nachrichtenzentrum anrufen und fragen, ob denn gar nichts los sei.

Er und seine Leute, erzählte Brücher, bemühten sich, in regelmäßigen Abständen etwas zu verschicken – auch dann, wenn es eigentlich nichts Wesentliches zu vermelden gibt. »Damit die Leute nicht denken, dass wir faul sind«, sagte er mit einem Augenzwinkern. »Und damit sie nicht unruhig werden.«

Diese Nervosität schadet der Politik gerade in jenen Zeiten, da Konzentration eigentlich unverzichtbar ist. Sie hat auch Einfluss auf Kampagnen wie die Kanzlerkandidatur von Martin Schulz, weil viel zu schnell Unruhe aufkommt, wenn nicht ständig etwas Neues passiert oder man selbst ein paar Stunden nicht in den Nachrichten war. Hinzu kommt, dass selbst wichtige Botschaften und Ereignisse vom ständigen Nachrichtenstrom rasch weggespült und von neuen Nachrichten überlagert werden. Diese Unruhe und die Schwierigkeit, mit seinen Botschaften an die Öffentlichkeit zu dringen, sind die größten Herausforderungen für eine erfolgreiche Kandidatur.

»Sense«
Dreharbeiten und Tyrannenmord

Auf der Museumsinsel wird heute, am 5. Juli, jener Spot gedreht, der vor der Wahl im Fernsehen rauf und runter laufen soll. Kurz bevor es losgeht, stellt ein Arbeiter des Bezirksamts neben der Filmcrew einen leeren Container ab, in dem zuvor Gülle gelagert haben muss. In den kommenden sechs Stunden wird es daher stinken.

In diesen sechs Stunden muss Schulz immer wieder dieselben drei Sätze sagen: »Ich möchte eine Gesellschaft sehen, in der alle vom Wohlstand profitieren. Mehr Gerechtigkeit, das ist es, was ich erreichen will. Eine Zukunft, auf die man sich freuen kann.« Die meiste Zeit aber muss er nur stumm durchs Bild laufen.

Nach jedem Cut rückt die Schönheitscrew an, pinselt immer neuen Puder in sein Gesicht, zupft an der Krawatte und rollt mit dem Flusenroller seinen Anzug ab. Schulz überbrückt die Langeweile wie gewohnt, indem er Gedichte aufsagt, am liebsten von Eugen Roth oder Friedrich Schiller, oder französische Chansons von Edith Piaf anstimmt. Sein kürzestes Gedicht ist ein selbst gedichtetes. Es heißt »Bauerntod« und besteht nur aus einem Wort: »Sense.« Manchmal singt er so laut, dass ihn sogar die

Menschen auf den Decks der vorbeifahrenden Touristendampfer
hören können. Sie winken, und Schulz winkt zurück.

Einmal kommt es zu einer Verzögerung im Drehplan, weil
Schulz unbedingt noch die 20-strophige Ballade »Die Bürg-
schaft« von Friedrich Schiller zu Ende aufsagen will, die er vor
45 Jahren in der Schule auswendig lernen musste. Dies gelingt
ohne jeglichen Hänger. »Ich bin ja, wie Sie wissen, nicht ganz
dicht«, sagt er zu den Crewmitgliedern, als er fertig ist. »Ich kann
nichts vergessen.« Gedichte zu zitieren helfe ihm, Druck abzu-
bauen.

Er habe heute seinen Anti-Berlin-Tag, sagt Schulz, als er in
einer Drehpause durch den Lustgarten spaziert, im Rücken das
Alte Museum Karl Friedrich Schinkels, vor ihm der fast fertige
Nachbau des Berliner Stadtschlosses. Was bitte schön sei gut an
den Hohenzollern gewesen, fragt er. Sie hätten für Calvinismus,
Militarismus und Nationalismus gestanden. »Warum bauen wir
denen ein Schloss wieder auf?« Er schüttelt den Kopf. »Wenn ich
Bundeskanzler werde, werde ich Würselen zur Hauptstadt
machen«, sagt Schulz. »Dann werden all die Berliner Protzbau-
ten abgebaut und im Gewerbegebiet von Würselen wieder aufgebaut.« Es ist ein Scherz, aber die Abneigung gegenüber der
Hauptstadt ist echt.

Immer wieder bitten ihn Passanten um ein Selfie. Schulz freut
sich über jede einzelne Anfrage, in Zeiten der mageren Umfragen sind sie wie ein Strohhalm, an den er sich klammert. »Das
würden die Leute doch nicht machen, wenn die Stimmung
scheiße ist, wenn mich niemand mehr gut finden würde«, sagt er,
nachdem er mit einer Gruppe junger Studentinnen posiert hat.
Er glaubt, dass die Menschen ihn mögen, dass die offiziellen Zahlen nicht die Stimmung im Land widerspiegeln. Dass da noch
was zu holen ist. Fast alle Wahlkämpfer erliegen der Versuchung,
die Atmosphäre bei persönlichen Begegnungen mit der Stimmung im Lande zu verwechseln. Die meisten Menschen freuen

sich einfach, jemanden zu sehen, den sie aus dem Fernsehen kennen. Ob sie ihn später wählen, ist eine andere Frage. »Von welcher Partei ist der noch mal?«, fragt eine der Studentinnen ihre Freundin nach dem Selfie.

Es müsse jetzt endlich ein bisschen nach oben gehen, sagt Schulz während der letzten Umbaupause des Tages. Mindestens 27 Prozent werde er am 24. September holen müssen, sagt er, um dann mit Blick auf seine Partei hinzuzufügen: »Wenn ich 27 Prozent kriege, bleibe ich stehen. Wenn nicht, räumen sie mich ab.«

Letzte Szene für heute. »Sie singen so nett«, sagt die Maskenbildnerin, während sie ihm erst die Hände und dann die Haut zwischen dem lichten Nackenhaar pudert und Schulz ein weiteres Chanson schmettert. »Vielleicht wär das ja was für Sie, wenn das mit der Politik nichts wird.«

»Wir sind im freien Fall«
Das Leid mit den Umfragen

Am Abend des 6. Juli, während Angela Merkel beim G20-Gipfel in Hamburg die Staats- und Regierungschefs aus aller Welt empfängt und zu dieser Stunde mit US-Präsident Donald Trump zusammensitzt, erhält Schulz in Berlin die Ergebnisse des ARD-Deutschlandtrends. Drei Wochen lang hatte es diese als seriös geltende Umfrage nicht mehr gegeben. Die SPD hatte zuletzt, anders als die Konkurrenz, konkrete, durchgerechnete Reformpläne für das Renten- und Steuersystem vorgelegt und dafür sogar Anerkennung erhalten. Der Parteitag war ordentlich verlaufen. Es hatte nicht mal nennenswerte Pannen gegeben. Und Sigmar Gabriel hatte auf spektakuläre Interviews verzichtet.

Es müsse jetzt endlich ein bisschen nach oben gehen, hatte Schulz in den vergangenen Tagen oft gesagt. Wenigstens so ein bisschen. Wahlkämpfe leben von nichts so sehr wie vom »Momentum«, dem Gefühl des Aufstiegs. In dieser Woche, davon waren er und sein Team ausgegangen, würde das Momentum zurückkehren zu Martin Schulz und der SPD.

Öffentlich mögen Politiker die Bedeutung von Umfragen herunterspielen. In Wahrheit gibt es für sie nichts Wichtigeres. Die Fixierung auf Umfragen hat gerade in den vergangenen Jahren eine absurde Dimension erreicht – und prägt so nicht nur den Politikjournalismus, sondern die Politik selbst. Galt einst der Grundsatz, dass man alle paar Wochen an Umfragen ablesen könne, ob die eigenen Ideen, Aussagen und Programme Anklang finden, bestimmen sie heute schon deren Auswahl.

Inzwischen gibt es mindestens fünf Institute, die im Wochenrhythmus mit ihren Ergebnissen aufwarten: Forschungsgruppe Wahlen, Infratest, Forsa, Emnid, Insa. Hinzu kommen immer mehr internetbasierte Umfragen, deren Methodik noch zweifelhafter ist als die herkömmliche, die auf Telefoninterviews beruht. Von den Medien werden diese frischen Zahlen immer begierig aufgegriffen, gerade in Wahlkampfzeiten. Diese Entwicklung trägt nicht nur zu einer Infantilisierung der Politikbetrachtung bei, sie sorgt auch für peinliche Widersprüche. So gibt es in diesem Wahlkampf immer wieder Wochen, in denen sowohl die Schlagzeile »SPD holt auf« als auch »SPD sackt weiter ab« zu lesen ist, manchmal binnen weniger Stunden. Meist liegt das daran, welche Umfrage zuerst den Redaktionstisch erreichte. Oder auch an der politischen Richtung des veröffentlichenden Mediums. Sollte die Idee von Umfragen einst gewesen sein, bessere Orientierung zu schaffen, stiften sie heute vor allem Verwirrung.

Um den Zeitpunkt, als Schulz auf die neuesten Zahlen wartet, veröffentlicht der SPIEGEL eine Umfrage der anderen Art. Gefragt wurden die Bürger ausnahmsweise mal nicht, ob sie wollen, dass Christian Lindner in Zukunft eine größere Rolle spielen soll, sondern welcher Partei er angehört. Gefragt wurde nicht, ob man mit der Arbeit des eigenen Ministerpräsidenten zufrieden sei, sondern wie der heiße. Gefragt wurde nicht, wie Europa verteidigt werden soll, sondern welches der folgenden Länder nicht Mitglied der Nato sei: Russland, Island, Albanien. Nur 54 Prozent der Befragten wussten, dass Lindner in der FDP ist. Alexander Gauland wussten nur 23 Prozent der AfD zuzuordnen. Nur 56 Prozent kannten den Namen des Ministerpräsidenten ihres Heimatbundeslandes. Und nur 49 Prozent wussten, dass Russland kein Mitglied der Nato ist.

Das Hauptproblem, das diese Umfrage offenlegte, ist nicht die mangelnde Informiertheit der Bevölkerung. Niemand ist gezwungen, sich intensiv mit Politik zu befassen, auch wenn das die Demokratie vitalisieren und stärken würde. Das Hauptproblem ist die Bedeutung, die Meinungsumfragen trotz dieses überschaubaren Maßes an Informiertheit für den politischen Betrieb eingenommen haben. Ob es sich bei den vielen Umfragen tatsächlich um das Urteil der Bevölkerung handelt, ist zumindest fraglich.

Trotzdem wird in den Zeitungen, Sendern, Portalen immer häufiger über Umfragen berichtet und immer seltener über Themen oder über die Kampagne selbst. So verschiebt sich etwas: Wenn Journalisten ihre eigenen Beobachtungen, Analysen und Gedanken immer öfter der Erklärung der jüngsten Umfrage unterordnen, bleiben sie unter ihren Möglichkeiten. Der politische Diskurs ermattet. Und die Politik selbst wird auch nicht besser. Politiker, die sich zunehmend an Meinungsumfragen orientieren, haben nicht nur den Glauben an die Kraft von Überzeugungen aufgegeben, sie wirken auch nervös und hektisch.

»Das wäre so wichtig für die Psyche«, hatte Schulz vor dem Eintreffen der jüngsten Zahlen gesagt. »Auch für meine Psyche.« Er merke ja selbst, wie schwer es ihm falle, munter weiterzumachen, wenn es längere Zeit keine guten Nachrichten gegeben hat.

Nun liegt das Zeugnis vor. Die SPD verliert einen Punkt und sackt auf 23 Prozent ab. Sie ist jetzt fast da angekommen, wo Schulz von Gabriel übernommen hatte. Die Union liegt bei 39 Prozent. Auch im persönlichen Vergleich mit Angela Merkel ist Schulz weiter zurückgefallen. Die Zufriedenheit mit der Kanzlerin ist zu diesem Zeitpunkt wieder so hoch wie vor Beginn der Flüchtlingskrise im Herbst 2015. Dabei hatten die Hoffnungen der SPD auch darauf geruht, dass Merkel durch ihr Management der Flüchtlingskrise lange Zeit so angeschlagen war.

»Es fehlt uns offenbar das richtige Thema«, sagt Schulz. Die machten einen ziemlichen Mist bei der Union. »Aber die Kanzlerin scheint irgendwie über den Dingen zu schweben. Ich glaube, ich habe keine Chance gegen die Merkel.«

»Wir sind im freien Fall«, sagt Schulz. Er spricht leise, lethargisch, als habe alles keinen Sinn mehr. »Vielleicht bin ich auch der falsche Kandidat. Die Leute sind nett zu mir, aber sie sind es aus Mitleid. Das spüre ich schon seit einiger Zeit.«

Nie zuvor in dieser Kampagne hat er so niedergeschlagen, so antriebslos gewirkt. »Wie soll man das, bitte schön, in 80 Tagen drehen? Wenn ich nur wüsste, was ich falsch gemacht habe.« Er sei ziemlich am Ende, gesteht Schulz. »Ich kann mich nicht aufreiben, wenn mir ein Motiv fehlt.« Auf Nachfrage, welches Motiv er genau meine, sagt er: »Ich habe ja nicht den Hauch einer Chance.«

Es könnte aber auch sein, dass ihm das andere, größere Motiv fehlt, eine gesellschaftsverändernde Vision, wie sie Emmanuel Macron bei seinem Wahlkampf hatte, der mit seinem Traum von einem vitalen Frankreich und einer Neugründung Europas die Wähler begeisterte. Bernie Sanders hatte seine überraschend erfolgreiche Kampagne bei den US-Vorwahlen, mit der er die haushohe Favoritin Hillary Clinton beinahe geschlagen hätte, nicht umsonst eine Revolutionsbewegung genannt. Und auch Donald Trump konnte man eines zumindest nicht vorwerfen:

das Fehlen einer Vision. Sie lautete: Zurück in die Vergangenheit, beziehungsweise:»Make America great again.«Wer Visionen hat, solle zum Arzt gehen, belehrte Helmut Schmidt einst jene, die es wagten, eine Vorstellung von Gesellschaft zu skizzieren, die über den Horizont der jeweiligen Kalenderwoche hinausragte. Für die heutige Zeit aber mit ihren gewaltigen Herausforderungen und einem gestiegenen Bedürfnis nach Orientierung ist Schmidts Credo kein allzu guter Ratgeber mehr.

Beliebtester Sozialdemokrat ist nun jener Mann, der eine eigene Kanzlerkandidatur vor allem wegen seiner miesen Umfragewerte ausgeschlossen hatte: Sigmar Gabriel. 66 Prozent Zustimmung ist der beste Wert, der je für Gabriel im Deutschlandtrend gemessen wurde.

Schulz bittet seine Büroleiterin, das für morgen geplante Fotoshooting mit seiner Agentur, das dritte in wenigen Wochen, um zwei Stunden zu verkürzen. Die hätten jetzt genug Bilder von ihm. Er will früher nach Würselen.»Ich muss mal nach Hause und mich erholen.«

Schon am nächsten Tag ist er wieder kampfeslustig. Er habe mit Genossen aus allen Teilen der Republik telefoniert. Die einhellige Meinung sei, dass die Stimmung im Wahlkampf weit besser ist, als die Umfragen dies anzeigten. Er stehe vor einem Rätsel.»Es kann natürlich auch sein, dass wir in einem Echoraum leben, dass bei uns die Stimmung wie auf der Titanic ist: singend in den Untergang.« Aber sein Bauchgefühl sage ihm etwas anderes. Die Leute begegneten ihm positiv. Seine Veranstaltungen seien nach wie vor voll. Die Beitrittswelle in die Partei halte an. Das sei ja alles ganz merkwürdig. Deshalb habe er sich die Umfragen ein zweites Mal angeschaut. 61 Prozent hielten das Rennen für offen. Und 35 Prozent seien unentschieden.»Man muss immer aufpassen, dass man sich mit solchen Zahlen die Welt nicht schöner redet, als sie ist«, sagt Schulz.»Aber wir müssen sie uns auch nicht schlechter reden, als sie ist.«

Zwei Tage später, an einem Sonntag, führt Schulz daheim in Würselen zwei lange Gespräche, die ihn, wie er später erzählt, sehr beschäftigt haben. Eins mit einem Freund, eins mit seiner Frau Inge. Der Freund sagte, dass Schulz jetzt anders wahrgenommen werde, weil er sich verändert habe. Die Frische und Unbefangenheit der Anfangszeit seien weg. Es komme ihm, dem Freund, vor, als hätten die Oberbedenkenträger, die in allem ein Risiko sähen, ihn fest in ihrer Hand.

»Er hatte recht«, sagt Schulz. Mit Oberbedenkenträgern meint er die Abteilungsleiter im Willy-Brandt-Haus, die seine Reden vorbereiten, seine Vermerke schreiben, die bei den Vorbesprechungen dabei sind. Immer warne einer: Das kannst du so nicht sagen, da sind die Gewerkschaften nicht mit einverstanden. Oder: Dann kriegst du Schwierigkeiten mit der Bundestagsfraktion. Oder: Das musst du mit unserer Fachministerin abstimmen. Und so weiter.

»Man merkt dir an, dass du anfängst, an dir selbst zu zweifeln«, habe Inge, seine Frau gesagt. »Ich spüre, dass du nicht an dich glaubst. Ich sehe dir das an. Ich spüre das, wenn du im Fernsehen redest. Das ist nicht mein Mann.«

»Das stimmt auch«, sagt Schulz. »Dieses Gefühl, dass eh alles vergeblich ist, und der Umstand, dass ich mich auf diese Übervorsicht eingelassen habe, haben zu einer Situation geführt, aus der ich mich nicht mehr befreien kann.« Er zensiere sich inzwischen oft selbst, frage sich ständig: Ist das zu riskant?

Deshalb habe er nach diesen Gesprächen eine Konsequenz für sich gezogen: »Es ist jetzt Schluss. Ich lasse meine Vorschläge nicht mehr schreddern.« Einer seiner Hauptfehler sei, dass er sich all die Einwände seiner Oberbedenkenträger zu Herzen nehme. »Ich habe mich da die ganze Zeit lähmen lassen. Immer wenn ich mich von meinem Gefühl leiten lasse, liege ich richtig.« Er will es fortan nur noch so machen, wie er es für richtig hält.

»Ich kann mich nicht verstellen«
Verhasste Sommerreise

Mitte Juli soll Martin Schulz eine Woche lang durch die Republik reisen, begleitet von mehr als 20 Journalisten, zumeist aus der Hauptstadt. Er wird Firmen und Freiwillige Feuerwehren besuchen, mit möglichst normalen Menschen reden und abends, das ist das Unangenehmste, auch noch stundenlang mit Journalisten zusammensitzen. Und dabei bitte immer schön lächeln, immer Zuversicht verbreiten, etwas zur Schau tragen, das gerade partout nicht in ihm ist. »Dieser enorme Kraftaufwand«, sagt er am Vorabend der Reise. Er wisse selbst nicht, ob das gutgehen werde in seiner Verfassung. »Ich kann mich nicht verstellen. Ich kann nicht so tun, als sei alles in Ordnung.«

Schulz hat sich mit Händen und Füßen gegen diese Reise gewehrt. Immer wieder hat er seine Mitarbeiter in den Wochen zuvor gefragt, ob das wirklich sein müsse, immer wieder lautete die Antwort: auf jeden Fall. Die sogenannte Sommerreise hat sich irgendwie in den Ablaufplan deutscher Wahlkämpfe geschlichen. Niemand hinterfragt mehr ihren Sinn. Das zentrale Argument lautet: Das wurde schon immer so gemacht, deswegen machen wir das jetzt auch so.

»Jetzt machen wir ihn fertig«, sagt einer der mitgereisten Berliner Korrespondenten feixend, als er am Abend des 10. Juli das Hinterzimmer der Schlosswirtschaft Schwaige in München betritt. Die Pressestelle der SPD hat sich dieses Mal um einen angenehmen Rahmen für das obligatorische Hintergrundgespräch am Ende des ersten Sommerreise-Tages bemüht und lässt ein Drei-Gänge-Menü servieren.

Die leicht schizophrene Idee solcher Runden besteht darin, dass Politiker ausnahmsweise mal ehrlich mit Journalisten reden, dass sie so sprechen, wie sie es öffentlich nie tun würden. Im

Idealfall versteht der Journalist die Hintergründe ihres Handelns danach besser. Der Preis dafür ist, dass die Gespräche offiziell nie stattgefunden haben und also auch nicht aus ihnen zitiert werden kann. Man nennt das »unter drei reden«. Der tiefere Sinn solcher Runden könnte aber auch darin bestehen, dass Journalisten sich wichtig fühlen dürfen, weil sie ganz zwanglos mit einem wichtigen Politiker zusammensitzen – und die Politiker sich wichtig fühlen dürfen, weil so viele Journalisten ihnen zwanglos zuhören. Die Zwanglosigkeit besteht übrigens meist darin, dass während des Plauderns Alkohol konsumiert werden kann, wovon – außer Schulz – an diesem Abend auch alle Gebrauch machen.

Zur Wahrheit gehört aber auch, dass immer weniger Politiker darauf vertrauen, dass das Gesagte tatsächlich geheim bleibt. Sie verhalten sich daher bei Hintergrundgesprächen ähnlich taktisch, kontrolliert und vorsichtig wie bei Pressekonferenzen und betrachten sie als Teil der Selbstinszenierung. Angela Merkel führt nur ungern Hintergrundgespräche. Und wenn, dann sagt sie – auch dort – eher wenig.

Schulz aber hat tatsächlich Probleme, sich zu verstellen. Das mögen viele sympathisch finden, vor Hauptstadtjournalisten aber, die auf nichts so sehr lauern, wie auf Zeichen von Zweifel und Schwäche, ist diese Eigenschaft eher hinderlich. »Ich versuche, zu Ihnen so offen und ehrlich wie möglich zu sein – auch wenn das die Gefahr birgt, dass ich eins drüber kriege«, sagt er während des Gesprächs.

Er sitzt in der Mitte einer langen Tafel, neben ihm sein Pressesprecher. Als Schulz zum Auftakt gefragt wird, ob er das gute Essen in Brüssel vermisse und wie sich das auf sein Gewicht ausgewirkt habe, erzählt er offenherzig, wie er damals, als er mit dem Rauchen aufhörte, acht Kilo zugenommen habe, und wie seine Frau, als sie damals im Bett lagen, ihn umarmt und gesagt habe: »Komm her, mein Klotz.«

In den folgenden drei Stunden spricht er darüber, dass vieles falsch gelaufen sei in seiner bisherigen Kampagne. Dass er Fehler gemacht habe. Er offenbart, wie sehr ihn einzelne Artikel und Kommentare verletzen. Er zeigt seine Verzweiflung darüber, dass jeder Versuch, Angela Merkel in ein Duell zu zwingen, an ihr abperle. Er legt den Journalisten fast alles offen, was ihn umtreibt. Was er hier sagt, unterscheidet sich kaum von dem, wie er sich auch im geschützten Kreis seiner Berater äußert. Er verstößt gegen das ungeschriebene Gesetz des politschen Betriebs, wonach ein Politiker stets siegesgewiss, selbstbewusst und stark zu wirken habe.

Ob es ihm schwerfalle, so offen mit ihnen zu reden, fragt ein Journalist, als die Nachspeise, Rahmapfelstrudel mit Vanillesauce, aufgetischt wird. Er habe im Vorfeld oft mit seinen Sprechern über diese Reise und auch über diesen Abend diskutiert, bekennt Schulz. Der Sprecher neben ihm nickt, er ahnt, was jetzt kommt, aber er kann es nicht verhindern. Ob man diese doofe Sommerreise wirklich machen müsse, habe er von seinem Team wissen wollen, bekennt Schulz. Müsse man, sei die Antwort gewesen. Gut, aber wenn, dann habe er keine Lust, sich zu verstellen. Wenn, dann mache er das zu seinen Bedingungen. »Ich hab' denen gesagt: Dann erzähle ich den Journalisten, was ich will. Ich kann mich nicht verstellen.« Dann mach' mal – viel Erfolg, hätten seine Leute gesagt. »Aber reg' dich bitte nicht auf. Ranz keinen an!« Auch das gelingt an diesem Abend nur bedingt.

Die Aufrichtigkeit, mit der er den Journalisten seine Lage schildert, die politische wie die persönliche, ist völlig ungewöhnlich. Selbst erfahrene Korrespondenten sagen hinterher, dass sie ein vergleichbares Hintergrundgespräch noch nicht erlebt hätten. Einige sind angetan von dieser Transparenz. Viele nehmen aber etwas anderes aus dem Abend mit. Sie fragen sich, wie man so offenherzig sein könne, vor Journalisten so freimütig eigene Fehler einzugestehen und Selbstzweifel zu offenbaren.

Es sind Betrachtungen aus einer kühlen Welt, in der jedes Anzeichen von Schwäche gleich erfasst, bewertet und kommentiert wird. Dieser Mechanismus ist nicht gerade eine Einladung an Politiker, sich Journalisten gegenüber allzu menschlich und offen zu geben, selbst wenn viele Wähler sich dies wünschen und auch viele Journalisten den meist abgezirkelten, streng von Pressesprechern überwachten Zugang zu Politikern beklagen. So verhindern Journalisten oft jene Zugänglichkeit, nach der sie sich eigentlich sehnen. In vielen Berichten nach diesem Abend taucht dann verdächtig oft der Hinweis auf, dass Schulz von Selbstzweifeln geplagt sei.

Nach dem Hintergrundgespräch setzt sich Schulz im Holiday Inn Express München-West noch an den Schreibtisch seines Zimmers, um seinen Tagebucheintrag zu verfassen. Als er am nächsten Morgen noch einmal draufschaut, stellt er fest, wie krakelig er geschrieben hat. So schreibt er nur, wenn er völlig erschöpft ist.

»Hast du Scheiße am Fuß, hast du Scheiße am Fuß«
Das G20-Desaster

Am nächsten Morgen besucht Schulz die Münchner Stadtwerke. Betriebsbesichtigungen gehören, wie Sommerreisen und Marktplatzreden, zu den festen Ritualen eines jeden Wahlkampfs. Niemand weiß genau, wozu sie gut sind, aber auf sie zu verzichten traut sich ebenfalls keiner. Meist verlaufen sie so wie diese: Begrüßung durch den Oberboss, langweilige Powerpoint-Präsentation über den Betrieb, vier bis fünf pflichtschuldige Nachfragen des Besuchers, danach der Satz: »So, dann schauen wir uns das doch mal an.« Und dann zieht der ganze Tross durch die Hallen des Betriebes, und die normalen Mitarbeiter, mit denen der Politiker ganz ungezwungen ins Gespräch kommen soll, werden von den ihn begleitenden Journalisten erdrückt oder eingeschüchtert, meistens beides. Das hat Auswirkungen auf die Tiefe der Gespräche, die über ein »Und wie lange arbeiten Sie schon hier?« selten hinausgehen. Aber Hauptsache, es gibt Bilder. Beim Gang über den Hof läuft Schulz an zwei Männern vorbei. »Viel Glück«, ruft der eine. »Ich hoffe, wir gewinnen.« Schulz nickt dankbar, dann dreht er sich zu den Reportern um. »Habt Ihr das gehört? Das schreibt natürlich wieder keiner von euch, wie mir hier die Massen zujubeln.«

Im nächsten Werkraum soll der Kandidat mit Hilfe einer Fräsmaschine seinen Namen in eine Stahlblechplatte fräsen, das haben sich die Leute von den Stadtwerken so überlegt. Dafür wird ihm nun eine Darth-Vader-artige Schutzmaske gereicht. »Nehm ich nicht«, sagt Schulz reflexartig. Er denkt an die Bilder aus der Fischräucherei Meergold im holsteinischen Eckernförde, wo er mit weißer Netzhaube auf dem Kopf etwas schief aus der Wäsche guckte. Kein zweites Bild aus dieser Kampagne wurde in der Folge häufiger abgedruckt. Es sollte die hämische Botschaft transportieren, dass Schulz wie ein Dödel durchs Land tingelt, während Angela Merkel auf der großen Weltbühne unterwegs ist. Und durch den inflationären Abdruck des Fotos wurde genau jener Eindruck massiv verstärkt, den das Bild eigentlich nur dokumentieren sollte.

In München gelingt es Schulz, die Schutzmaske zu verweigern. Aber eine Sonnenbrille, die muss er doch tragen, zum Schutz der Augen vor dem gleißenden Licht der Maschine. Als der Schriftzug »Martin Schulz« ins Blech gefräst ist, hält er das Schild in die Kameras: »So, das kommt an den Eingang des Kanzleramts.«

»Ich hasse diese Reise«, sagt Schulz kurz darauf auf dem Rücksitz seiner Limousine. Er mag dieses ständige Vorturnen vor Kameras und Journalisten nicht. Die Fahrt geht zum Münchner

Flughafen, am nächsten Tag wird seine Sommerreise mit Stationen in Nordrhein-Westfalen weitergehen. »Und das Ärgerlichste ist: Ich wusste es vorher.«

Er muss jetzt telefonieren. Zunächst mit Boris Pistorius, seinem Mann für innere Sicherheit, der eigentlich dafür sorgen sollte, dass das Thema nicht zum Dauerproblem seines Wahlkampfes wird. Diese Hoffnung, so scheint es, kann die SPD seit den Krawallen am Rande des G20-Gipfels in Hamburg endgültig begraben.

Als Schulz vier Abende zuvor zu Hause in Würselen durch die TV-Programme zappte, sah er die Bilder von brennenden Barrikaden im Hamburger Schanzenviertel und ahnte gleich, was das für seine Kampagne bedeutet. Weil der Hamburger Bürgermeister Olaf Scholz Sozialdemokrat ist, wird wieder die Frage diskutiert werden, ob die SPD ein Problem mit der inneren Sicherheit hat. Und ob sie linken Extremisten gegenüber zu nachsichtig ist, sprich: auf dem linken Auge blind.

»Es ist immer irgendwas«, flucht er nach dem kurzen Telefonat mit Pistorius. Jedes Mal, wenn er sich etwas vorgenommen habe, wie jetzt die Präsentation seines »Zukunftsplans« am Sonntag, komme etwas dazwischen. »Ich habe immer irgendein Ereignis, das mir da reinhaut.« Ihn wurmt, dass die Planbarkeit eines erfolgreichen Wahlkampfs arg begrenzt ist. Dabei besteht die eigentliche Kunst von Wahlkämpfen darin, geschickt auf jene Ereignisse zu reagieren, die niemand auf dem Plan hatte.

Er schaut aus dem Fenster, auf das vorbeiziehende Stadion des FC Bayern. »Was man neidlos anerkennen muss«, sagt er nach einer Weile des Schweigens, »wie perfekt die Merkel arbeitet. Die ist einfach richtig gut.« Er flüstert jetzt fast, er haucht die Worte als Ausdruck seines Erstaunens. Merkel schaffe es, selbst nach einem Ereignis wie dem eskalierten G20-Gipfel in Hamburg so zu tun, als habe sie nichts mit der Sache zu tun. »Irgendwann wird sie noch behaupten, sie sei gar nicht in Hamburg gewesen.

Dass das auf den Bildern ihre Schwester war.« Merkels stoische Art treibt ihn, der so gar nicht stoisch ist, zur Weißglut.

Am Morgen hat er Sigmar Gabriel gebeten, Merkel öffentlich anzugreifen. Er solle fragen, wo eigentlich deren Verantwortungsgefühl sei. »Wie man sich auf diese perfide Art ständig wegducken kann.« Er solle auch sagen, dass Merkel für Hamburg mindestens die gleiche Verantwortung trage wie Olaf Scholz.

Als Kandidat könne er das leider nicht selbst machen, sagt Schulz, sonst heiße es wieder: Wie kann man nur so harsch mit einer Frau umgehen! Mit einer Frau! Es ist das alte Dilemma, an dem schon etliche SPD-Kandidaten vor ihm verzweifelt sind und das auch Schulz jeden Tag aufs Neue umtreibt.

Während seiner Telefonate im Auto erkundigt er sich immer wieder, ob Gabriel mit seiner Attacke schon auf Sendung sei. Endlich eine SMS von Generalsekretär Heil, die er laut vorliest: »Lieber Martin, Sigmar hat mir zugesagt, dass er Merkel heute angreift.«

»Gut!«, ruft Schulz. Da sei er gespannt. »Bei 'nem Angriff vom Dicken muss die Merkel sich aber richtig verstecken.« Ein paar Stunden später erscheinen Berichte, wonach Gabriel der Kanzlerin und der Union vorwirft, ein »perfides Spiel« zu treiben, ja ein »bislang nicht gekanntes Maß an Verlogenheit im Wahlkampf« zu zeigen. Wer Scholz' Rücktritt fordere, müsse auch den Rücktritt von Angela Merkel fordern.

In etlichen Zeitungskommentaren wird es später heißen, es sei bezeichnend, dass Schulz nicht selbst auf solch eine Idee gekommen sei. Dass der Kandidat wieder mal abgetaucht sei. Und dass Gabriel ihm immer wieder die Show stehle.

Im VIP-Wing des Flughafens angekommen, will seine Büroleiterin Natalie Hagemeister am Telefon ein neues Problem besprechen. Seine Sommerreise, das war der seit langem ausgetüftelte Plan, soll ihn am Donnerstag ausgerechnet nach Hamburg führen, an jenen Ort, auf den seit den Krawallen die ganze

Welt blickt, und der wegen des sozialdemokratischen Bürgermeisters nun zum neuen Sinnbild von Schulz' Problemen geworden ist.

Für Donnerstagnachmittag hatte sein Team eine heitere Hafenrundfahrt geplant. Die würde nun seltsam wirken. Was soll er tun? Den Hamburg-Teil seiner Reise ganz abblasen? Das würde wie Kneifen wirken. Oder soll er offensiv durchs Schanzenviertel laufen, um mit Betroffenen zu reden? Das wäre die mutige Variante.

Er könne ihr jetzt schon sagen, wie die Kommentare aussehen werden, wenn er da durch Hamburg laufe, sagt Schulz seiner Büroleiterin, das iPhone fest an die Wange gepresst. Die könne er auch selbst schreiben. »Es wird nicht heißen ›Der packt den Stier bei den Hörnern‹, sondern: ›Das ist der verzweifelte Versuch, aus Scheiße Butter zu machen‹.«

Als Nächstes will er sich mit seinem Generalsekretär beraten. Es gehe um die Bilder, sagt Schulz. »Ich würde auch ins Schanzenviertel gehen und der Roten Flora den Stinkefinger zeigen.« Andererseits bringe es nichts, wenn er sich Bilder einhandle, die zeigen, dass mit faulen Tomaten auf ihn geworfen werde.

Eine weitere Frage ist, wie sie jetzt mit Olaf Scholz umgehen sollen, dem Verlierer der Stunde, der politisch vorerst kontaminiert ist. »Sollen wir dem sagen, er soll sich raushalten, oder nehmen wir ihn mit?«, fragt Schulz. Traut er sich also, Scholz bei seinem Hamburg-Besuch aus dem Bild zu bitten, ihn zu verstecken? Scholz steht zu Recht in der Kritik. Er hatte nicht nur eine Polizeistrategie zu verantworten, die erst zur Eskalation beitrug und dann versagte, als die Lage tatsächlich eskalierte. Er hatte vor dem Beginn des Gipfels auch den Mund zu voll genommen: »Seien Sie unbesorgt: Wir können die Sicherheit garantieren«, hatte er den Bürgern versprochen und den G20-Gipfel mit einem Volksfest verglichen. »Wir richten ja auch jährlich den Hafengeburtstag aus. Es wird Leute geben, die sich am 9. Juli wundern werden, dass der Gipfel schon vorbei ist.« Solche Leute mussten allerdings in die Südsee gereist sein. Ohne Internetzugang.

Zwei Tage später wird Schulz nach Hamburg reisen und statt einer Hafenrundfahrt einen Rundgang durchs Schanzenviertel machen – ohne der Roten Flora den Stinkefinger zu zeigen. Olaf Scholz zu bitten, sich fernzuhalten, traut er sich nicht. Der geplante Besuch mit ihm beim Flugzeugbauer Airbus findet statt. Gemeinsame Fotos inklusive.

»Ich habe ein Pech«, sagt Schulz, allein auf der Terrasse des VIP-Wings sitzend, als die Telefonate erledigt sind. »Wie kann man bitte so ein Pech haben? Ich habe regelrecht Scheiße am Fuß!« Er umklammert mit beiden Händen die Stirn und schüttelt den Kopf. »Ausgerechnet Hamburg!«

Als sein Redenschreiber Jonas Hirschnitz dazustößt, will Schulz erst mal essen. Kurzer Blick in die Karte. »Komm, ich nehm den VIP-Wing Alpenburger. Fertig aus!« Andere Entscheidungen fallen ihm schwerer, zum Beispiel, ob er am Freitag nach dem letzten Termin in Hamburg für eine Nacht nach Würselen fahren oder gleich weiter nach Berlin reisen soll. Psychologisch sei es schon wichtig für ihn, zu Hause zu sein, erklärt er seiner Büroleiterin. Da sei er bei sich selber, auch kreativer. »Wenn ich im Hotel oder im Willy-Brandt-Haus rumhänge, da geht bei mir nix.« Aber er würde durch die Hin-und-her-Reiserei auch viel Zeit verlieren.

Immer wieder fragt er Hirschnitz und Hagemeister, was er machen solle. Er steht auf, tigert um den Tisch, dann ruft er seine Frau Inge an, um zu fragen, ob sie überhaupt Zeit für ihn hätte, falls er am Freitag nach Hause käme. Es ist sein Redenschreiber, der ihn schließlich überzeugt. Er habe das Gefühl, dass es ihm sehr wichtig sei, in Würselen zu schlafen, sagt er. Er komme auch gerne mit, um dort gemeinsam an der nächsten großen Rede zu arbeiten. »Sehr gut«, sagt Schulz. »Dann können wir schön auf der Terrasse sitzen, und ich brate uns ein paar Eier.«

Dann tritt ein Mann an ihren Tisch, der sich als Botschafter Singapurs vorstellt. Er hat Schulz beim Reinkommen erkannt. Der Premierminister seines Landes sei gerade zwischengelandet, sagt der Botschafter. Er stehe zwar noch unter der VIP-Dusche, lasse aber fragen, ob Schulz Zeit für eine kleine Plauderei habe. Kurz darauf erscheint der frisch geduschte Premier.

Nach dem kurzen Plausch will Hirschnitz die verbleibenden Minuten bis zum Abflug nutzen, um dem Kandidaten ein paar Fragen für den Fragebogen eines Gewerkschaftsmagazins zu stellen. Eine lautet, was sein Lieblingslied von den Beatles sei. »Penny Lane«, sagt Schulz. Sie suchen das Lied auf dem iPhone und spielen es laut ab. Schulz starrt auf das Telefon, dann kämpft er plötzlich mit den Tränen und muss mehrfach schlucken. Bis ihn die Dame des VIP-Service abholt und ihn im Auto an die Gangway fährt.

Auf dem Flug nach Köln wird er in der Business Class erzählen, warum er vorhin so emotional war: Die Beatles seien die Kinder einfacher Leute gewesen und mit »Penny Lane« hätten sie die Straße einer Arme-Leute-Gegend besungen. Alles, was man erlebe im Leben, so die Botschaft, gehe auf jene Straße zurück, aus der man stamme. Man könne seine Herkunft niemals ablegen.

Er habe an seine Eltern denken müssen, die auch ganz einfache, ehrliche Leute gewesen seien, Streifenpolizist der Vater, Hausfrau die Mutter. Und dann an seine heutige Situation, wie er da als Kanzlerkandidat im VIP-Bereich rumhänge, den der Premierminister von Singapur um ein Gespräch bitte. »Mein Vater würde heute sagen: Was bist denn du für'n abgehobener Typ!« Ein schmerzhafter Moment sei das gewesen.

Als Schulz zwei Tage später vorbei an eingeschlagenen Scheiben durch das Schanzenviertel läuft, schirmt ihn ein Ring aus Reportern, Fotografen, Kameramännern und Bodyguards ab. Zu einem Bürgergespräch auf der Straße kommt es so gar nicht.

»Scholz, verpiss dich«, brüllt ein Mann auf der anderen Straßen-
seite, und dann »Schulz, verpiss dich«, als er merkt, dass Schulz
gar nicht Scholz ist. Es sind keine schönen Bilder.
Angela Merkel produziert an diesem Tag wieder mal die eindeutig besseren Aufnahmen. Sie ist nach Paris geflogen, um den
neuen Strahlemann der europäischen Politik zu besuchen. Während Schulz vor den Trümmern ihres Gipfels steht, posiert die
Kanzlerin im Élysée-Palast an der Seite Emmanuel Macrons. Es
wirkt, als habe sie mit den Ausschreitungen rein gar nichts zu tun,
während Scholz und Schulz tief im Schlamassel der Aufarbeitung
stecken.

»Wenn du im Loch bist, hör auf zu graben«
Wunsch und Wirklichkeit im Wahlkampf

Am Freitag, den 14. Juli, erscheint in der »Welt« eine Kolumne
eines erfahrenen Parlamentskorrespondenten. Der Titel lautet:
»Warum keiner Schulz' Wahlkampf begleiten will«. Günter Grass
habe die Kampagne von Willy Brandt begleitet und daraus ein
Buch gemacht, heißt es darin. Bei Nicolas Sarkozy sei es Yasmina
Reza gewesen. »Es muss Gründe geben, warum dem SPD-Kanzlerkandidaten kein Literat folgt.« Idealtypisch erlebe der Autor
bei solchen Projekten den Wahlkampf an der Seite des Kandi-
daten mit, erläutert der »Welt«-Kolumnist – als steinigen, von
Charakterproben und Rückschlägen geprägten Weg zur Macht.
Bei Schulz sei das nicht der Fall. »Auch kein Reporter begleitet
den aktuellen SPD-Kanzlerkandidaten auf Schritt und Tritt vor
und hinter den Kulissen, um später den ultimativen Report über
Schulz' Weg zur Macht vorzulegen.«
Gefragt wird in der Kolumne dann: »Hat Schulz sich diese
Form der totalen Beobachtung verbeten – wie es seine Gegnerin

Angela Merkel seit jeher tut?« Oder wage schlicht kein Autor die
Wette, dass es mit Schulz noch interessant werden kann.

Der geschätzte Kollege konnte nicht wissen, dass ich Schulz zu
dieser Zeit bereits seit Monaten in etwa so begleitete, wie er es
beschrieben hatte. Weder Schulz noch ich gingen mit dem Projekt hausieren, trotzdem gab es Journalistenkollegen, Politiker
und Mitarbeiter des Willy-Brandt-Hauses, die zwangsläufig
davon Wind bekamen. Der Text ist aber durchaus symptoma-
tisch dafür, wie der Kandidat gut zwei Monate vor dem Wahltag
von den meisten Medien gesehen wird: als Verlierertyp, dessen
Kampagne im Grunde gelaufen ist und für den sich keiner mehr
interessiert.

Die Schlussfolgerung der »Welt«-Kolumne aber ist äußerst
treffend: »Die Journalisten nehmen ihre Aufgabe nicht an, zwei
unterschiedliche Personen und ihre Programme ernsthaft abzu-
wägen, sondern beschreiben eine Kampagne in schweren Wassern feixend wie eine nicht enden wollende Serie von ›Pleiten,
Pech und Pannen‹. Wahlkampf in Versen ist nicht nötig, aber
wenigstens anständige Prosa hätte unsere Demokratie schon verdient.«

Die Sache mit dem »feixend« traf es aus meiner Sicht besonders gut. Nach 16 Jahren als Politikreporter, vier journalistisch
begleiteten Bundestagswahlkämpfen und unzähligen Landtags-
wahlkämpfen war es hochinteressant für mich, eine Kampagne einmal von der anderen Seite aus beobachten und zugleich
die Berichterstattung darüber verfolgen zu können. Ab einem
gewissen Zeitpunkt, kurz nach der NRW-Wahl, so mein Eindruck, hatte Schulz kaum noch eine Chance, den medialen
Tenor zu verändern, wonach es sich um eine aussichtslose Mission handele und der Kandidat zwar ein ehrenwerter Mann sei,
aber letztlich ein Loser. So entstand eine sich selbst verstärkende
Schleife, aus der es kaum ein Entrinnen gab: Läuft eine Kampagne erst mal schlecht, wird sie in den Medien fast nur noch

negativ beschrieben, in der Folge sinken die Umfragen, was wiederum die Kampagne verunsichert und die negative Berichterstattung befeuert. Und so weiter. Vier Jahre zuvor war bereits der Kandidat Peer Steinbrück in Grund und Boden geschrieben worden, der durch seine unsensible, selbstherrliche Art allerdings weit mehr zum Entstehen des beschriebenen Teufelskreises beigetragen hatte, als der vergleichsweise bescheidene Schulz.

Es gab im Sommer 2017 gewiss keine gezielte Anti-Schulz-Kampagne, bei der sich mehrere Medien zusammengeschlossen hätten, um den Kandidaten oder die SPD zu vernichten. Aber es traute sich irgendwann auch kaum jemand mehr, den entstandenen Mehrheitstenor zu durchbrechen. Es war nicht die Kritik an sich, die mich überraschte, vieles sah ich ähnlich kritisch. Es war vielmehr die Einstimmigkeit und Eintönigkeit, mit der diese vorgetragen wurde. Zugleich erinnerte ich mich an eigene, ähnliche Reflexe in der Vergangenheit: Wenn die Mehrheit der Kollegen einen Ton für die Berichterstattung angestimmt hat, ist es mühsam, bisweilen gar unangenehm, eine andere Melodie zu singen.

Beim Abendessen mit seinem Team im Mövenpick bestellt Martin Schulz Currywurst mit Pommes und Mayo, jenes Gericht, das er dieser Tage immer öfter zu sich nimmt. Die Schulz-Diät, die er sich vor seiner Nominierung auferlegt hatte, ist längst Geschichte. Es ist Samstagabend, der 15. Juli, 20 Uhr. Am nächsten Tag wird er im Willy-Brandt-Haus seinen Zukunftsplan vorstellen. Wieder eine neue Chance, wieder Hoffnung darauf, dass die Stimmung sich drehen könnte, und wieder der Vorsatz, dass dieser Aufschlag nun wirklich sitzen muss.

71 Tage sind es noch bis zur Bundestagswahl. In Wahlkämpfen der jüngeren Vergangenheit reichten oft wenige Tage, um erfolgreiche Aufholjagden zu starten und ein Rennen zu drehen. So war es nicht nur bei der Präsidentschaftswahl in den USA, so geschah es auch bei den Landtagswahlen in Rheinland-Pfalz, im

Saarland, in Schleswig-Holstein oder in Nordrhein-Westfalen. Weil die klassischen Milieus in einer zunehmend individualisierten Gesellschaft schrumpfen, empfinden sich immer weniger Bürger als klassische Stammwähler, die ihrer Partei bedingungslos die Treue halten. Zudem treffen immer mehr Wähler ihre Entscheidung kurzfristig, viele sogar erst in der letzten Woche oder am Wahltag selbst. Es wird daher immer schwieriger, den Ausgang von Wahlen vorherzusagen. Die renommierte »New York Times« bescheinigte Hillary Clinton noch am Vorabend der US-Wahl eine 85-prozentige Wahrscheinlichkeit, gegen Donald Trump zu gewinnen. Dass die Tendenz zu einer immer größeren Unvorhersehbarkeit von immer mehr Umfragen begleitet wird, die Vorhersehbarkeit suggerieren, ist eine der großen Absurditäten der Gegenwartspolitik.

»Der Gabriel ist echt ein Problem«, sagt Schulz, bevor die Rede besprochen werden kann. Der schicke jede Stunde eine Idee per SMS. Aber nie mit dem Tenor »Überlegt doch mal …«, sondern immer als Befehl. »Das ist ein Kommandoton, als sei man selbst der letzte Depp, wenn man das nicht sofort umsetzt«, sagt Schulz.

Mit dem Zukunftsplan soll endlich klarer werden, wofür der Kandidat Schulz steht. Es ist auch der späte Versuch, ihn als modernen Reformer zu präsentieren, der auch in Wirtschaftsfragen Kompetenz besitzt. Bislang hatte er sich, habituell wie inhaltlich, eher als Traditionsgenosse der achtziger Jahre präsentiert und galt weiten Teilen der Bevölkerung vor allem als Gerechtigkeits-Onkel.

Nachdem man Schulz zu Beginn der Kampagne vorgeworfen hatte, inhaltlich im Ungefähren zu bleiben, feuerte er in der Folge beinahe jede Woche einen neuen Reformplan ab, als gelte es, etwas zu kompensieren. Von den durchaus seriösen Konzepten für Rente, Steuern oder Arbeitsmarkt bekamen jedoch die wenigsten etwas mit. Mit seinen Programmen verhielt es sich wie

mit Silvesterraketen, die im nächstbesten Baum verglühten, statt
für alle sichtbar zu leuchten.

Der Zukunftsplan ist nun ein neuer Versuch, endlich Interesse
an den Inhalten der SPD zu wecken. Mitentwickelt wurde das
Papier vom deutschen Ökonomen Henrik Enderlein, der auch
Frankreichs Präsidenten Macron beraten hatte. Der Zukunftsplan beinhaltet etwa eine Verpflichtung des Staates, Haushalts-
überschüsse in die Modernisierung des Landes zu investieren, in
Straßen, Schienen, Schulen, Gesundheitseinrichtungen oder
Glasfasernetze für ein schnelleres Internet. Zudem skizziert er
ein sogenanntes »Chancenkonto«, ein staatlich garantiertes Bud-
get zur Weiterbildung für jedermann. Auch wenn man nicht jede
Idee brillant finden muss, enthält der Plan immerhin ein paar
kreative Ansätze für neue Impulse in der Politik. Die große Frage
ist nun, ob die Kampagne, anders als bei den vorherigen Versuchen, endlich mit ihren Inhalten an die Öffentlichkeit dringt.
Ob die Vorschläge zum Thema werden, in den Berichten der
Medien und den Gesprächen der Bevölkerung.

Während des Abendessens will der Kandidat die Rede proben,
mit der er den Zukunftsplan am nächsten Tag präsentieren
möchte. Schulz und sein Redenschreiber haben daheim in Würselen lange am Manuskript gefeilt. »Ich hab' in jeden dritten Satz
eine Wutrede gegen Merkel eingebaut«, erklärt Schulz zum Auftakt und muss dann über sich selbst lachen. »Die hat der Jonas
mir aber alle wieder rausgestrichen.«

Bevor er anfängt zu sprechen, hat Generalsekretär Heil eine
Empfehlung zur Grundhaltung. Wenn man im Loch stecke, dürfe
man nicht hektisch weitergraben, sonst werde alles nur noch
schlimmer. »If you're in a hole, stop digging«, sagt er. Man dürfe
sich von jetzt an nicht mehr nervös machen lassen. »Morgen ist
die letzte große Chance, einen inhaltlichen Aufschlag zu
machen.« Man müsse dann bei diesem Kurs bleiben, ganz egal
wie die Reaktionen in der Woche danach seien.

Als Schulz die Rede vorgetragen hat, sind alle am Tisch begeistert. Ganz toller Text. Dann aber gehen sie die 13 Seiten Absatz für Absatz durch, es wird um jede Formulierung gerungen. Sogar Kommafehler werden in der Gruppe korrigiert. »Leute, was macht Ihr denn hier?«, fragt Schulz irgendwann. »Ihr schreibt mir die ganze Rede um.« Er drückt auf sein Handy, um die Uhrzeit zu sehen. Halb elf. »Seit zehn Stunden hänge ich hier schon über diesem Ding. Ich will ins Bett.« Aber auf Angebote, jetzt abzubrechen und sein Team die restliche Arbeit alleine machen zu lassen, geht er auch nicht ein. »Nee, wir ziehen das jetzt durch.« Und bestellt noch eine Kirschsaftschorle.

»Wir brauchen morgen keinen Willy-Brandt-Satz, nicht die große Weltformel«, sagt Heil zum Abschluss des Abends. Man brauche einen einfachen Satz, den die Partei bis zum 24. September durchsingen könne. Einen Markensatz. Das leuchtet allen ein. Gemeinsam durchforsten sie noch einmal das Manuskript, auf der Suche nach einem Markensatz. Schließlich einigt man sich auf »Deutschland kann mehr«. Der Satz wird dann gleich an den Anfang gestellt und mehrfach über die Rede verteilt.

Was in diesem Moment keinem in der Runde wirklich bewusst ist: »Deutschland kann mehr« war einer von Angela Merkels Lieblingssprüchen, als diese noch nicht Bundeskanzlerin war. Und in seinem erfolglosen Wahlkampf gegen Merkel hatte der damalige Kandidat Frank-Walter Steinmeier zu einem ähnlichen Zeitpunkt einen Zukunftsplan vorgelegt, der damals »Deutschlandplan« hieß. Dessen Überschrift lautete: »Unser Land kann mehr«. Geschichte wiederholt sich doch. Zumindest die Geschichte sozialdemokratischer Wahlkämpfe gegen Angela Merkel.

»Ihr dürft euch hier jetzt nicht anpampen«
Ein Hauch von Rückenwind

Es wird die beste Rede seiner Kandidatur. Er erhält endlich jene Aufmerksamkeit, die er sich all die Zeit erhofft hat. Viele Medien berichten positiv. Das Frühstück mit seinem Team am nächsten Morgen ist einer der euphorischsten Momente der Kampagne. Er habe viele SMS-Nachrichten und Rückmeldungen erhalten, sagt Schulz. Der einhellige Tenor sei gewesen: »Endlich warst du wieder so wie früher.« Das sei zwar schön, stimme aber nicht ganz. »Weil ich war ja immer ich.«

Er habe die halbe Nacht wach gelegen und sich gefragt: Wo stehen wir jetzt? Aus seiner Sicht sei man an einem entscheidenden Punkt der Kampagne angelangt. »Die Frage ist, ob wir sie noch mal zum Fliegen kriegen oder nicht.«

»Wir sind zum ersten Mal in der Situation seit langer Zeit, wo es gestern gut gelaufen ist und wo wir heute Rückenwind haben«, sagt Schulz. »Zum ersten Mal! Eigentlich müssten wir das Ding gestern als unseren Wahlkampfauftakt betrachten.«

Man sei bei 20 Prozent gestartet. Wenn jetzt gewählt würde, käme man auf 25 Prozent. »Das Gefühl, das Ding ist noch nicht gelaufen, gibt es da draußen tatsächlich.«

Nun gehe es darum, wie man diesen Eindruck verstärken kann. Er glaube, sagt Schulz, die einzige Chance, die er gegen Merkel habe, sei der Eindruck, dass die Kanzlerin im Regierungsflieger abgehoben über dem Land schwebe, während er nah bei den Problemen der Menschen sei. Ob man das nicht verstärken müsse, auch mit Bildern.

»Ich komm ja immer mit meinen Konten-Modellen«, sagt Detmar Karpinski, der Chef der Agentur KNSK, die diesen Wahlkampf für die SPD begleitet. Karpinski, eine eher rustikale Erscheinung mit Wurzeln im Ruhrgebiet, gilt als Vertrauter von

Sigmar Gabriel, von ihm hatte seine Agentur lange vor Schulz’ Nominierung den Zuschlag für die Kampagne erhalten. Einen Ruf als gute Wahlkämpfer hatten KNSK und Karpinski sich vor allem im Wahlkampf 1998 erarbeitet, als sie Gerhard Schröder halfen, Helmut Kohl nach 16 Jahren aus dem Kanzleramt zu drängen. Damals galt der Wahlkampf der SPD als frisch, innovativ und hochmodern, das konnte man auch an den TV-Spots und Plakaten erkennen.

»Da gibt’s Konten, die sind gut gefüllt, weil Sie Dinge mitbringen«, erklärt Karpinksi sein Konten-Modell. »Und andere, die sind ziemlich leer.«

»Mein persönliches zum Beispiel«, sagt Schulz mit gewohnt sicherem Gespür, keinen Spruch auszulassen. Das macht die Runden unterhaltsam und angenehm, aber nicht immer effizient.

Das Konto »Bodenständigkeit« oder »Nah bei den Leuten« sei bei Schulz relativ voll, fährt Karpinski fort. »Da muss man nicht viel machen.«

»Aha«, murmelt Schulz. »Und was machen wir dann?«

»Na, die Konten füllen, die noch nicht so voll sind«, sagt Karpinski.

»Und welche sind das?«, fragt Schulz, leicht genervt, seinem Gegenüber alles aus der Nase ziehen zu müssen.

»Foto mit Macron. Foto hier. Und Foto da. Die große internationale Bühne. Näher rankommen an Merkel.«

Schulz guckt ungläubig. »Meinen Sie?« Der Agenturchef nickt.

Klar, Macron-Fotos seien immer irgendwie gut, bemerkt sein Sprecher, weist aber darauf hin, dass Angela Merkel fast dreimal die Woche mit Macron auf einem Foto zu sehen sei.

»Man muss wahrscheinlich das eine machen, ohne das andere zu lassen«, sagt Schulz. Auf diesen immer richtigen Kompromiss können sich alle schnell verständigen.

Karpinski ist noch etwas anderes aufgefallen. »Ich hab’ immer

das Gefühl, dass Sie ganz alleine Wahlkampf machen«, sagt er.
»Warum stellt sich nicht mal jemand anderes in 'ne Schule und
sagt: Hier regnet's und hier ist das Klo kaputt? Wo sind die eigentlich alle?« Die Beobachtung ist nicht ganz falsch. Anders als
Steinmeier und Steinbrück hatte Schulz darauf verzichtet, ein
Schattenkabinett oder Kompetenzteam aufzustellen. Er hatte
darauf vertraut, dass die führenden Köpfe der Partei sich auch so
stark im Wahlkampf engagieren würden. Das war in den Wochen
des Hypes auch der Fall: Jeder Genosse zeigte sich damals gern
an Schulz' Seite, wollte ihn zu Veranstaltungen in seinen Wahlkreis lotsen und sprach in Interviews über ihn. Seit es in den
Umfragen abwärts geht, fällt jedoch auf, wie zurückhaltend sich
einige Spitzengenossen öffentlich geben. Über manche Kollegen
heißt es in Schulz' Team, sie täten nur das Nötigste, gerade so viel,
um nicht in Verdacht zu geraten, den Kandidaten zu boykottie-
ren. Insgeheim würden sie aber schon auf die Zeit nach Schulz
spekulieren – auf ihre Zeit.

»Wo sind die anderen?«, fragt Karpinski erneut. »Sie brauchen
'ne Truppe um sich herum, wo man das Gefühl hat: Die ganze
SPD kämpft und nicht nur Martin Schulz.« Es sei ganz wichtig,
dass die Bürger den Eindruck haben: Alle in der SPD kämpfen
und glauben an den Sieg. »Ich war in Marktforschungs-Grup-
pendiskussionen. Die Leute haben allesamt gesagt: ›Wir wollen
die SPD kämpfen sehen, weil wir jeden Morgen aufstehen und
auch jeden Tag kämpfen.‹ Das mit dem Kämpfen kam in diesen
Diskussionen immer wieder.«

Als das Gespräch später erneut um Angela Merkel kreist,
betritt eine Sekretärin das Büro: »Martin, das Telefonat mit der
Kanzlerin wäre jetzt möglich.«

»Ich komm rüber!«, ruft Schulz mit halbvollem Frühstücks-
mund. Er springt umgehend auf und läuft zur Tür. Seine Leute
schauen ihn verdutzt an. »Zum Geburtstag. Ich ruf die schnell
an.« Weiter fragende Blicke. »Ja, ich bin ein höflicher Mensch.«

»Aber erst runterschlucken«, rät seine Büroleiterin. »Sag ihr, sie soll ihren letzten Geburtstag im Amt genießen«, ruft ihm Schatzmeister Nietan nach.

»Und, hat sie sich gefreut?«, fragt sein Sprecher, als Schulz zurückkommt.

»Ja. Sie war erstaunt, glaube ich. Hat sie nicht mit gerechnet.« Er versucht ihre Stimme zu imitieren: »Hach, dass Sie mich anrufen. Und dann auch noch so früh.« Er wirkt ein bisschen stolz.

»Gut, wo waren wir stehen geblieben?« Die Frage war, wie man das positive Echo auf die gestrige Rede verstetigen könne.

Man müsse jetzt alles auf den Zukunftsplan setzen, sagt Heil. »Das ist unsere letzte Patrone.«

»Ach, diese Formulierung hätte ich nicht verwendet«, sagt Schulz.

Was er meine, sei, dass man von jetzt an keinen großen, neuen, inhaltlichen Aufschlag mehr machen werde, erklärt Heil.

Er rate zur Vorsicht mit dem Slogan »Deutschland kann mehr«, sagt Karpinski. Der sei ausgelutscht. Er kenne vier oder fünf Wahlkämpfer, die exakt mit diesem Motto gearbeitet hätten. Dieser Hinweis kommt am Tag nach der großen Rede natürlich ein wenig spät, aber Karpinski und seine Agentur waren in die Vorbereitung des Zukunftsplans nicht eingebunden, woran sich wieder einmal zeigt, wie viel bei dieser Kampagne dem Zufall überlassen bleibt. Eine starke Botschaft, die von langer Hand vorbereitet wurde und auf die alle Wahlkämpfer eingeschworen sind, hat die SPD jedenfalls nicht.

Das Wort von der letzten Patrone habe ihm gerade ein wenig Angst gemacht, fährt der Agenturchef fort. Man habe noch zehn Wochen bis zur Wahl. Wo denn bitte schön die nächsten Aufschläge blieben. »Wir können doch nicht hingehen und sagen: Wir machen jetzt zehn Wochen gar nix mehr.«

»Herr Karpinski, wenn Sie jetzt ...«, geht Heil dazwischen.

»Jetzt lass ihn doch mal ausreden«, bittet Schulz.

»Nee, jetzt reicht's mir mal. Sie müssen mir auch mal zuhören. Ich hab' doch nicht gesagt, dass wir zehn Wochen nix mehr machen.«

»Ja, jetzt lass ihn doch mal ausreden!«, sagt Schulz erneut.

Karpinski weiß, dass die SPD in den verbleibenden Wochen nicht ständig neue programmatische Vorschläge machen kann. Der Zukunftsplan war bereits eine Art zweites Wahlprogramm, was im Vergleich zu anderen Parteien, allen voran die CDU, die im Wahlkampf kaum konkrete Inhalte präsentieren, bereits außergewöhnlich ist.

Sein Punkt sei die mediale Wirkung, sagt Karpinski. Das Event gestern habe eine große Wirkung gehabt, im ganzen Land. »Zwei, drei von den Dingern müssen wir irgendwie noch raushauen.«

Er hoffe, dass sein Besuch bei Macron eine große mediale Wirkung habe, sagt Schulz. Auch sein gerade geplanter Besuch in Italien könne ein solches Ding sein.

»Können wir uns mal auf Folgendes einigen?«, appelliert Schulz abschließend an die Moral seiner Truppe. »Ihr dürft euch hier jetzt nicht anpampen, weil das hat keinen Sinn mehr. Wir sind tatsächlich in den letzten zehn Wochen, wir müssen jetzt eng zusammenarbeiten und da muss jeder in der Lage sein, dem anderen auch mal was zu sagen.«

»Wie eine Pflanze, die man gießen muss«
Auf der Suche nach dem verflogenen Hype

Am Tag darauf hat Meinungsforscher Richard Hilmer eine Powerpoint-Präsentation in Schulz' Büro vorbereitet. Er war lange Zeit Geschäftsführer von Infratest dimap, inzwischen hat er sich mit seiner Frau selbstständig gemacht, ihr Institut heißt »policy matters«. Sie und die Demoskopen von Pollytix werden in diesen Wochen immer wieder ins Willy-Brandt-Haus geladen. Es ist der Versuch zu erfahren, was das Volk wirklich will.

Heute hat Hilmer Studien dabei, die verständlicher machen, wie der Schulz-Hype im Frühjahr entstehen und warum er so schnell wieder verpuffen konnte. Schulz lässt die Jalousien runterfahren, er will besser sehen und besser verstehen.

»Die neue Klientel im Februar war die alte Klientel der SPD, die verloren gegangen ist«, sagt Hilmer. Ihre Hauptmotive seien Fragen der sozialen Gerechtigkeit und Arbeitnehmerinteressen gewesen. Sie finden, dass es in Deutschland nicht sozial gerecht genug zugehe. Drei Themen seien diesen Leuten besonders wichtig: Bildung, Wohnraum und der Respekt für ihre Lebensleistung im Beruf.

Damit spricht Hilmer die wundeste Stelle der SPD an. Millionen Menschen hatten sich nach den wirtschaftsfreundlichen Reformen der Agenda 2010 enttäuscht von ihr abgewandt. Nie zuvor und nie danach hat ein Politikwechsel innerhalb einer Partei zu ähnlich großen Verwerfungen geführt wie Gerhard Schröders Agenda aus dem Jahr 2003. Konnte die SPD bei den Bundestagswahlen 1998 und 2002 noch rund 40 Prozent der Wähler für sich gewinnen, hat sich deren Zahl in der Zwischenzeit halbiert. In nicht mal zwei Jahrzehnten gingen mehr als zehn Millionen Wähler verloren. Dazwischen lagen so einschneidende Veränderungen wie die Einführung von Hartz IV oder später der Rente mit 67.

Von der Wirtschaft und vom wohlhabenden Teil der Gesellschaft werden diese Reformen noch heute als richtige Reaktion auf eine schwierige Lage gerühmt. Die Zahl der Arbeitslosen war Anfang 2003 auf über vier Millionen Menschen gestiegen, die Wirtschaftszahlen des Landes zählten zu den schlechtesten in Europa. Aus Brüssel drohte ein blauer Brief wegen des zu hohen Haushaltsdefizits. Die rot-grüne Bundesregierung entschied sich deswegen zu einschneidenden Maßnahmen, die zur größten

Kürzung von Sozialleistungen in der Geschichte der Bundesrepublik führten und den deutschen Sozialstaat von Grund auf veränderten. Was für die wirtschaftliche Entwicklung des Landes richtig gewesen sein mag, hatte verheerende Folgen für die SPD. Sie war plötzlich verantwortlich dafür, dass Menschen, die ihr Leben lang hart geschuftet hatten und dann arbeitslos geworden waren, in kurzer Zeit nur noch das Minimum an staatlicher Unterstützung erhielten. Sie war verantwortlich für die Einführung des Arbeitslosengelds II, das sogenannte Hartz IV, das die Schwächsten der Gesellschaft zu Verdächtigen erklärte. Plötzlich durften staatliche Kontrolleure bis ins Badezimmer der Leistungsempfänger vordringen, um zum Beispiel die dort vorhandenen Zahnbürsten zu zählen. Sie tauchten tief in ihre Privatsphäre ein, um die Angaben zu ihrem sozialen Status zu überprüfen. Zwar wuchs in der Folge die Wirtschaft und sank zu guter Letzt auch die Zahl der Arbeitslosen, zugleich aber gingen die Agenda-Reformen mit einer massiven Ausweitung der Leiharbeit und einer erhöhten Zahl prekärer Beschäftigungsverhältnisse einher. Für Millionen Menschen, die sich einst von der SPD beschützt gefühlt hatten, waren die Sozialdemokraten nun zu Verrätern geworden.

Davon hat sich die Partei bis heute nicht erholt. Auch wenn die Agenda inzwischen 14 Jahre her ist und die SPD, wann immer sie danach an der Regierung beteiligt war, viele der damaligen Maßnahmen entschärfte oder zurücknahm, hat selbst ihr Kanzlerkandidat im Jahre 2017 noch mit den Folgen dieses gefühlten Verrats zu kämpfen. Zu Beginn seiner Kampagne schien Schulz den richtigen Ton im Umgang mit diesem Sonderproblem seiner Partei gefunden zu haben, das bestätigt ihm nun Richard Hilmer. Einige von denen, die sich betrogen fühlten, sagt er, hätten im Februar kurzzeitig zurück zur SPD gefunden. Doch die seien wieder weg.

»Aber warum haben wir sie enttäuscht, die Leute?«, fragt Schulz. Es ist eine Schlüsselfrage seiner Kampagne. Das große Rätsel. »Weil … das ist, weil das ist …« Hilmer zögert. Wie soll er das sagen? »Das ist sozusagen wie …« Dann fällt ihm ein Vergleich ein. »Das ist wie eine kleine Pflanze, die man eben auch wirklich gießen muss«, sagt er. »Das ist ja eine lang gewachsene Enttäuschungserfahrung gewesen.« Mit der Person Schulz verbanden viele Enttäuschte zunächst die Hoffnung auf eine Rückbesinnung auf alte sozialdemokratische Grundsätze. Sie dachten, sagt Hilmer: »Da ist jemand, der versteht uns, der spricht unsere Sprache, der kennt unsere Probleme.«

Als Schulz Kandidat wurde, sahen viele in ihm einen anderen Politikertypus, sensibel, leidenschaftlich, volksnah, ehrlicher als die meisten anderen, gradlinig und unverstellt. Er schien ein willkommener Kontrast zu den Machtpolitikern herkömmlicher Prägung zu sein, zu Sigmar Gabriel oder Angela Merkel. Zugleich erweckte er den Eindruck, als könnte er die SPD wieder mit sich und ihrer Vergangenheit versöhnen. Als könnte er ihre Glaubwürdigkeit wiederherstellen und sie wieder zu jenem aufrechten Anwalt der unteren Hälfte der Gesellschaft machen, der sie einst war. Dass er die Agenda vorsichtig in Frage stellte, passte in dieses Bild. Spätestens als der Agenda-Kanzler Schröder als Stargast auf seinem Parteitag sprach, blieb von diesem Eindruck allerdings wenig übrig.

»Was hab' ich falsch gemacht?«, fragt Schulz nun vor der Powerpoint-Präsentation. »Was hab' ich falsch gemacht?« Pause. »Ich hab' mich ja nicht verändert. Ich hab' auch meine Rhetorik nicht verändert.«

Man hätte rascher etwas sehr Konkretes nachschieben müssen, sagt Hilmer, was nun mit dem Zukunftsplan endlich geschehen sei. Es bedeutet, dass Schulz bei der Pflege des zarten Pflänzchens nicht schnell genug nachgegossen hat. Dass er kurzzeitig einen

Eindruck erweckte, den er mittelfristig nicht aufrechterhalten konnte.

»Kann man das noch nachholen, oder ist das zu spät?«, fragt er.

»So 'ne Enttäuschung, die sitzt jetzt erst mal«, antwortet Hilmer. Doch diejenigen Wähler, die sich heute als Unentschiedene betrachteten, seien theoretisch zurückzugewinnen.

Wie so oft in diesen Wochen, kommt der Kanzlerkandidat nun auf die Landtagswahlen zu sprechen, für deren Ausgang er sich nicht verantwortlich fühlt. »Kann es sein, dass das Loser-Image, das uns die Niederlagen bei den Landtagswahlen vermittelt haben, Leute abgeschreckt und weggeschoben hat?«, fragt er. Und dass man diese Leute zur SPD zurückholen könne, wenn man dieses Loser-Image wieder ablege und selbstbewusst in den verbleibenden Wahlkampf gehe?

»Kann ich mir schon vorstellen«, sagt Hilmer, der ein freundlicher Mensch ist. In der Theorie ist ja alles möglich. »Aber das wird 'ne Weile dauern, bis die zurückkommen.« Schulz müsse jetzt konstant glaubwürdig auftreten. Seinen Zehn-Punkte-Plan auf maximal drei, vier Botschaften reduzieren und mit denen stakkatohaft durchs Land ziehen.

Dann endlich gute Nachrichten in Hilmers Powerpoint-Präsentation: Der Europa-Chart, wonach die Zuneigung zur Europäischen Union massiv gestiegen ist. Vor zwei Jahren hätten nur 34 Prozent der Bürger gesagt, dass die Vorteile der EU überwögen. Jetzt seien es 64 Prozent. Europa spiele inzwischen eine enorme Rolle für die Deutschen, es fasziniere sie. »Das haben Sie am Anfang vernachlässigt«, sagt Hilmer zu Schulz. »Das haben Sie am Anfang nicht gefahren. Da haben Sie Ihre eigene Biografie und das, was Ihr Profil ausgemacht hat, vernachlässigt.«

Schulz blickt ergriffen auf die Grafik, auf die plus 30 Prozent, als handele es sich um eine Marienerscheinung: »Ich muss davon profitieren.«

Er würde gern mal offen eine Frage erörtern, sagt er kurze Zeit später. Er spricht stockend, was jetzt kommt, treibt ihn um. »Ich habe hier weitgehend Strukturen übernehmen müssen, die von jemand anders geschaffen wurden.« Er meint das Willy-Brandt-Haus und Sigmar Gabriel. »Ist leider so.« 1998 habe es auch eine Situation gegeben, bei der nicht klar war, welcher von zwei denkbaren Kandidaten für die SPD ins Rennen gehen würde, Oskar Lafontaine oder Gerhard Schröder. Franz Müntefering habe damals bewusst zwei verschiedene Kampagnen vorbereitet, die inhaltlich wie optisch zum jeweiligen Kandidaten passten. Es habe zwei Strukturen für den Wahlkampf gegeben. »Gabriel aber hat alles auf sich zugeschnitten.« Er habe sich für sehr viel Geld ein Beraterteam eingekauft, darunter Jim Messina, einen Helfer von Barack Obama. »Der Schatzmeister wäre fast Amok gelaufen. Und dann sagte er: ›Schulz, mach’ du es und guck, wie du klar kommst.‹ Wir sind hier reingekommen mit einer gewissen Verspätung und einer Struktur, die nicht auf mich zugeschnitten war, sondern auf jemand anders. Das hab’ ich auch nicht gleich erkannt in dem Moment, als ich übernommen habe.« Als er in die Küche kam, waren kaum Zutaten da – und kaum ein Hilfskoch, den er kannte. In der Euphorie des Anfangs fiel das nicht weiter auf. Inzwischen aber hat Schulz erkannt, welch gravierender Geburtsfehler seiner Kandidatur zugrunde lag.

Die ersten Wochen sei er unbekümmert durch das Land gezogen, erklärt er dem Meinungsforscher. Sei einfach losmarschiert und habe erzählt, was ihm auf dem Herzen lag. »Ich hab’ da einfach so losgebabbelt.« Und damit die Stimmung gut getroffen, ergänzt Hilmer.

»Und je länger das dauerte, desto mehr wurde ich verwandelt in so einen Apparatschik«, sagt Schulz. Er wolle das mal an einem praktischen Beispiel festmachen. Er zeigt auf die Zahl, die an die Wand gebeamt ist, die plus 30 Prozent. Wenn er in seinen ersten Reden über Europa gesprochen habe, habe er von sich selbst

geredet, von seiner Herkunft im Dreiländereck, von den Kriegs-
toten in seiner Familie, seiner eigenen Karriere als Europapolitiker und seinem Einsatz für den Frieden. Das ist es, was ihm
wirklich wichtig ist, wichtiger als alles andere, das merkt man
auch jetzt, wenn er darüber redet. »Und da waren die Jungen
genauso am Heulen wie die Alten«, sagt Schulz. Damit habe er
die Säle emotionalisiert. »Dann wurde mir gesagt: ›Du musst mit
dieser Europanummer aufhören, das ist ja jetzt kein Europawahlkampf. Du darfst auch nicht der Europafuzzi sein.‹ Das ist meiner Meinung nach zu einhundert Prozent das Gegenteil von dem,
was ich tun müsste.«

Heil und Hilmer bestätigen ihn.

»Ja, warum rede ich dann nicht drüber?«

»Weil man dir eingeredet hat, dass du nicht der Onkel aus
Brüssel sein darfst«, sagt Heil, der an dieser Entscheidung nicht
beteiligt gewesen ist, weil er zu jenem Zeitpunkt noch nicht Teil
der Kampagne war.

Was nun, neun Wochen vor dem Wahltag, endlich offen diskutiert wird, betrifft eine der größten Fehlentscheidungen der
Kampagne. Statt den Kandidaten als großen Europäer ins Rennen zu schicken, erfahren und weltläufig, wurde Schulz meist als
Ex-Bürgermeister von Würselen präsentiert, der ständig über
seine Nachbarn und deren Probleme sprach. Diese Form der
Selbstverzwergung mag vielen zunächst sympathisch erschienen
sein, doch auf Dauer provozierte sie Spott und Häme. Und sie
ignorierte, dass viele Bürger zwar schätzen, wenn die Regieren-
den ihre Sorgen verstehen – aber dass sie zugleich von erfahrenen, weltgewandten Menschen vertreten werden wollen, zu
denen sie aufschauen können.

Schulz hätte sich als großer Europäer präsentieren können,
guten Gewissens sogar. Er war es, der dem Europäischen Parlament zu größerer Bedeutung verhalf. Auf dem internationalen
Parkett hatte er mindestens ebenso viele Hände geschüttelt wie

Angela Merkel. In seinem Telefonbuch stehen die Handynum-
mern fast aller Staats- und Regierungschefs der Welt. Und doch
entschied man sich nicht für die Welt, sondern für Würselen.

Am Ende ist Schulz aber zufrieden mit dem Termin, er fühlt
sich bestätigt. Richard Hilmer hat ihm quasi die Erlaubnis verschafft, doch noch den ungehemmten Europäer rauszulassen.
Auch wenn es dafür nun ein wenig spät ist.

Möglicherweise wäre ein geeintes und gestärktes Europa jenes
Motiv gewesen, jene große Vision, die Schulz in diesem Wahlkampf fehlte. Es hätte die eine große Sehnsucht sein können, der
emotionale Kern der Kampagne, und ihr schmerzlich vermiss-
ter Kompass. Aber das hätte den Mut erfordert, sich über all die
vermeintlich demoskopisch unterfütterten Bedenken hinwegzu-
setzen.

TAGE IN EUROPA
Zurück in die Heimat

»Das ist eigentlich mehr meine Welt«
Zu Besuch bei Macron

Ausgelassene Stimmung in der Business Class des Air France Fluges 1735 von Tegel nach Paris. Am 20. Juli, gut fünf Monate nach Beginn der Kampagne, darf Martin Schulz zum ersten Mal raus aus Deutschland, darf endlich wieder zurück auf die alten Bühnen, die Hauptstädte des Kontinents. Auf seinem Platz 1A sitzend erzählt er noch mal die Geschichte von dem Zeitungsartikel, in dem einst stand, er sei der Einzige, der im Élysée-Palast einen Serviettenring habe, damals, als sein Freund François Hollande noch französischer Präsident war. Er habe den Artikel damals seiner Frau Inge gezeigt, erzählt Schulz, und sie gefragt, warum er daheim in Würselen eigentlich keinen Serviettenring habe.

Als seine Büroleiterin, die neben ihm sitzt, den Kopf schüttelt, sagt Schulz, gut hörbar für die anderen Passagiere in der Business Class: »Kann mal einer die Frau hier wegsetzen? Da wirst du ja bekloppt.« Seine Mitarbeiter wissen, dass solche Sprüche herzlich gemeint sind. Es gibt sogar einen Wettbewerb unter ihnen, wer am häufigsten den Satz »Du bist entlassen!« zu hören bekommt.

Schulz ist sehr guter Dinge an diesem Vormittag, so angriffslustig wirkte er lange nicht mehr. Bevor er Macron trifft, gibt er zwei Journalisten von »Le Monde« ein Interview und hält eine Rede an der Pariser Elite-Universität Sciences Po. Bei beiden Terminen erklärt er, warum der Kurs von Angela Merkel schlecht für Frankreich und schlecht für Europa sei. Und warum es sich mit ihm als Kanzler ganz anders verhalten würde.

»Frau Merkel sagt, sie habe Großes vor mit Europa – aber was, das will sie erst nach der Wahl sagen«, erklärt Schulz den französischen Journalisten. »Damit käme man in Frankreich keinen Millimeter weit, in Deutschland schon.« Die Kanzlerin habe zwölf Jahre die Entwicklung der EU nicht vorangebracht. Er hingegen habe all die Zeit für das gestanden, was der französische Präsident jetzt fordere.

Emmanuel Macron hatte in seiner Kampagne das gewagt, was sich Schulz' Team nicht getraut hatte: einen leidenschaftlich proeuropäischen Wahlkampf zu führen. Er hatte für eine vertiefte Integration und eine größere Solidarität unter den Staaten Europas geworben, eine Position, die auch in Frankreich nicht unumstritten war. Aber das Risiko wurde belohnt. Macron gewann, auch dank seines Mutes.

Zum Abschluss wollen die »Le Monde«-Journalisten wissen, ob er noch immer an einen Wahlsieg glaube. Na klar, antwortet Schulz. Macron habe zwei Monate vor der Wahl auch nicht wie der sichere Sieger ausgesehen. »Und jetzt …?« Schulz grinst verschmitzt. Er will den Eindruck erwecken, er sei der deutsche Macron, auch wenn er 22 Jahre älter ist. Damit es die Journalisten auch wirklich verstehen, schiebt er hinterher: »Ich bin auch neu. Unter den vielen Alten in Berlin bin ich der Neue.«

Was er verschweigt, ist, dass ihn die Deutschen nur in den ersten sechs bis acht Wochen für neu hielten, weil viele ihn schlicht nicht kannten. Schon Ende Juli aber fühlt es sich an, als sei er schon ewig dabei. Im Zeitalter extrem limitierter Aufmerksamkeitsspannen und ständig wechselnder Hypes, beschleunigt durch die sozialen Netzwerke, ist es nicht leicht, den Eindruck von Frische länger als zwei Monate zu konservieren.

Das Treffen mit Macron verläuft besser als erhofft. Der Präsident hat mehr Zeit als angekündigt, Schulz' Begleiter können mit dem iPhone Fotos vom herzlichen Handschlag schießen, die sie später auf Facebook und Twitter verbreiten.

Im Anschluss an den Besuch im Élysée-Palast hat die Pressestelle der SPD deutsche Journalisten zu einem Statement auf der
Pont de l'Alma geladen, einer Brücke über die Seine. Der Ort ist
so gewählt, dass im Hintergrund der Eifelturm zu sehen ist, damit
jedem deutschen Fernsehzuschauer umgehend klar wird: Sieh
mal an, der Schulz ist in Paris! Leider sind weit mehr deutsche
Touristen als Journalisten vor Ort. Kein Kamerateam der ARD,
keines vom ZDF.

Nur RTL ist gekommen.

Von der Pont de l'Alma fährt Schulz weiter zu einem Gespräch
mit deutschen Frankreich-Korrespondenten ins Bistro de Paris
in die Rue de Lille. Vor dem Restaurant verschwindet er in einem
benachbarten Hauseingang, um mit seinem Generalsekretär und
seinem Sprecher in Berlin zu telefonieren. Immer wieder fällt das
Wort »Scheiße«. Es gibt Unstimmigkeiten über eine Erklärung
zum Ausfall von Wahlkampfmanager Engels. Drei Wochen sind
seit dessen Schlaganfall nun verstrichen, die Personalie spricht
sich allmählich rum in Berlin. Es wird Zeit für eine öffentliche
Erklärung.

Engels hatte gehofft, bald wieder zur Kampagne zurückkehren
zu können, obwohl die Ärzte ihm Ruhe und eine gründliche
Reha verordnet haben. Am Vortag ist Schulz deshalb in eine Klinik nach Brandenburg gefahren, um mit Engels zu reden. Für ihn
ist der Ausfall des einzigen langjährigen Vertrauten in dieser
Kampagne zwar ein schwerer Verlust, aber schwerer noch wiegt
seine Fürsorgepflicht für seinen Freund und Mitarbeiter. Deshalb
erklärte er Engels in der Klinik, dass er nicht mehr zur Kampagne zurückkommen werde. Er weiß, wie tragisch das für seinen
Vertrauten ist, weil er diesen Wahlkampf als große Chance seines
Lebens gesehen hat. Fast jeder, der der Politik zuarbeitet, träumt
davon, einen Bundeskanzler zu machen. Aber Schulz möchte,
dass Engels sich erholt. So sagt er es ihm auch. Es gebe wichtigere
Dinge als diesen Wahlkampf. »Das große Projekt, das du in

deinem Leben durchsetzen musst, sind deine Kinder und deine Familie.« Für beide Männer ist es eines der schwersten Gespräche ihres Berufslebens.

Nun muss eine Erklärung gefunden werden, mit der die Öffentlichkeit über Engels Ausscheiden aus der Kampagne informiert wird. Engels will anfangs verhindern, dass seine Krankheit öffentlich wird. Doch wenn man seine gesundheitlichen Probleme nicht erwähnt, würde es wirken, als sei er abgesägt worden. Daher das hektische Telefonat auf dem Bürgersteig. Die abgestimmte Version wird später lauten, dass Kampagnenchef Engels »für mehrere Wochen« ausfalle. Es habe sich die »Notwendigkeit einer stabilisierenden Behandlung« ergeben. Seine Aufgaben würden nun Generalsekretär Heil und Bundesgeschäftsführerin Juliane Seifert übernehmen. Wann Engels an seinen Schreibtisch zurückkehre, sei noch offen.

Im ersten Stock des Bistro de Paris wird Schulz von den deutschen Korrespondenten gedrängt, den Unterschied zwischen ihm und Angela Merkel in der Europapolitik darzulegen. Konkret geht es darum, ob die EU Mitgliedsstaaten, die in finanzielle Schwierigkeiten geraten, auch künftig helfen soll. Schulz möchte das und fordert seit langem eine Ausweitung des Europäischen Stabilitätsmechanismus (ESM). Nun habe Frau Merkel ja auch gerade erst gesagt, dass man den ESM ausweiten könne, sagt ein Journalist. Wo also ist der Unterschied?

Schulz ist genervt. Es ist das gängige Muster in diesem Wahlkampf. Wann immer er einen Akzent setzen will, erklärt Merkel kurz darauf das Gleiche. Er wünsche sich manchmal, er hätte Merkels Fähigkeit, alles stets strategisch zu betrachten, sagt er. »Hab' ich aber nicht. Weil ich ein ehrlicher Mensch bin.«

Merkel sei nicht zu packen, erklärt er kurz darauf. Er meint es inhaltlich, aber ein Journalist zieht ihn mit der Frage auf: »Das heißt, dass Sie aufgeben?«

»Nö«, antwortet Schulz. »Ich werde das den Deutschen sagen: dass Angela Merkel nicht zu packen ist. Ich werde sie fragen: Wollt ihr eine Frau wählen, die nicht zu packen ist und für nichts steht?« Wenn es ihre Kanzlerschaft beflügeln würde, träte Merkel morgen in die SPD ein. So viel Flexibilität sei ihm jedenfalls fremd.

Der Rest des Abends verläuft nach diesem kleinen Wutausbruch angenehmer. Es geht nicht mehr um Merkel, Gabriel oder irgendwelche Haltelinien in der gesetzlichen Rentenversicherung – es geht jetzt um Europa. Nacheinander wird die Situation in Dänemark, Kroatien, Portugal, Rumänien, Schweden, Polen oder Bulgarien analysiert. Schulz redet kenntnisreich, selbstsicher und höchst engagiert. Er ist in seinem Element.

»Vielleicht war es auch ein Fehler, wegzugehen aus Brüssel«, sagt er, als er kurz vor Mitternacht im Fond seiner Limousine sitzt. Er muss noch raus zum Flughafenhotel, am nächsten Morgen soll es früh weitergehen nach München, Betriebsrätekonferenz. »Das ist eigentlich mehr meine Welt.« Er guckt aus dem Fenster auf das nächtliche Paris. »Ich glaube, das merkt man.« Er haucht die Worte fast stimmlos dahin. Aber das sei jetzt nicht mehr rückgängig zu machen. »Da muss ich jetzt mit klarkommen.«

Er schaut auf sein iPhone und liest einen Bericht von SPIEGEL ONLINE. Der Tenor: Gabriel habe Schulz an diesem Tag mal wieder die Show gestohlen, weil in den Abendnachrichten nur von Gabriels Drohungen gegenüber der Türkei die Rede gewesen ist, wo der Deutsche Peter Steudtner und fünf weitere Menschenrechtler gerade in Untersuchungshaft genommen wurden. »Der SPD-Kanzlerkandidat hatte am Vortag den Stopp der EU-Hilfen für die Türkei verlangt, auch die Gespräche über die Ausweitung der Zollunion sollten auf Eis gelegt werden«, liest Schulz laut. »Das waren klare Worte eines Wahlkämpfers. Wirklich wahrgenommen wurde Schulz damit nicht. Gabriel wirkte, wie so oft in jüngerer Zeit, durchschlagskräftiger.« Wieder einmal werde die Frage aufgeworfen: Wer ist Koch, wer ist Kellner? Schulz hört auf zu lesen. »Der übliche Scheiß. Na ja, gut, ist egal. Werde ich auch noch überleben.«

Er sagt, Gabriel habe sich eigentlich korrekt verhalten. Sie hätten gestern miteinander abgesprochen, dass Schulz als Erster Forderungen gegenüber der Türkei stellen werde, die Gabriel heute aufgreifen solle. »Aber es hätte natürlich keinen objektiven Grund für ihn gegeben, auch noch seinen Urlaub abzubrechen«, sagt Schulz. Gabriel war am Vortag von seinem Ferienort an der Nordsee zurück nach Berlin gereist und hatte dort den türkischen Botschafter einbestellt. Das verlieh der Angelegenheit eine zusätzliche Dramatik, in fast allen Überschriften des Tages heißt es: »Gabriel bricht Urlaub ab!« Fast immer mit Ausrufezeichen. Schulz wusste von diesem Abbruch nichts.

Immer wieder leidet er im Verlauf der Kampagne unter dem Verhalten seines Freundes. Er unterstellt ihm keine bösen Absichten, er weiß ja, dass auch Gabriel einen Wahlerfolg der SPD braucht, um politisch zu überleben. Aber er verzweifelt zugleich daran, dass der Freund sich partout nicht disziplinieren kann und immer wieder jene Scheinwerfer auf sich zieht, die eigentlich auf den Kandidaten gerichtet sein müssten.

Gabriel ist eben, wie er ist, sagt Schulz und blickt aus dem Fenster in die Pariser Nacht. Die Konsequenz laute nun, dass er sich absetzen und nichts Gemeinsames mehr mit Gabriel machen dürfe. »Ich muss mein eigenes Ding durchziehen.«

Kurz vor Ankunft am Hotel dann noch eine erfreuliche Nachricht per SMS. Das »heute-journal« habe »groß« über seinen Paris-Besuch berichtet, schreibt einer seiner Berater. Was ihm nicht gesagt wird: dass es sich um eine 29-sekündige Nachricht handelte, vorgelesen von Gundula Gause. Auch die anderen Fernsehnachrichten sind voll mit Sigmar Gabriels drastischen Vorwürfen an die Türkei, nicht mit Schulz' Macron-Reise. Es

scheint, als gehe von diesem Besuch doch nicht die lange
erhoffte Wirkung aus. Als habe all der Aufwand nicht viel mehr
als Häme eingebracht. »Sein Besuch in der französischen Hauptstadt erinnerte denn auch wegen der diversen Ortswechsel ein
wenig an eine Schnitzeljagd«, kommentiert am nächsten Tag
die »Welt«.

»... und Frau Merkel spielt Boccia auf Ischia«
Der Wahlkampf und die Flüchtlingskrise

»Will denn jemand Frühstück?«, ruft sein Mitarbeiter vom hin-
tersten Sitz der kleinen Cessna, kurz nach dem Start vom Flughafen Köln/Bonn. Er hält ein üppig bestücktes Tablett zur Ansicht
in die Luft. Schulz klatscht in die Hände und reibt sie sich feierlich. Er singt irgendwas mit »Sugar in the morning« vor sich hin,
und dann, noch vergnügter, »Baby baby balla balla«. Als er im
Augenwinkel sieht, dass ich mir Notizen mache, fragt er. »Was
haben Sie da jetzt geschrieben? Schulz freut sich übers Frühstück?«

Er ist bester Dinge an diesem frühen Morgen des 27. Juli, die
Stimmung an Bord erinnert an einen Klassenausflug. Es geht
nach Italien. Ein neues Thema besetzen. Auch ich freue mich auf
diese Reise. Sie ist eine schöne Abwechslung zu all den Strategiesitzungen vor den immer gleichen Kulissen der Parteizentrale.

In Rom will Schulz seinen Freund treffen, den italienischen
Ministerpräsidenten Paolo Gentiloni. Und dann weiter nach Sizilien, wo viele Flüchtlinge aus Afrika ankommen, wenn sie versuchen, übers Mittelmeer nach Europa zu gelangen. In diesem
Sommer sind es so viele wie lange nicht mehr, 90 000 Menschen
befinden sich in italienischen Auffanglagern. Von einer erneuten
Flüchtlingswelle ist die Rede. Schulz glaubt, endlich einen Weg

gefunden zu haben, um doch noch von Merkels größter Schwäche, der Flüchtlingspolitik, zu profitieren.

All die Monate hatte es im Wahlkampf zwischen Union und SPD einen Elefanten im Raum gegeben. Nichts hat die Gemüter der Deutschen in den zurückliegenden zwei Jahren mehr erregt als die Flüchtlingspolitik. Sie hat den Aufstieg der AfD ermöglicht und die politische Kultur im Land verändert. Die beiden Kanzlerkandidaten aber tun so, als sei nichts geschehen.

Angela Merkel möchte die Scheinwerfer nicht auf jenes Thema richten, das ihr die turbulenteste Zeit ihrer Kanzlerschaft bescherte. Sie möchte den Eindruck erwecken, als sei das Problem gelöst, als gebe es keinen Grund mehr, über die Flüchtlinge zu reden. Mit der CSU, deren Chef Horst Seehofer sogar gedroht hatte, vor dem Bundesverfassungsgericht gegen Merkels Flüchtlungspolitik zu klagen, hat sie einen Kompromiss gefunden, der im Kern im Leugnen eines Konfliktes besteht und den Streit bis zum Wahltag vertagen soll. Wie beharrlich Merkel die Flüchtlingsfrage in diesem Wahlkampf ausblendet, zeigt sich immer wieder bei ihren Auftritten in Ostdeutschland. Selbst wenn sie vor aufgebrachten AfD-Anhängern und anderen Demonstranten spricht, die sie ausbuhen oder beleidigen, zieht sie stur ihre Standardrede durch, ohne auf die Störer einzugehen. Sie erinnert dabei an ein Kind, das glaubt, nicht gesehen zu werden, wenn es sich selbst die Augen zuhält.

In der SPD ist der Umgang mit der Flüchtlingsfrage nicht minder verdruckst. Seit Beginn der Krise im Herbst 2015 stand die Partei vor einem Dilemma. Einerseits beobachtete sie, wie Angela Merkel wegen ihres humanitären Kurses in die größte Krise ihrer Kanzlerschaft schlitterte und bald so angeschlagen war, wie die Genossen es all die Jahre erhofft hatten. Andererseits konnten sie von Merkels Schwäche nicht profitieren, weil sie deren Kurs in der Regierung mitgetragen hatten.

Zur Sprachlosigkeit der SPD trug noch etwas bei: Die Partei ist

in der Flüchtlingsfrage tief gespalten. Während Teile des klassischen SPD-Milieus Flüchtlinge als Konkurrenten um Arbeit,
Wohnraum, Schul- und Kindergartenplätze, um soziale Leistungen und Lebenschancen sehen, engagieren sich viele Sympathisanten der Partei in der Flüchtlingshilfe und sind stolz auf die
humanitäre Politik ihres Landes. Wie kein zweites Thema illus-
triert die Flüchtlingsfrage ein altes Dilemma der SPD: Der Erfolg
der Partei war immer davon abhängig, ob es ihr gelang, die unteren Schichten und die Mittelschicht zusammenzuführen. Vor
allem Willy Brandt war es in den sechziger Jahren gelungen,
neben der traditionellen Arbeiterschaft auch gebildetere Schichten an die Partei zu binden, Künstler, Studenten, Akademiker
und linksliberale Freigeister. Inzwischen aber ist es deutlich
schwieriger geworden, Menschen mit höchst unterschiedlichen
Lebenswelten und Lebenseinstellungen unter dem Dach einer
Volkspartei zu versammeln. In der Flüchtlingsfrage zumindest
gelang das der SPD nicht. Im Wahlkampf für eine kompromiss-
lose Willkommenskultur einzutreten, können sich vielleicht die
Grünen mit ihrer ebenso gut ausgebildeten wie wohlhabenden
Wählerschaft leisten, für Sozialdemokraten ist das heikler.

Ende Juli 2017 liegen viele Monate des Ringens um die richtige
Haltung in der Flüchtlingsfrage hinter den Genossen. Schon im
Herbst 2015 warnte der damalige Parteichef Sigmar Gabriel
intern davor, Merkels Kurs blind zu folgen. In einer Sitzung des
Präsidiums im November, so erzählten es Teilnehmer, sagte er,
die SPD werde mit einer »Refugees welcome«-Attitüde unter
20 Prozent fallen. »Das wird schiefgehen.« Dass er selbst kurz
zuvor noch mit einem Sticker mit gleichlautender Parole auf der
Regierungsbank gesessen hatte, spielte jetzt keine Rolle mehr.

Natürlich könne man sich als SPD für einen dezidiert weltoffenen, humanistischen Kurs entscheiden, erklärte Gabriel bei
besagter Präsidiumssitzung. Aber das habe eben einen Preis.
Man dürfe sich nicht der Illusion hingeben, dass es in der eigenen

Wählerschaft keine Ängste gebe. »Und diese Angst wird dazu führen, dass wir unter 20 Prozent gehen.« Es sei ein großer Fehler gewesen, dass sich die SPD in der Konfrontation zwischen Merkels Mantra »Das Asylrecht kennt keine Obergrenzen« und Seehofers Forderung »Wir brauchen eine Obergrenze« zu 100 Prozent auf Merkels Seite geschlagen habe. Beide Sätze seien nämlich richtig. Das Asylrecht kenne keine Obergrenzen, aber es gebe eine Obergrenze für die Aufnahme von Flüchtlingen: die Integrationsfähigkeit des Landes.

Gabriel berichtete später, dass seine Ausführungen damals mit eisigem Schweigen aufgenommen worden seien. Man habe ihn quasi für verrückt erklärt. In der SPD-Führung habe es die Haltung gegeben, dass man in der Flüchtlingsfrage auf der Seite der Guten stehe und man sich von den Ängsten und Ressentiments in der Bevölkerung nicht vom Kurs abbringen lassen dürfe. Seinen Frust über diese Haltung wird Gabriel erst Ende 2017 in einem kontroversen und vielbeachteten SPIEGEL-Essay öffentlich machen. Titel: »Sehnsucht nach Heimat«.

Die Mehrheit in der Parteiführung glaubt hingegen, die SPD müsse für eine Deeskalation in der Flüchtlingsdiskussion sorgen. Man solle die Aufnahme der Flüchtenden nicht kritisieren, auch keine Obergrenzen verlangen – und zugleich durch Engagement und Investitionen zeigen, dass Integration gelingen kann und die Neuen keine Gefahr darstellen. Eine Abkehr von einem weltoffenen, toleranten Deutschland könne die eigene Klientel spalten, heißt es in einer internen Analyse. »Die Potenzialgruppen der SPD sind zu einem deutlich größeren Anteil in der Hälfte der Bevölkerung verortet, die sich grundsätzlich ein weltoffenes und tolerantes Deutschland wünscht.«

An dieser Zerrissenheit hat sich bis zum Sommer 2017 nicht viel geändert. Im Wahlkampf hat Schulz bislang keinen Angriff auf Merkel in der Flüchtlingsfrage gewagt. Das will er nun ändern, wenn auch sehr spät. Mit seinen Themen und Konzepten konnte

Schulz weder die Kanzlerin aus der Reserve locken noch die Aufmerksamkeit der Medien auf sich ziehen. Beim Thema Flüchtlinge ist zumindest Letzteres garantiert.

Als er im Flieger nach Rom sitzt, sagt Schulz, dass man jetzt europäisch koordiniert handeln müsse, um zu verhindern, dass sich eine Krise wie im Jahr 2015 wiederhole. Für ihn sei das auch eine Gelegenheit zu zeigen, dass er ein eigenes europäisches Netzwerk habe und proeuropäisch denke. Zugleich treffe er Merkel an einem wunden Punkt: die Nichteinbeziehung der anderen Europäer und das Überrolltwerden im Herbst 2015. »Das sind ihre wunden Punkte.«

Vorbereitet wurde die Reise mit einem Interview in der »Bild am Sonntag«. »2015 kamen über eine Million Flüchtlinge nach Deutschland – weitgehend unkontrolliert«, erklärte Schulz darin. »Damals öffnete die Kanzlerin die Grenzen nach Österreich. Aus gutgemeinten humanitären Gründen, aber leider ohne Absprache mit unseren Partnern in Europa. Wenn wir jetzt nicht handeln, droht sich die Situation zu wiederholen.« Die Lage sei »hochbrisant«. Wer auf Zeit spiele und versuche, das Thema bis zur Bundestagswahl zu ignorieren, verhalte sich »zynisch«.

Nach Erscheinen des Interviews ist Schulz plötzlich auf allen Kanälen. Zum ersten Mal seit Beginn seiner Kampagne ist er mit einem inhaltlichen Beitrag in allen Medien präsent.

Am Tag vor der Abreise nach Rom redet er von einer doppelten Chance: »Ich spreche Leute an, die Solidarität mit Flüchtlingen wollen. Und diejenigen, die sagen: Eine Situation wie im Herbst 2015 darf sich nicht mehr wiederholen.« Das sei eine Gratwanderung, klar, aber er könne das hinkriegen. »Die gewünschte Botschaft ist: Ich kümmere mich in Catania um die Flüchtlingskrise, und Frau Merkel spielt Boccia auf Ischia.« Dort verbringt die Kanzlerin gerade ihren Sommerurlaub.

»Da, der Lago Trasimeno!«, ruft Schulz kurz hinter den Alpen und deutet aus dem Fenster der Cessna hinab auf einen See.

»Nahe Perugia! Wunderschön!« Er schwärmt von einem Restaurant am Seeufer. »Das beste Essen meines Lebens.« Es folgt das altbekannte Spiel mit dem alternativen Leben. »Ich habe eine wichtige Entscheidung getroffen«, verkündet er seinen Leuten im Flugzeug feierlich. »Nach der Wahl gehe ich in Pension!« Geht das schon wieder los! Leicht nervöse Blicke bei seinen Begleitern, obwohl sie eigentlich wissen, dass es nur eine Provokation ist, ein Scherz. Dann legt er nach: »Ich trete mein Bundestagsmandat nicht an. Und im Dezember übergebe ich dann den Parteivorsitz.« Er könnte genauso gut sagen: Und im Januar eröffne ich mit dem Papst eine Herrenboutique in Wuppertal.

Wieder deutet er auf meinen Notizblock. Bei all den anderen Terminen ist er nie darauf eingegangen, dass ich mir Notizen machte. Es schien, als sei es für ihn zur Normalität geworden. Nur wenn neue Leute zu seinem Kreis stießen, die er zuvor nicht über mein Projekt informiert hatte, gab es manchmal kurze Irritationen, was ich denn hier zu suchen habe. Heute aber scheint es ihn zu beschäftigen, dass ich mir Dinge notiere: »Wie soll das Buch denn eigentlich heißen?«, fragt er und macht gleich einen Vorschlag für den Titel: »So werde ich Oppositionsführer«.

Vor der Landung konfrontiert ihn ein Mitarbeiter der Internationalen Abteilung des Willy-Brandt-Hauses mit einer Presseanfrage: Was der Kandidat von weiteren Sanktionen gegen Russland halte? Schulz macht ein paar Vorschläge, die in die Richtung gehen, dass man die Russen nicht weiter provozieren dürfe und den Amerikanern nicht mehr recht trauen könne. »Du darfst nicht den Eindruck von Äquidistanz zwischen Russland und Amerika erwecken«, sagt der Mann aus der Internationalen Abteilung.

»Warum denn nicht?«, fragt Schulz. »Ihr müsst euch mal angewöhnen, nicht immer vor allem Angst zu haben.« Er sei da vollkommen anderer Meinung. »Natürlich darf ich den Eindruck von Äquidistanz erwecken.« Eigentlich geht es nur um zwei Sätze,

die autorisiert werden sollen, aber sie haben eine lange Grund-
satzdebatte zur Folge, was man als Kanzlerkandidat der SPD
sagen darf und was nicht.

Mit diesem angstgesteuerten Handeln ähnelt das Willy-
Brandt-Haus anderen großen Institutionen wie Behörden, Ver-
sicherungsanstalten oder dem öffentlich-rechtlichen Rundfunk.
Meist sind deren Reihen gespickt mit qualifizierten, talentierten
und kreativen Menschen, deren Können systembedingt aber nur
gedrosselt zur Geltung kommt, weil die Kultur des Hauses auf
Solidität, nicht auf Exzellenz ausgerichtet ist. Die Bereitschaft,
etwas zu riskieren und sich mit einer ungewöhnlichen Idee oder
abweichenden Meinung vorzuwagen, ist nicht sonderlich ausgeprägt, weil das Wagnis selten belohnt, ein Fehler hingegen geahn-
det wird. So obsiegt das Bedürfnis, auf der sicheren Seite zu sein.
Diese Fehlervermeidungskultur lässt jedoch wenig Raum für
Überraschendes. Im ungünstigen Falle verhindert sie den Erfolg.

Nach der Landung auf dem Flughafen Rom rollt die Cessna an
einer Ryanair-Maschine vorbei. Schulz erinnert sich daran, dass
die Billigfluglinie mal überlegt hatte, einen Euro für die Benut-
zung der Bordtoilette zu verlangen. »Ich würde denen vor die Tür
pinkeln und sagen: 'Tschuldigung, ich hab' leider kein Klein-
geld.« Er hat ein gutes Gespür für die kleinen Zumutungen und
Demütigungen des Kapitalismus.

Sie sind früher als geplant in Rom gelandet, und so äußert
Schulz den Wunsch, inkognito durch die Straßen zu schlendern,
was jedoch mit vier Bodyguards im Schlepptau nicht ganz leicht
ist. An einer Straßenecke stupst ein deutscher Tourist seine Frau
an. »Guck mal da!« Sie fragt, wer das sei. »Der neue Heini von
der SPD.«

In der Nähe eines Regierungsgebäudes erspähen ihn italienische Pressefotografen, binnen zwei, drei Minuten werden es
immer mehr. »Sie müssen mal mit mir nach Italien kommen.
Weil ich da ein Volksheld bin«, hatte Schulz mir schon vor Jahren

gesagt. »Nicht wie in Deutschland.« Dass er in Italien so bekannt ist, geht auf den 2. Juli 2003 zurück, den Tag seiner Konfrontation mit Silvio Berlusconi. Der Italiener sagte damals im Europaparlament, dass Schulz, der ihm kritische Fragen gestellt hatte und dessen Immunität aufheben wollte, gut den Kapo in einem Nazi-Film spielen könne, einen Häftling, der im KZ seine Mitgefangenen überwacht. »Dieser Tag hat mein Leben über Nacht verändert«, sagt Schulz. »Das hat alles auf den Kopf gestellt.« Auf einmal war er der mutige Mann, der dem italienischen Ministerpräsidenten die Stirn geboten hatte.

Nach diesem Eklat traf er im Fahrstuhl Marcello Dell'Utri, einen engen Vertrauten Berlusconis und inzwischen rechtskräftig verurteilten Mafioso. »Sie fahren Aufzug?«, fragte dell'Utri. »Sieht man doch«, antwortete Schulz. »Das ist gut«, sagte dell'Utri. »Denn auf der Treppe stürzt man so leicht.« Es war der Versuch, ihn im Stile der Mafia einzuschüchtern. Danach habe Berlusconi mehrfach versucht, sich mit ihm zu versöhnen, sagte Schulz. Er sei aber stur geblieben.

Im Palazzo Chigi, wo Berlusconi einst residierte, regiert nun Paolo Gentiloni. Er sitzt unter einem 16-armigen Kronleuchter im gemäldebehangenen Speisesaal, wo für den Gast aus Deutschland eine festliche Tafel gedeckt ist. Bevor die Orecchiette als Vorspeise serviert werden, macht Gentiloni seinem Gegenüber deutlich, dass er sich wünsche, ihn demnächst als deutschen Bundeskanzler hier empfangen zu dürfen. »Die Flüchtlingsfrage spare ich mir für den Hauptgang auf.«

Bei der Flüchtlingsfrage, die zum Seeteufel mit gewürfeltem Gemüse besprochen wird, sind sich die beiden wie erwartet einig. Merkel hatte die Italiener viele Jahre mit den Mittelmeerflüchtlingen aus Nordafrika mehr oder weniger alleingelassen. Die Dublin-Regelung der EU sah vor, dass Flüchtlinge in jenem Land bleiben sollten, in dem sie als Erstes europäischen Boden betraten. So hatte Italien, aufgrund seiner geografischen Lage, das Flüchtlingsproblem Europas weitestgehend alleine schultern müssen – und Deutschland hatte teilnahmslos zugesehen.

Schulz sichert seinem Gegenüber eine solidarischere Haltung zu, sollte er Bundeskanzler werden. Ähnlich wie Macron eine Woche zuvor mag auch Gentiloni auf einen Machtwechsel in Deutschland hoffen, allein er glaubt nicht wirklich daran.

Am Ende des Essens greift Schulz zur Speisekarte, die ein grün-weiß-rotes Bändchen ziert. Die sammle er, seit 22 Jahren, erklärt er Gentiloni. Wenn er in Rente gehe, werde er ein Kochbuch mit all den Rezepten solch hochherrschaftlicher Essen zusammenstellen. Dann werde er endlich groß rauskommen, als Kochbuchautor.

Martin Schulz sei nicht nur Kanzlerkandidat und Vorsitzender der SPD, sagt Gentiloni auf der anschließenden Pressekonferenz, sondern auch ein Freund. »Was wir verhindern müssen, ist, dass ein Land wieder alleingelassen wird mit der Flüchtlingsproblematik«, sagt Schulz. Es gehe ihm ums Prinzip. Dem Prinzip der Solidarität in Europa.

Das hätte ein starker Punkt sein können, zumindest ein Alleinstellungsmerkmal im Wettbewerb mit Angela Merkel. Aber die Kanzlerin, die über Schulz' Reise und deren beabsichtigte Botschaft unterrichtet war, hatte Gentiloni am Vortag angerufen, ihre solidarische Hilfe angeboten und dies auch öffentlich verbreiten lassen. Das Duell zwischen Schulz und Merkel erinnert häufig an das zwischen dem Hasen und dem Igel – mit Merkel in der Rolle des Igels, der immer schon vorher da ist.

»Es gibt ja Menschen, die denken nur taktisch«, sagt Schulz auf der Pressekonferenz in Anspielung auf seine Konkurrentin. »Ich habe aber meine Überzeugungen, und die vertrete ich unabhängig davon, ob gerade Wahlkampf ist oder nicht.« Sekunden nach der Abfahrt Richtung Flughafen ruft er seinen Sprecher an, der zwei Wagen hinter ihm in der Kolonne sitzt. Er will wissen, wie die Pressekonferenz angekommen sei. »Besser kann man so einen Auftritt nicht machen«, lautet die Antwort.

Im Hafen von Catania auf Sizilien besichtigt Schulz drei Stunden später ein Boot der italienischen Küstenwache »Wir brauchen die Kameras!«, brüllt einer aus seinem Presseteam, als der Kandidat sich dem vorgesehenen Platz am Heck des Schiffes nähert. »Bitte die Kameras vorlassen!« Schulz soll seine Botschaften jetzt vor der Kulisse des Mittelmeers verkünden. Bald umringt ihn eine Traube von Kameramännern und Reportern, und diesmal kommen sie nicht nur von RTL. Es gibt sogar ein kleines Gedränge, was bei solchen Terminen immer als Beleg für Interesse gilt. Nach der mageren Berichterstattung über seinen Paris-Besuch hatte Schulz sein Team mehrfach gebeten, für einen großen Pressetross auf Sizilien zu sorgen. Das brisante Thema Flüchtlinge und die verlockende Aussicht auf eine Dienstreise nach Sizilien haben diese Bemühungen offenbar begünstigt.

Minuten später hält die Wagenkolonne des Kanzlerkandidaten mit quietschenden Reifen vor einem Haus in der Innenstadt von Catania. Hier soll Schulz an der Seite des italienischen Innenministers eine Unterkunft für jugendliche Flüchtlinge besichtigen. Das ist zumindest der Plan. Die deutschen Journalisten im Schlepptau, eilt Schulz die Einfahrt hinauf und steuert auf eine Gruppe zu, die ihn erwartet, darunter die jungen Flüchtlinge, Flüchtlingshelfer, italienische Journalisten, Carabinieri und weitere Herren mit wichtigem Blick. Nur der Innenminister fehlt.

Der Kandidat steht inmitten wild gestikulierender Menschen und klickender Kameras. »Ich dachte, der sei schon hier«, flüstert er seinen Begleitern aus dem Willy-Brandt-Haus zu. Großes Rumgedrucke. Ja, dachten wir auch. »Das ist natürlich keine gute Situation hier«, sagt Schulz.

Keiner weiß, was jetzt zu tun ist. Dann kommt jemand auf die gute Idee, man könne ja schon mal ins Haus gehen, woraufhin sich alle, die bislang vor dem Haus standen, in die kleine Eingangshalle drängeln und dort genauso ratlos rumstehen wie vor der Tür. Glücklicherweise hängt eine Karte von Catania an der Wand, das verschafft Zeit. Karten sind immer willkommen bei Politikerterminen, man kann darauf rumdeuten, Fragen stellen (»Und wir sind jetzt hier?«), es gibt was zu tun. Als alle halbwegs logischen Fragen zur Karte gestellt sind, kommt jemand auf die gute Idee, wieder vor die Tür zu gehen, weil es drinnen doch etwas heiß und stickig sei. Und so laufen alle wieder raus.

Dort ist noch immer kein Innenminister angekommen, und wieder können rund 20 Journalisten Schulz in dieser unangenehmen Situation aus nächster Nähe beobachten. »Was ist denn jetzt?«, flüstert er, die Hände in die Hüften gestemmt, seinen Beratern zu. Schulterzucken. »Wir wissen's doch auch nicht.«

Dann will er sich nicht länger begaffen lassen und läuft zurück ins Haus. Die Meute soll diesmal draußen bleiben, er will kurz alleine sein. »Leute, was macht ihr hier mit mir?«, fragt er in der Eingangshalle. »Ihr hetzt mich hier von einem Termin zum nächsten, und jetzt stehen wir hier dumm rum.« Besser lässt sich die Lage nicht zusammenfassen.

Irgendwann taucht der Innenminister doch noch auf. Gefolgt vom Pulk der Begleiter drängen sich die beiden Politiker durch die Schlafzimmer der Flüchtlinge. Der Rundgang dauert nur wenige Minuten, dann stehen sie wieder im Innenhof, wo eine Pressekonferenz stattfinden soll. Zunächst redet, ziemlich lange, der Innenminister. Als er fertig ist, tritt Schulz ans Mikrofon. Er will gerade ansetzen, da schiebt ihn ein italienischer Dolmetscher zur Seite, der die Rede des Innenministers ins Deutsche übersetzen will. Er übersetze das selbst, erklärt Schulz, der die deutschen Journalisten, um die es bei diesem Termin ja geht, nicht länger warten lassen will. Aber der Dolmetscher will seine Arbeit verrichten und legt unbeirrt los.

Spätestens jetzt fühlen sich die deutschen Reporter an die sogenannte Europa-Reise des Kanzlerkandidaten Steinbrück im

Frühjahr 2013 erinnert. Der war damals ohne professionelle Planung und ohne Pressesprecher nach London, Athen und Den Haag gereist. Der chaotische Trip geriet zum PR-Desaster. So etwas kann natürlich mal vorkommen – aber alle Jahre wieder?

Viele der aus Berlin angereisten Journalisten werden die absurden Szenen vor der Flüchtlingsunterkunft später zum Zentrum ihrer Artikel machen. So wird die eigentliche Botschaft, die Schulz mit dieser Reise setzen wollte, erneut von Pannen überlagert. Dabei bestand der einzige Fehler seines Teams im vielleicht etwas naiven Glauben an die Pünktlichkeit italienischer Innenminister.

Zurück in der Cessna erklärt der Pilot, dass man leider noch keine Starterlaubnis habe. Der Rückflug nach Köln werde zudem länger dauern als geplant, man habe kräftigen Gegenwind auf der Strecke. Es ist bereits nach 21 Uhr. »Oh, dann muss ich kurz meine Frau anrufen und Bescheid geben«, sagt Schulz und zückt sein Handy. Seit vielen Jahren meldet er sich vor jedem Abflug kurz bei seiner Frau und dann erneut gleich nach der Landung. Das Ritual stammt aus der Zeit, als Schulz fast täglich durch Europa düste.

Ein weiteres Ritual ist, dass Hippo ihn auf jedem Flug begleiten muss. Hippo heißt sein kleines Plastik-Nilpferd, das fast immer in seiner Sakkotasche steckt. »Das weitgereisteste Hippo aller Zeiten«, sagt er über seinen Talisman. Manchmal streichelt er die Plastikfigur nach der Landung und sagt: »Du hast uns mal wieder glücklich zu Boden gebracht.«

Kurz vor der Ankunft ist Schulz der Einzige aus seiner kleinen Reisegruppe, der noch wach ist. Es ist weit nach Mitternacht, die beiden Bodyguards haben sich die Schuhe ausgezogen und schlafen aneinandergelehnt auf der schmalen Bank hinter dem offenen Cockpit. Seine Berater sind ebenfalls eingenickt. Vielleicht sind es die vielen Mini-Bountys, Mini-Mars und Mini-Snickers aus der Bord-Bar, die den Kandidaten wach halten. Vielleicht die Sorgen um seine Kampagne.

Gleich nach der Landung piepst sein Handy. »Meine Frau, die ist süß«, sagt Schulz und liest vor, was sie schreibt: »Ich glaube, das war ein guter Tag für dich. Irgendwie so wie früher.« Da habe sie recht. Er hätte als Kanzlerkandidat viel stärker seine internationalen Möglichkeiten zeigen sollen, sagt Schulz. »Hab' ich viel zu wenig gemacht.«

TAGE IM TIEF
Die ewige Hoffnung, das Momentum zu drehen

»Jetzt reicht's«
Eine Verräterin aus Niedersachsen

Anfang August gibt es neue Probleme. Im niedersächsischen
Landtag ist eine Abgeordnete der Grünen zur CDU gewechselt,
der rot-grünen Landesregierung kommt so die Mehrheit abhan-
den. Es wird vorgezogene Neuwahlen geben. »Da hast du mal
zwei Tage Normalität, schon kommt der nächste Mist«, sagt
Schulz am Montag danach. Elke Twesten, die abtrünnige Abgeordnete, war beleidigt, weil ihr grüner Kreisverband sie nicht als
Kandidatin für die nächste Landtagswahl nominiert hatte, die
regulär im Januar 2018 stattfinden sollte. Der Fall hat rein gar
nichts mit der SPD oder Schulz' Kanzlerkandidatur zu tun, aber
in den Zeitungen steht genau das. CDU-Generalsekretär Peter
Tauber erklärt: »Das zeigt einmal mehr: Rot-Grün kann einfach
nicht verlässlich regieren.«

»Da hab' ich mir gesagt: Jetzt reicht's«, erklärt Schulz. »Jetzt ist
es genug. Die lernen mich jetzt mal von einer ganz anderen Seite
kennen. Diese Mischpoke darf dieses Land nicht regieren. Jetzt
lernt mich die Republik als Kampfschwein kennen.«

Natürlich seien solche Nachrichten Stimmungsdämpfer, sagt
er. Aber wenn es stimme, was die Meinungsforscher sagen, dass
nämlich die meisten Wähler sich erst am Ende entschieden,
15 Prozent gar erst in der letzten Woche, dann sei noch eine
Menge zu holen.

Phasen der Melancholie wechseln sich bei Schulz immer wieder mit Phasen des Aufbegehrens ab. Er sehe sich ja durchaus
selbstkritisch, erzählt er. Gerade lese er Michel de Montaigne,

den französischen Philosophen, dessen große Gabe darin bestand, sich selbst zu beobachten, um ganz nüchtern über sich reden zu können. Das versuche er auch.

Es stimme, man habe ihm in den letzten Wochen seine Verunsicherung mitunter anmerken können. »Das ist eine Verunsicherung, die ich mir selbst zuschreiben muss, weil ich ein Stück meiner inneren Mitte verloren hatte.« Zum einen aus Frust über die ständig sinkenden Umfragen, aber auch aus einem Gefühl der Ungerechtigkeit heraus. Bisweilen fühle er sich wie die biblische Gestalt Hiob, der einen Schlag nach dem anderen abbekommt, obwohl er sich redlich bemüht. Das habe ihn schon niedergedrückt.

Aber jetzt sei es anders. Es habe immer wieder Momente in seinem Leben gegeben, sagt Schulz, in denen es ihm gelungen sei, den Schalter umzulegen. Er schnippt mit den Fingern. »Wo ich sage: Jetzt ist Schluss! Jetzt zeige ich meine Stärke. Und dieser Moment war vergangenen Freitag. Dass da irgend so 'ne Trulla von den Grünen überläuft, und wir sollen schuld sein! Also nee, das läuft jetzt hier so nicht.«

In Momenten wie diesen kommt mir Schulz wie das Sinnbild des modernen, nervösen Menschen vor, der sich von Erregung zu Erregung treiben lässt, der seinen Pfad sucht und durch die Reizüberflutung der Gegenwart doch immer wieder davon abkommt. Wie viele Menschen unserer Zeit handelt er eher reaktiv denn aktiv. Und viel zu selten ist jemand im Hintergrund, der Halt oder Orientierung gibt.

»Mansche«
Absurde Sprachprobleme

Der Kandidat läuft durch die Räume der Slaughterhouse GmbH, einer Firma, die sich auf Nachbearbeitungen von Filmen und Videos spezialisiert hat. Es ist einer jener hippen Berlin-Mitte-Orte, die Martin Schulz kulturell eher fremd sind. Was an diesem 7. August nun folgt, ist, zumindest aus seiner Sicht, der unsinnigste Termin der gesamten Kampagne.

Es geht um seine beiden Wahlkampfspots, die bald im Fernsehen rauf und runter laufen werden. Schulz soll sie sich noch einmal anschauen. Im ersten Film sieht man die Aufnahmen vom Dreh an der Museumsinsel, am Ende sagt der Kandidat seinen Satz in die Kamera: »Mehr Gerechtigkeit, das ist es, was ich erreichen will. Eine Zukunft, auf die man sich freuen kann.« Man habe nur den Himmel blauer gemacht, erklärt Agenturchef Karpinski. Und hinten ein wenig sonniger. »Sehr schön«, sagt Schulz, als der Film gelaufen ist. »Ich find' das toll.«

Dann der zweite Spot, in dem niedliche Kinder herumtoben und zu dessen Beginn Schulz aus dem Off sagt: »Manche behaupten ja, Gerechtigkeit sei heute kein Thema mehr.« Und dann weiter: »Wenn das so ist, warum ist dann eines der ersten Dinge, die wir unseren Kindern beibringen, gerecht zu teilen?« So geht es weiter, es ist ein schöner, berührender Film geworden. »Schon sehr emotional«, sagt Schulz, als er ihn gesehen hat. »Bärenstark!«

Dann erklärt ihm Karpinski, warum er noch einmal in die Räume der Produktionsfirma kommen sollte. Es geht um ein einziges Wort in diesem Spot. Das erste. Schulz habe es bei der Aufnahme vor vier Wochen leider rheinisch ausgesprochen: »mansche Menschen« statt »manche Menschen«. Der Wunsch, das nun zu korrigieren, stammt nicht nur von Karpinski, sondern auch aus dem Willy-Brandt-Haus. Schulz hält das für Humbug, fügt sich aber und verschwindet im Tonstudio.

Er spricht den Satz, einmal, zweimal, dreimal, achtmal. Das »Manche« mag jetzt phonetisch korrekt sein, aber es klingt gekünstelt. Man merkt ihm an, dass er so nicht spricht. »Ein bisschen freundlicher vielleicht«, sagt Karpinski vor der Glasscheibe am Mischpult. Weiter geht's, wieder zehnmal derselbe Satz.

»Da waren jetzt wieder ein paar ›Mansche‹ drin«, mahnt Karpinski durch die Sprechanlage.

»Ja, kann ich ja nichts für«, murrt Schulz.

»Sie können auch ›einige‹ sagen«, bietet Karpinski an, aber Schulz will bei »manche« bleiben. Wieder zehn Versuche.

»Zu sachlich. Und etwas mehr Druck. Und was freundlicher«, sagt Karpinski. »Da fehlt Druck. Mehr Selbstbewusstsein. Etwas lauter, druckvoller.«

»Wisst ihr was, Leute«, sagt Schulz aus seinem Tonstudio. »Lasst das mit dem ›Mansche‹. Das interessiert da draußen keine Socke. Die alte Aufnahme war gut. Ich bin halt so. Ich sprech' so.«

Er möge ihnen noch eine Chance geben, bittet der Agenturchef. Vielleicht noch vier-, fünfmal hintereinander solle er den Satz sagen. Also weiter. »Da waren jetzt in der Mitte wieder zwei oder drei ›Mansche‹«, korrigiert Karpinski, als Schulz weitere zehnmal seinen Satz gesagt hat. Alle sind latent genervt. Der Agenturchef, weil Schulz es nicht wie gewünscht hinbekommt, Schulz, weil er jetzt gefühlt hundertmal »manche« sagen musste. Der Techniker, weil er all das mitschneiden muss.

Der Kandidat verlässt das Tonstudio und kommt in die Regie. »Freunde, lasst doch den Text mit ›mansche‹. Das ist doch scheißegal!«

Nein, jetzt wolle er auch perfekt sein, widerspricht Karpinski. »Den Ehrgeiz hab' ich nun mal.«

»Zur Perfektion gehört AUTHENTIZITÄT«, ruft Schulz. Zum Glück komme in dem Text nicht auch noch das Wort »warte« vor, frotzelt einer aus seinem Team. »Du bist entlassen«, kontert Schulz. Dann scheint man eine gute Version gefunden zu haben. »Ja, was wollt ihr denn?«, fragt Schulz. Aber dann fällt dem Tontechniker auf, dass Schulz' Stimme vor vier Wochen tiefer gewesen ist, vielleicht weil man die Aufnahme damals am Morgen gemacht habe. Es gebe Unterschiede zwischen einer Morgen- und einer Nachmittagsstimme. Er würde gerne noch mal aufnehmen.

»Also ich bin jetzt ehrlich gesagt bestürzt, warum wir wegen dieser einen Mini-Sache da …«, sagt Schulz. »Ich mein, ich hab' diese Sprachfärbung. Datt hört jeder.« Er spricht jetzt bewusst sehr rheinisch. »Ich mein, watt habt ihr denn?«

»Können wir jetzt vielleicht noch zehnmal ›manche‹ sagen und ein paar ›Einige‹«?, fragt Karpinski.

»Worin besteht das große Problem?«, erwidert Schulz. »In diesem ›Mansche‹«? Karpinski nickt.

»Ja, Leute, habt ihr sie noch alle? Was glaubt ihr denn, wer da hinhört?«

»Das läuft jetzt schon ein paarmal im Fernsehen.«

»Ja und? Mir ist es nicht aufgefallen.« Er läuft erneut ins Studio, schlägt die Tür hinter sich zu und probiert es noch ein paarmal. Dann wird geschnitten und gefummelt. Die Lösung besteht schließlich darin, dass ein neu aufgenommenes »Manche« in die »Morgenstimme« von vor vier Wochen geschnitten wird.

»Na bitte schön!«, sagt Schulz, für seine Verhältnisse fast sarkastisch. »Haben wir das auch geschafft.« Am Ende hat das neue »Manche« eine gute Stunde gekostet.

Ein paar Tage später muss er ein weiteres Mal ins Studio, diesmal wegen eines Grammatikfehlers. Der zweite Satz begann bislang mit: »Wenn dem so ist …«, korrekt muss es aber heißen:

»Wenn dem so wäre, warum ist dann eines der ersten Dinge, die wir unseren Kindern beibringen, gerecht zu teilen?« Aufgefallen war der Fehler nur Schulz' Experten für innere Sicherheit.

»Ich bin bereit, mehr zu leisten und mehr zu geben«
Der späte Versuch, ein Drehbuch zu flicken

»Ich kann jetzt ›manche‹ in allen Variationen sagen«, erklärt er seinem Team kurz darauf beim Abendessen im Mövenpick. Sie sind mit Frank Stauss verabredet, dem Mann, der schon einige erfolgreiche Kampagnen für die SPD begleitet hat. Allerdings waren Stauss und seine Agentur Butter auch beim letzten Wahlkampf von Hannelore Kraft an Bord, ohne deren Niederlage in Nordrhein-Westfalen Schulz jetzt besser dastünde.

»Wie geht's?«, fragt Schulz zur Begrüßung. Gut, antwortet Stauss. »Ich bin ja nicht im Wahlkampf.« Dabei hätte er diese Kampagne mit seiner Agentur gerne selbst geleitet, wenn er frühzeitig gewusst hätte, dass der Kandidat Schulz und nicht Gabriel heißen würde. Er hätte die Kampagne auch mit viel mehr Zeit vorbereiten wollen, als Gabriel dies für nötig hielt. Mit dem damaligen Parteivorsitzenden war Stauss immer schlechter klargekommen – und umgekehrt war es genauso. Aus Verzweiflung über Gabriel und sein Vorgehen nahm Stauss seine Agentur im Herbst 2016 schließlich aus dem Rennen für die Bundestagswahl. Einen Zuschlag hätte sie von Gabriel wohl eh nicht bekommen.

Dabei hatte Stauss schon 2014 in Gabriels Auftrag ein Konzept vorgestellt, wie der nächste Wahlkampf 2017 von ganz langer Hand geplant werden könne. Er wollte die Kampagne gewissermaßen schon drei Jahre vor dem Wahltag mit einer inhaltlichen Neuausrichtung der SPD beginnen lassen, um die Union 2017

mit frischen politischen Konzepten herauszufordern. Doch stattdessen war die Partei einfach weiter dem klassischen Trott gefolgt,
ohne neue, zeitgemäße Themen zu besetzen und große Ziele zu
entwickeln. Offenbar fand es niemand spannend, in die Zukunft
zu denken, sich gar die Welt im Jahre 2050 vorzustellen. Statt
Kühnes oder gar Verwegenes zu wagen, setzte man lieber auf das
Alte und ging auf Nummer sicher.

Stauss hielt es für falsch, dass Gabriel nach der Flüchtlingskrise 2015 auf den »Sicherheits-Frame« setzte, wie er das nennt:
dass er vor allem die Ängste der Menschen aufgreifen wollte, ihr
Bedürfnis nach innerer, äußerer und sozialer Sicherheit. Zwei
dieser drei Sicherheitsthemen – innen und außen – seien eindeutig Themen der Union, so Stauss. Da sei für die SPD nichts zu
holen. Am Ende blieb, wie im Wahlkampf 2013, allein die soziale
Gerechtigkeit übrig.

Dass Schulz nun ausgerechnet Stauss um Rat bittet, ist angesichts dieser Vorgeschichte nicht ohne Brisanz. In der Filmbran-
che gibt es den Job des Skriptflickers. Er wird in letzter Sekunde
beauftragt, um ein verkorkstes Drehbuch kurz vor dem unauf-
schiebbaren Drehbeginn noch zu retten. Etwas Ähnliches, so
scheint es, erhofft sich Schulz nun von Stauss.

»Wir wollten dich mal bitten, heute Abend mit uns die Dinge
zu erörtern«, sagt der Kandidat. Dann skizziert er kurz seine
Lage und beklagt, dass er das Pech offenkundig anziehe wie ein
Magnet. »Die Wahlkampfstimmung, die wir brauchen, ist jedenfalls noch nicht da.«

»Wichtig ist, dass Ihr jetzt auf einer Linie bleibt«, sagt Stauss,
der ein Papier mit Stichpunkten mitgebracht hat. »Und die hab'
ich in den letzten Wochen nicht immer erkennen können.« Er
habe häufig Äußerungen im Radio gehört, bei denen er sich
gefragt habe: Warum wird diese Melodie jetzt gespielt? Das passt
doch gar nicht in die Erzählung. Die Erzählung sei ja offenbar:
Deutschland geht's gut, aber wir sind nicht gut genug vorbereitet

auf die Herausforderungen der Zukunft. Spätestens seit der Diesel-Affäre hätten die Bürger ja mitbekommen, dass man nicht so wirklich super aufgestellt sei.

Genau, bestätigt Schulz. »Ich bin bereit, mehr zu leisten und mehr zu geben. Ich werde kein bequemer Kanzler sein, sondern einer, der führt, der fordert und der fördert.«

»Das ist für mich eine Erzählung, die du um jedes Thema dieser Welt framen kannst, um es mal neudeutsch auszudrücken«, sagt Stauss. »Du willst mehr! Und die Gefahr für Deutschlands Zukunft liegt im Weiter so!«

Eigentlich könnte man jetzt einen Haken unter den Abend machen und sich auf die Erzählung einschwören, aber Stauss hat Zweifel. »Du musst dir aber auch sicher sein, dass es das ist.« Ihm sei aufgefallen, dass in den vergangenen Monaten viele Themen erst gesetzt, dann aber, weil sie nicht gleich die erhoffte Aufmerksamkeit fanden, wieder fallengelassen wurden. »Mein Eindruck war: Es wird was gezündet, man schaut fünf Tage später nach, ob es irgendeinen Ausschlag gibt, und wenn nicht, wird etwas Neues gezündet.« Das funktioniere aber nicht.

Als Beispiel für diese Politik der Atemlosigkeit nennt Stauss den Vorstoß zur Flüchtlingspolitik. Er habe schlicht nicht verstanden, was genau der Kandidat eigentlich wollte. »Da hast du dich irgendwie verdaddelt.« Schulz habe zu viel darüber gesprochen, was Merkel in der Vergangenheit falsch gemacht habe. In Wahlkämpfen gehe es aber nur darum, wer die besseren Ideen für die Zukunft habe. Schulz nickt. »Du sagst zu viel. Du hast zu viele Themen. Und wenn du was sagst, sagst du es in zu langen Sätzen.«

Eines noch. Schulz solle nicht aggressiv werden. Er wirke oft hart bei seinen Äußerungen, auch jetzt wieder, wenn er sich über die Sache in Niedersachsen empöre. »Du kannst abends dein Hotelzimmer demolieren, aber bitte nicht in der Öffentlichkeit.« Wichtig sei allein die positive Zukunftsbotschaft: »Wir brauchen

Veränderung, damit Deutschland stark bleibt.« Das müsse Schulz wiederholen, bis es ihm aus allen Poren rauskomme. »Halte das jetzt durch die nächsten sieben Wochen. Eier nicht rum.« Eines der Probleme, warum die SPD da stehe, wo sie stehe, sei, dass sie nie mal was durchhielte.

Tja, sagt Schulz. »Diese Rumschwurbelei ist natürlich auch ein Resultat von innerer Verunsicherung wegen der vielfältigen Ratgeberstrukturen.« Man müsse jetzt aufpassen, dass nicht zu viel Beratung auf ihn einprassele, sagt Generalsekretär Heil.

Schulz würde gern wissen, was die drei Knallerthemen sind, mit denen man in die heiße Phase des Wahlkamps ziehen kann. Stauss empfiehlt, nicht auf Außenpolitik zu setzen. Er solle bei Innenpolitik und Europa bleiben, das seien seine Themen. Außenpolitik interessiere die Leute am Ende nicht. »Du hast viel über Trump gesprochen, auch Erdoğan ist immer ein Aufreger, oder Putin. Am Ende sind es aber alles Themen, bei denen die Leute tendenziell sagen: ›Komm, lass die Merkel das machen. Lieber Ruhe als Rumms.‹«

Dann will Schulz wissen, was denn mit dem Thema Aufrüstung sei, mit seiner Kritik am Zwei-Prozent-Ziel der Nato, wonach die Mitgliedstaaten mindestens zwei Prozent ihres Bruttoinlandsprodukts in den Rüstungsetat investieren sollen. Merkel will dieses Ziel einhalten, Schulz wettert seit vielen Wochen dagegen.

»Interessiert kein Schwein«, antwortet Stauss. »Wir müssen jetzt nicht auf jede Sau springen, die durchs Dorf getrieben wird.« Sobald Erdoğan oder Trump eine neue Ungeheuerlichkeit von sich gäben, reagiere Schulz sofort. Aber jedes Mal lenke das von der eigentlichen Botschaft ab. »Im Prinzip sagen die Leute: Die Merkel kommt mit so viel Testosteron am besten klar.« Die lasse alle auflaufen, in der eigenen Partei, aber auch sonst. »Die Leute wollen nicht, dass du dich jetzt auch noch mit Trump anlegst. Das bringt nichts.« Der Kandidat hört das nicht gern. Er grummelt vor sich hin.

Trotzdem sei das Problem, dass Schulz nicht oft genug wahrgenommen werde, merkt sein Berater aus Brüssel an.»Das ist
doch das Problem.«Letzte Woche zum Beispiel habe es drei Tage
gegeben, wo er nicht groß in den Medien vorgekommen sei.
»Und das irritiert dich natürlich als Kampagnenplaner.«
Er würde mal hinterfragen, ob man wirklich jeden Tag
irgendwo vorkommen müsse, entgegnet Stauss. Das sei doch
auch wieder nur eine Reaktion darauf, dass Schulz vorgeworfen
wurde, er sei eine Weile nicht vorgekommen. Er spielt auf die Zeit
rund um Ostern an.»Das ist aus meiner Sicht eine Überkompen-
sation. Lieber mit den richtigen Sachen weniger vorkommen als
mit allem irgendwo.«

Diese Tendenz, nahezu alles zu kommentieren, was in der
Welt geschah, war auch mir in den vorangegangenen Wochen
meiner Begleitung dieser Kampagne aufgefallen. Es mag sein,
dass in der heutigen Mediendemokratie dem Umstand, dass man
in den Meldungen des Tages vorkommt, ein höherer Stellenwert
beigemessen wird, als dem, womit man vorkommt. Aber das
macht diese Fixierung auf Medienpräsenz nicht automatisch
richtig. Paradoxerweise zeigte ausgerechnet die Kampagne
Donald Trumps, dass dessen Dauerpräsenz erst in Kombination
mit der für seine Kampagne richtigen Botschaft zum Erfolgsfaktor wurde. Trump gelang es, jedes Ereignis in den USA und
der Welt seiner Erzählung unterzuordnen, wonach Amerika verraten und verkauft werde und endlich wieder an sich denken
müsse, um zu alter Größe zurückzufinden.

Stauss wiederholt die Kernbotschaft der Kampagne an diesem
Abend immer wieder und weist darauf hin, dass man es so künftig auch in der Kampagne machen müsse.

»Alle einverstanden?«, fragt Schulz in die Runde. Alle nicken.
Er sei dankbar für diese Hinweise, und er würde sich freuen,
wenn Stauss für die letzten sechs Wochen in die Kampagne eingebunden bliebe. Es helfe ja nicht, wenn mehr Köche im Brei

rumrührten, sagt Stauss, der letztlich nicht eng eingebunden bleiben wird, weil ihm dazu die Zeit fehlt und einige der anderen Berater auch nicht allzu euphorisch auf die Idee reagieren, noch einen weiteren Berater am Tisch sitzen zu haben.»Aber diese sechs Wochen, die müssen jetzt einfach sitzen«, sagt Stauss.»Es ist zu viel passiert.« Das Allerwichtigste sei jetzt, dass die eine Botschaft verstetigt werde.»Und du musst bei deinen Coachings jetzt so lange genervt werden, bis es sitzt.«

»Erst herumscharwenzeln, aber dann in die Fresse hauen«
Immer Ärger mit den Medien

Die großen Fernsehformate des Wahlkampfes stehen nun bevor. Neben unzähligen Interviews sind das die Wahlarenen von RTL, ZDF und ARD, in denen Schulz sich den Fragen von Bürgern stellen soll, sowie das große TV-Duell mit Angela Merkel. Für diese Phase stößt ein weiterer Berater zu Schulz' Team, TV-Coach Markus Peichl. Der Österreicher hat einst das innovative Magazin »Tempo« gegründet, später leitete er die Talkshow von Reinhold Beckmann. Er weiß, wie man im Fernsehen gut rüberkommt, aber er ist auch ein zutiefst politischer Mensch. Vor Schulz coachte er schon Frank-Walter Steinmeier, den damaligen österreichischen Bundeskanzler Christian Kern sowie zahlreiche Ministerpräsidenten der SPD vor wichtigen TV-Auftritten. Immer mit großem Engagement und meist auch erfolgreich.

Bei einer Vorbesprechung zur RTL-Wahlarena in einem angemieteten Studio fragt Schulz, was bei solchen Auftritten eigentlich wichtiger sei: der Inhalt oder die Form? Er selbst habe den Eindruck: zu 90 Prozent die Form. Er sei jetzt wieder zwei Tage auf Sommerreise gewesen und die ihn begleitenden Journalisten hätten sich kein Jota für die Inhalte interessiert.»Die fragen nur:

Ist der müde, ist der fit? Ist der aggressiv, ist der depressiv? Lacht der, heult der?«

Am besten sei es, sagt Peichl, wenn Schulz von der Form her zuversichtlich, sympathisch, bürgernah rüberkäme und trotzdem der ein oder andere Inhalt verfange. Mehr als vier oder fünf Statements, mit denen man auch wirklich einen Punkt mache, kriege man selbst in einer langen Sendung nicht rüber.

Am nächsten Tag, dem 13. August, steht ein sogenanntes Sommerinterview mit dem ZDF-Journalisten Thomas Walde an. Damit der Kandidat einen Eindruck gewinnt, was ihn erwartet, setzt sich das Team vor einen Monitor und schaut sich ein Sommerinterview mit Horst Seehofer an, das zwei Wochen zuvor im Fernsehen lief. Sommerinterviews sind die Halloween-Feiern des deutschen Journalismus. Keiner versteht genau, warum es sie gibt, aber sie werden trotzdem tapfer geführt.

Nach ein paar Minuten schalten sie Seehofer wieder ab. Zu langweilig. Schulz und seine Berater gehen die potenziellen Themen für das eigene Interview durch: die Krise der Automobilindustrie, Steuerpolitik, die Lage der SPD. »Was ist mit Trump und Nordkorea?«, fragt Schulz. Auf neue Raketentests des Regimes in Pjöngjang hat der US-Präsident am Vortag mit martialischen Drohungen reagiert. Da werde man ihn wahrscheinliche fragen: »Was würden Sie anders machen als die Kanzlerin?«, sagt einer seiner Sprecher.

»Ich würde einen scharfen Gegensatz zu ihr präsentieren!«, erklärt Schulz.

»Ehrlich gesagt würde ich beim Thema Nordkorea gar nichts anders machen als Merkel«, rät der Sprecher.

»Die Bundeskanzlerin unternimmt keine diplomatischen Aktivitäten«, wendet Schulz ein. »Die Leute haben Angst, und sie tut nichts. Dass ist das erste Mal, dass die Leute das Gefühl haben, sie hat nicht alles im Griff.«

Da müsse man aufpassen, warnt der Sprecher. Die Leute hätten wirklich Angst. Man dürfe nicht den Spin provozieren: Schulz macht Wahlkampf mit der Korea-Krise. Das werde ihm doch sowieso unterstellt, entgegnet der Kandidat, egal was er mache. Das sei die Strategie des Gegners. Merkel hingegen empfange als ersten Termin nach ihrem Urlaub den UN-Flüchtlingskommissar und mache somit Wahlkampf mit Flüchtlingen. »Aber mir wird vorgeworfen, damit Wahlkampf zu machen! Ich habe das Thema Flüchtlinge vor 14 Tagen aufgegriffen, weil es virulent ist. Wann fangen wir an zurückzuschlagen?«

Am 3. September, sagt Peichl, er meint den Tag des TV-Duells. Solange Merkel ihm nicht persönlich gegenüberstehe, hätten solche Angriffe etwas leicht Beleidigtes und kämen wie Schattenboxen rüber. Man solle sie sich fürs Duell aufsparen.

»Leute, ich weiß nicht, was Ihr mir erzählt«, entgegnet Schulz. Man liege in den Umfragen bei 24 Prozent, und es seien noch sechs Wochen bis zur Wahl. Die Strategie der anderen Seite bestehe darin zu erzählen, das Ding sei gelaufen, der Schulz habe keine Chance mehr. »Diese Verunsicherungsstrategie ist ja systematisch, die soll unsere Leute deprimieren und sie davon abhalten, Wahlkampf zu machen.« Aber die Genossen würden ihn ständig fragen: »Wann greifst du endlich die Merkel an?«

Im Sommerinterview fragt Thomas Walde am nächsten Tag: »Ein aktuelles Thema: Trump, Korea-Krise, was würden Sie da eigentlich anders machen als Frau Merkel?«

Schulz blickt ernst und staatstragend. »Es gibt Situationen, da gibt es nur ein Zusammenhalten«, sagt er. Man sei ja hier an einem Ort, wo die Mauer gebaut wurde, mitten im Wahlkampf 1961. Willy Brandt sei Berliner Bürgermeister gewesen und Adenauer, der Mann, den er damals gerade herausforderte, Kanzler der Bundesrepublik. »Und deshalb kann sich jeder Deutsche darauf verlassen, dass ich jedenfalls eine solche Krise nicht zum Wahlkampfinstrument mache.«

Ob das nicht ein Problem sei für ihn sei, dass die Leute in turbulenten Zeiten eher die vertrauten Personen bevorzugen, hakt Walde nach, dass sie keine Experimente wollen. Es ist eine rhetorische Frage, natürlich ist das für den Herausforderer einer langjährigen Kanzlerin ein Problem. Gerade in Deutschland gibt es ein starkes Bedürfnis nach Ausgleich in internationalen Krisen. Die Kriegsangst ist nach der Zerstörungserfahrung zweier Weltkriege so ausgeprägt wie in kaum einer anderen Nation. Angela Merkel scheint diesem Bedürfnis mit ihrer unemotionalen und unaufgeregten Art am besten zu begegnen. Dass Schulz auch schon mit deutlichen, teils aggressiven Worten über Sicherheitsrisiken wie Erdoğan, Putin oder Trump gesprochen hat, verunsichert viele Deutsche hingegen – auch wenn sie ihm inhaltlich zustimmen. In diesem Interview aber redet er ruhig und bedächtig.

»Herr Walde, Sie müssen einfach damit leben, dass ich zu den Politikern gehöre, die Prinzipien haben«, antwortet Schulz. »Ob ich da jetzt ein Prozent mehr gewinne oder verliere, ist mir am Ende egal. Und wenn ich darüber keine Prozente hinzugewinne, wäre es trotzdem meine Verantwortung zu sagen: In solchen Situationen muss man zusammenstehen.«

»Ich fand's gut, dass du bei Nordkorea eine staatstragende Haltung angenommen hast«, lobt Generalsekretär Heil am Morgen nach dem Interview beim Jour fixe im Büro. »Dass du gesagt hast, mit Ängsten spielt man nicht. Weil uns das, glaube ich, nach hinten geschossen hätte.«

Schulz möchte über die Fragen des Sommerinterviews reden, die ihm sehr aggressiv vorgekommen sind. Viele, die gesehen haben, wie Angela Merkel von ARD und ZDF befragt wird, hätten sich bei ihm gemeldet und gesagt: »Was ist das für eine Dreistigkeit, mit der die dich da attackieren!« Über den kurzen Film, der vor dem Interview die Lage im Wahlkampf zusammenfassen sollte und der Schulz' Situation recht negativ darstellte, sagt er:

»Da hatte ich fast das Gefühl: Das ist das Adenauer-Haus, die das steuern«.

Schulz hat seit längerem den Eindruck, dass Merkel von vielen Journalisten deutlich sanfter behandelt wird. Dass sie sich von ihr charmieren und von der Bedeutung ihres Amtes beeindrucken ließen. Er sagt selten, dass die Art, wie er selbst befragt oder selbst beschrieben wird, unfair sei. Er beschwert sich nur immer wieder darüber, dass mit der Kanzlerin seiner Ansicht nach anders umgegangen werde. Nach beinahe jedem Merkel-Interview klagt er über Hofberichterstattung. Merkel dürfe im Ungefähren bleiben, es werde fast nie scharf nachgefragt: »Die behandeln die wie eine Königin.« Er hingegen werde in Interviews richtig unter Druck gesetzt, da werde nachgehakt und ins Wort gefallen. Dass Merkel fast jeder Auseinandersetzung aus dem Weg gehe, dass ihre Aussagen schwammig bis nichtssagend seien, würden viele Journalisten nicht etwa beklagen, sondern als gewiefte Strategie preisen. Sie würden die Cleverness der Form loben, statt die Verantwortungslosigkeit in der Sache zu kritisieren.

Schulz Eindruck ist nicht ganz falsch. Es gibt bizarr unterwürfige Interviews mit Angela Merkel in diesem Sommer. Aber dass er selbst kritischer hinterfragt wird, ist das Schicksal vieler Herausforderer, die, anders als Amtsinhaber, erst mal beweisen sollen, dass sie dem Amt gewachsen sind. Vermutlich nährt auch seine gelegentlich aufblitzende Neigung zur Raufboldigkeit bei Interviewern den Eindruck, dass man ihn nicht gerade mit Samthandschuhen anpacken muss.

Natürlich gebe es einen spezifischen Unterschied in der Interviewführung mit Merkel und in der Berichterstattung über sie, bestätigen ihm mehrere Berater am Morgen nach dem ZDF-Sommerinterview. Man dürfe sich nur nie drüber ärgern. Und niemals drüber reden, weil das unsouverän wirke. Und weil alles, was irgendwie nach Medienschelte klinge, tödlich sei.

In den Besprechungen des Kampagnenteams wird sehr oft über Journalisten und deren Arbeit geredet. Das ist einerseits verständlich, weil Medienberichte neben Umfragen das einzige unmittelbar greifbare Zeugnis für die eigene politische Arbeit sind. Aber es hat auch etwas Obsessives. In den USA hat Donald Trump gerade bewiesen, dass man eine Wahl gewinnen kann, auch wenn alle klassischen Medien des Landes gegen einen sind. Trump hatte schon früh auf die sozialen Netzwerke gesetzt, um ungefiltert mit potenziellen Wählern zu kommunizieren. In Deutschland mag es (noch) eine andere Lesekultur geben als in Amerika, und auch das Zeitungssterben ist nicht ganz so weit fortgeschritten. Aber es ist zumindest fraglich, ob die klassischen Medien heutzutage die Kraft haben, Kandidaten den Weg ins Kanzleramt zu ebnen (oder ihn zu versperren), selbst wenn sie es wollten. Schulz aber ist anders sozialisiert, für ihn hat größte Bedeutung, was in der »Süddeutschen Zeitung«, der »Frankfurter Allgemeinen«, im SPIEGEL, der »Zeit« oder in der »Bild«-Zeitung steht. Und was auf ARD und ZDF berichtet wird, ist ohnehin wichtig.

Einerseits mag Schulz den Austausch mit Journalisten. Andererseits ist er schnell enttäuscht, wenn Reporter, mit denen er ein Grundverständnis zu teilen glaubte, kritisch über ihn berichten. Er selbst drückt es so aus: Er schätze Typen, die ihm sagen:»Letztlich bin ich ein Konservativer. Aber ich werde Sie trotzdem fair behandeln.« Mit solchen Ansagen könne er arbeiten, das sei aufrichtig. Schlimm seien Leute, die so täten, als sei man auf der gleichen Wellenlänge, und die ihm dann eine reinwürgten.»Leute, die erst um mich herumscharwenzeln, aber mir dann in die Fresse hauen.«

In Brüssel hatte es Schulz mit einem anderen Journalismus zu tun als in Berlin. Auf europäischer Ebene wird mehr um Sachfragen gerungen, was sich auch in der Berichterstattung niederschlägt. In Berlin geht es vor allem um Mehrheit und Minderheit, um Regierung und Opposition und den ewigen Kampf um Aufmerksamkeit und Macht. Die Umstellung vom einen Kosmos auf den anderen fällt ihm auch nach Monaten noch schwer. Er sei nun mal in diesem Brüsseler Politikkonzept groß geworden, sagt Schulz. »Im Berliner Apparat war ich immer eine Randfigur.« Nun aber steht er im größtmöglichen Machtkonflikt, den es in Deutschland gibt, dem Kampf ums Kanzleramt.

»It ain't over 'til it's over«
Noch ein Berater

Am 7. August erscheint die »Bild«-Zeitung mit einer großen Geschichte auf der zweiten Seite, die Überschrift lautet: »So kriegt Schulz noch die Kurve«. Autor ist Gerhard Schröders früherer Regierungssprecher Béla Anda, der vor und nach seiner Zeit in der Politik bei »Bild« arbeitete und nun als Berater tätig ist.

Zunächst macht er Schulz Mut: Als Schröder 2005 gegen Angela Merkel antrat, sei die Lage um diese Zeit noch dramatischer gewesen. 18 Prozent betrug der Rückstand der SPD auf die Union, am Wahlabend war er auf ein Prozent zusammengeschmolzen. »It ain't over 'til it's over«, schreibt Anda.

Dann gibt er dem Kandidaten sechs Tipps, wie dieser noch die Kurve kriegen könne. Damit sie auch wirklich verstanden werden, steht hinter jedem ein Ausrufezeichen: »Kämpfen! Klareres Profil! Mehr Präsenz! Konzentration! Dialog! Selbstvertrauen!«

Kaum einer der Berliner Polit-Journalisten glaube noch an einen Achtungserfolg von Martin Schulz, analysiert Anda. Ein Achtungserfolg wäre zu diesem Zeitpunkt wohl ein Ergebnis zwischen 25 und 28 Prozent. An einen Wahlsieg glaube sowieso niemand mehr, schreibt Anda. Das spüre der SPD-Kanzlerkandidat bei jeder Begegnung, anmerken lassen dürfe er es sich nie, heißt es unter der Rubrik »Kämpfen!« Im Gegenteil: »Schulz muss jeden wissen lassen: Ich will das Ding noch schaukeln.« Ein weiterer Tipp: »Schulz muss seine Medientermine überprüfen, aktiver Präsenz zeigen.« Der Kandidat gebe zwar Interviews und sei irgendwo im Land unterwegs –»nur kaum einer kriegt's mit«. Auch personell müsse Schulz aufstocken, nach dem Ausfall seines Wahlkampfmanagers Markus Engels brauche er »neue Profis an seiner Seite«, unter anderem »einen Top-Social-Media-Manager, um Wähler jenseits von ›heute‹ und ›Tagesschau‹ zu erreichen«.

Schulz ist hocherfreut, als er den Artikel liest. »Dass er da auf einer ganzen Seite schreibt, der kann das noch schaffen, das fand ich erstaunlich«, sagt er. Er versteht den Text als Hilfsangebot, und er erscheint in einer Phase, da Schulz immer unglücklicher mit der Kommunikationsstrategie seiner Kampagne ist. Sie ist ihm zu defensiv. Zuletzt hatte es Streit über die Frage gegeben, ob man Merkel weiter für ihren Umgang mit dem Diesel-Skandal und der Krise der Autoindustrie attackieren solle. Schulz war natürlich dafür, andere eher nicht.

In den vergangenen Tagen sei ihm bewusst geworden, erzählt er, dass er keine nachhaltige Kommunikationsstrategie habe. Dass er einen Experten brauche, einen Kommunikationsprofi, der über breite Netzwerke verfüge. Deshalb hat er zwei Vertraute bei Béla Anda vorfühlen lassen und selbst mit Gerhard Schröder, dessen früherem Boss, telefoniert, um sich über Anda zu informieren. Super Mann, sagte Schröder. Hochprofessionell. Werde er gut mit auskommen.

Am 13. August spricht er selbst mit Anda und fragt ihn schließlich, ob er ihn beraten wolle. Anda möchte das. Allerdings wollen sie sein Engagement vorerst geheim halten, nicht einmal das Präsidium der SPD wird eingeweiht, nur Schulz' engste Berater wissen Bescheid. Erst mit der Zeit will man durchsickern lassen, dass Anda schon seit längerem Teil der Kampagne sei, dann, so hofft man, wird die Entscheidung weniger hektisch wirken. Anda wird das Willy-Brandt-Haus bis zum Wahlabend nicht einmal betreten, er wird von außen beraten, per Mail, SMS und Telefon. Er soll »Tagesbotschaften« entwickeln, mit denen der Kandidat optimal in den Medien platziert werden kann. Schulz' Auftritt in den sozialen Medien soll der Mann, der in seinem Artikel »einen Top-Social-Media-Manager« vermisste, ebenfalls voranbringen.

Schulz will die alte Beratung, über die er nicht immer glücklich war, durch neue Beratung zumindest neutralisieren. Niemand wird entlassen, niemandem werden die alten Kompetenzen entzogen Es kommen einfach neue Leute hinzu, von denen er glaubt, sie würden ihn in dem bestärken, was er selbst für richtig hält. So wird das Stimmengewirr um den Kandidaten mit der Zeit immer lauter. Das Geheimnis erfolgreicher Kampagnen aber ist meist eine klare Hierarchie unter jenen, die sie führen sollen.

»Nix ist gut«
Schildkröten, Schröder und andere Probleme

Am Mittwoch, den 16. August, besucht der Kandidat den Wahlkreis von Angela Merkel. Er hält eine Rede am Hafen von Stralsund und besucht das Ozeaneum, ein großes Museum über das Meer. Auf der Rückfahrt nach Berlin holt er sich eine kühle Apfelschorle aus der kleinen Minibar hinter der mittleren Armlehne und checkt die Nachrichten auf seinem iPhone. Seine Frau hat ihm ein Foto geschickt, eine Impression aus dem heimischen Garten in Würselen, das macht sie häufiger. »So ist meine Frau. Die sitzt da und sieht so eine Szenerie«, sagt Schulz. »Das Foto könnte genau so auch in jeder ›Schöner Wohnen‹ abgedruckt sein.« Wie fast immer, wenn es um seine Frau geht, gerät er leicht ins Schwärmen. »Ich kann nur von Glück reden, dass ich meine

Frau getroffen habe. Ich hab' damals gleich gespürt, dass wir seelenverwandt sind.«

Er muss sie jetzt unbedingt anrufen, ihr erzählen, was er eben im Ozeaneum gelernt hat. Es gibt viele Politikerehen, die daran scheitern, dass der Partner selten zu Hause ist. Andere scheitern, weil irgendwann die gemeinsamen Gesprächsthemen verschwinden. Martin und Inge Schulz, das kann man sagen, sind einander verbunden geblieben, auch wenn sie sich selten sehen. »Die haben da einen richtigen Pottwal ausgestellt«, erklärt er ihr am Telefon. »Da denkst du, das ist ein Jumbo-Jet, wenn du den siehst.« Er schwärmt von dem Museum, richtig beeindruckend sei es gewesen. Leider habe er wie immer viel zu wenig Zeit gehabt.

Der Museumsdirektor habe ihm von den bis zu hundert Jahre alten Meeresschildkröten und deren Problemen in zunehmend von Plastik vermüllten Ozeanen erzählt. Die Schildkröten würden Plastiktüten fressen im Glauben, es handele sich um Plankton. Das Plastik könne aber nicht verdaut werden, die Tiere hätten ein permanentes Sättigungsgefühl, würden nichts mehr essen und schließlich verhungern.

Er klingt aufgewühlt, als er seiner Frau vom Schicksal der Schildkröten berichtet. Es habe ihm noch mal deutlich gemacht, welche Verantwortung man für die Schöpfung habe. »Ich werde mich mit dem ganzen Thema Landwirtschaft, Tiere und Natur noch ein bisschen mehr auseinandersetzen«, verspricht er seiner Frau, die sich schon lange mit diesen Themen beschäftigt. »Das mach' ich auch für dich, weil du da so drauf beharrst. Und du hast ja absolut recht.«

Doch im laufenden Wahlkampf wird er das Versprechen nicht mehr einlösen, seine Kampagne ist weder auf Umwelt- noch auf Artenschutz ausgerichtet. Auf dem Parteitag Anfang Dezember aber wird er den Delegierten von der Meeresschildkröte aus Stralsund berichten, einem Erlebnis, »das mich tief aufgewühlt

hat.« Er leitet daraus einen bewegenden Appell an die Verantwortung des Menschen für die Schöpfung ab. »Die Natur ist uns
eben nicht untertan, und wir sind nicht ihre Herrscher«, ruft er
den Delegierten zu. »Die Erfüllung des Versprechens, dass wir
der nächsten Generation eine intakte Welt hinterlassen, das ist
der Prüfstein für unsere politische Existenzberechtigung.« Es
wird eine der leidenschaftlichsten Stellen seiner Rede, sie wird
die größte Begeisterung entfachen. Und so fragt man sich rückblickend, warum die Schildkröte erst im Dezember auftauchen
und nicht schon durch den Wahlkampf schwimmen durfte.

Schulz' Kampagne kämpft derweil mit einem neuen Problem.
Die »Bild«-Zeitung meldet, dass Gerhard Schröder Mitglied im
Aufsichtsrat des russischen Ölkonzerns Rosneft werden soll,
gegen den die EU Sanktionen verhängt hat. Schulz hatte keinen
blassen Schimmer davon. Für seinen Wahlkampf ist die öffentliche Empörung über Schröder, die nun einsetzt, gleich mehrfach
ärgerlich. Sie lenkt von den Themen ab, über die Schulz eigentlich reden möchte. Am Vortag hat er bereits eine geplante Pressekonferenz im Willy-Brandt-Haus sausen lassen, weil seine Berater ahnten, dass er nur zu Schröder befragt werde. Hinzu kommt,
dass Schulz dem Altkanzler auf dem Dortmunder Parteitag eine
große Bühne geboten und sich so vor aller Welt mit ihm identi-
fiziert hatte. Das bereut er nun. »Ich habe als langjähriger Freund
alles unternommen, um diesen Mann mit der Partei zu versöhnen. Bin auf ihn zugegangen, gegen Widerstände im Präsidium.
Und dann so was. Echt ey!«

Schulz ist umzingelt von den Geistern der sozialdemokratischen Vergangenheit. Wenn es einen roten Faden seiner Kampagne gibt, dann ist es das fehlende Fingerspitzengefühl oder besser: die Rücksichtslosigkeit seiner diversen Vorgänger. Die Zeit
und Energie, die er aufwenden muss, um die Einmischungen
der Herren Schröder, Steinbrück und Gabriel abzuwehren, hätte
er jedenfalls sinnvoller nutzen können. Von all den negativen

Schlagzeilen für die SPD ganz zu schweigen. Solidarität, die Basis des sozialdemokratischen Weltbildes, scheint bei ehemaligen Spitzengenossen nicht allzu stark entwickelt.

Er habe Schröder gestern Morgen angerufen, erzählt Schulz auf der Fahrt von Stralsund nach Berlin. Er habe ihm klar gesagt, dass er eine solche Diskussion nicht gebrauchen könne. Deshalb werde er jetzt auch öffentlich erklären, dass man nicht jedes Angebot annehmen müsse, das einem die Wirtschaft mache. »Das hat er geschluckt. Aber es ist ihm letztlich auch egal.«

Das sei natürlich großer Mist, sagt Schulz auf der Rückbank seiner Limousine. »Schwups ist der nächste Wahlkampfhelfer weg.« Schröder sollte in den verbleibenden Wochen durchs Land touren, zahlreiche Auftritte mit SPD-Kandidaten waren fest vereinbart. Er habe Béla Anda gefragt, was dessen früherer Chef Schröder an seiner Stelle mit einem wie Schröder gemacht hätte. »Totale Distanz!«, lautete Andas Antwort. »Der hätte keine Sekunde gezögert.« Schröder hat nie einen Zweifel daran gelassen, dass er rücksichts- und skrupellos sein konnte, wenn es dem eigenen Fortkommen diente. Ohne diese Charakterzüge wäre er wohl niemals Bundeskanzler geworden. Schulz will weder rücksichts- noch skrupellos sein, er glaubt, dass es auch einen menschlichen Weg an die Macht geben müsse, und hadert nun damit, dass immer neue Situationen entstehen, in denen von ihm verlangt wird, rücksichtslos zu sein.

Dieses Dilemma ließ sich vor ein paar Tagen gut beobachten, als Schulz Gast beim RTL-Townhall-Meeting war und ihn ein Zuschauer fragte, welche charakterlichen Eigenschaften er an sich selbst bemängeln würde.

Es sei ja so, dass man mitten im Wahlkampf ungern über seine schwächsten Punkte rede, begann er, um dann doch vollkommen aufrichtig die Frage zu beantworten. »Mein schwächster Punkt ist, dass ich nicht Nein sagen kann.« Das kritisiere auch seine Frau.

Er sei, fuhr er fort, ein bisschen wie der Rabbiner aus einer
berühmten Geschichte: Als ein Nachbar zum Rabbiner kommt
und sich über den anderen Nachbarn beschwert, sagt ihm der
Rabbiner:»Du hast recht.« Dann kommt der andere Nachbar
und beschwert sich ebenfalls. Auch ihm gibt der Rabbiner recht.
Schließlich sagt seine Frau zum Rabbiner:»Du kannst doch nicht
sagen: Der hat recht und der hat recht.« Da sagt der Rabbiner:
»Da hast du recht.«

»Ich bin so ein bisschen«, sagte Schulz, und es vergingen nur
wenige Sekunden, bis die CDU über ihre sozialen Netzwerke darauf hinwies, dass man mit Schulz einen Bundeskanzler bekäme,
der niemals Nein sagen könne.

Das sei sicher nicht klug gewesen, sagt er nun, ein paar Tage
später. Ein Bundeskanzler, der nicht Nein sagen könne, das gehe
gar nicht! Habe auch seine Frau gesagt. So ein Bundeskanzler
wäre er aber auch nicht. Er habe die Frage vielmehr so verstanden, dass sie die Privatperson Martin Schulz betreffe.

Was die Fernsehzuschauer nicht erfuhren, ist, dass es nach dieser Frage noch eine weitere gab. Diesmal wollte ein Mann wissen,
welche Eigenschaften ihn zum Kanzler befähigten.»Ich hab'
Prinzipien«, antwortete Schulz entschlossen.»Und diese Prinzipien sind ab einem bestimmten Punkt nicht mehr verhandelbar.
Ich würde niemals etwas, was ich mit meinem Gewissen nicht
vereinbaren kann, für einen Koalitionsvertrag opfern.« Hätten
die Zuschauer auch diese Antwort hören können, hätte sich
zumindest ein differenzierteres Bild über die Entschiedenheit
von Martin Schulz ergeben. Aber genau diese Passage tauchte in
der ausgestrahlten Sendung nicht auf. Die komplette Sendung
gab es nur in der Mediathek zu sehen.

Endlich naht die Raststätte. Der Kandidat hatte schon bei der
Abfahrt in Stralsund Hunger angemeldet. Die beiden Personenschützer, die ihn ständig begleiten, sind im Laufe der Monate zu
echten Raststättenprofis geworden. In wenigen Sekunden finden

sie heraus, welche der auf der Strecke liegenden Imbisse wohl der bekömmlichste ist. Heute fällt die Wahl auf die Raststätte Buckowsee West, wo das Kettenrestaurant Serways eine zuverlässige Currywurst mit Pommes im Sortiment hat. Mit jedem Bissen kehrt die Zuversicht zurück. »Wir haben jetzt mit 24 bis 25 Prozent die untere Grenze erreicht.« Er sei immer noch optimistisch, dass er irgendwo zwischen 25 und 30 Prozent landen werde. »Meine Zielmarke ist eigentlich 28 Prozent. Wenn wir die erreichen, bin ich happy.« Er glaubt, dass es in der Schlussphase des Wahlkampfs eine andere Dynamik geben werde als bei Steinbrücks Wahlkampf 2013. Zum vergleichbaren Zeitpunkt habe die SPD damals mit 28 bis 29 Prozent höher gelegen, aber der Kandidat habe nicht zu Partei und Programm gepasst. »Jetzt liegen wir niedriger, aber der Kandidat ist passend.« Deshalb könne die Mobilisierung der eigenen Truppe gelingen.

Am nächsten Tag wird das gleiche Mittagessen, Currywurst mit Pommes, eingenommen, allerdings am Besprechungstisch seines Büros im Willy-Brandt-Haus.

»Ihr macht aus mir 'nen richtigen Kasper, wisst Ihr das?«, sagt Schulz, als ihm das eng getaktete Programm für den restlichen Tag erklärt wird.

»Sonst alles gut?«, fragt seine Büroleiterin.

»Wie, alles gut? Nix ist gut.«

Für die schlechte Laune sorgt wieder mal Gerhard Schröder. Der hat nachgelegt und seinen künftigen Aufsichtsratsposten bei Rosneft in der Schweizer Zeitung »Blick« selbstbewusst verteidigt. Und erneut heißt es in den Medien: Schröder ist ein Riesenproblem für den Kanzlerkandidaten. »Dieser Schröder, der geht mir auf den Senkel«, sagt Schulz vor sich hin. »Völlig deppert, der Kerl. Mannomannomann! Jetzt muss ich mich den ganzen Tag wieder zum Schröder äußern.«

Seine Büroleiterin will schnell das Thema wechseln. Bei »You-Gov«, einem der neuen internetbasierten Institute, sei man jetzt auch um ein Prozent gestiegen, auf 25. Das sei jetzt das fünfte Institut, bei dem man leicht gestiegen sei.

Das stimmt, sagt Schulz, der die Umfrage natürlich auch mitbekommen hat. »Was mich aber zutiefst betrübt: Auf die Frage, ob sie von uns einen Gebrauchtwagen kaufen würden, sagen nur elf Prozent der Leute, sie würden von der Merkel einen kaufen. Und bei mir sind es sechs Prozent! Nur sechs Prozent würden von mir einen Gebrauchtwagen kaufen!« Schulz schüttelt den Kopf.

Andere Politiker mögen sich längst damit abgefunden haben, dass ihr Berufsstand, ähnlich wie der von Journalisten oder Immobilienmaklern, mit größtem Misstrauen betrachtet wird, Schulz aber treibt es um. Eigentlich hatte er zeigen wollen, dass die Verachtung für »die da oben«, die vermeintlich abgehobenen Politiker, übertrieben sei. Dass er und die meisten Kollegen ganz normale Menschen seien. Glaubt man der Umfrage, so fällt die Zwischenbilanz dieses Bemühens eher mager aus.

TAGE DES KÄMPFENS
Auf der Straße

»Man darf sich nie aufgeben«
Die heiße Phase beginnt

An diesem Tag, dem 21. August, soll in Bremen die heiße Phase des Wahlkampfes mit der ersten von insgesamt 41 Großkundgebungen auf den Marktplätzen der Republik beginnen. Auf der Fahrt von Würselen nach Bremen ist der Kandidat bester Laune. Es gibt im Grunde niemanden mehr, der daran glaubt, dass Schulz noch Bundeskanzler werden kann. Die meisten Wähler und Beobachter haben ihn und die SPD abgeschrieben, manche mitleidig, viele hämisch. Schulz aber scheint einen Filter um sich errichtet zu haben, der nur noch positive Nachrichten durchlässt.

Von den Wahlkämpfern an der Basis habe es am Wochenende tolle Rückmeldungen gegeben, sagt er. Sie stünden voll hinter dem Programm und würden enthusiastisch für ihn als Kandidaten kämpfen. Dann verweist er auf eine Emnid-Umfrage aus der gestrigen »Bild am Sonntag«. Gut, die Union sei da um einen Punkt auf 39 Prozent geklettert, während die SPD bei 24 Prozent stagniere. Aber Schulz hat trotzdem etwas gefunden, an dem er sich aufrichten kann: Bei der Frage, welche Themen den Bürgern in diesem Wahlkampf wichtig seien, habe sein Thema »Gerechtigkeit« ganz oben gestanden. »Das macht mir Mut. Ich bleibe da jetzt stur bei«, sagt er. Wie Labour-Chef Jeremy Corbyn in Großbritannien. Der habe im Frühjahr noch weiter hinter Theresa May, seiner Gegnerin von den Tories, zurückgelegen. Statt über den Brexit habe Corbyn stur über soziale Gerechtigkeit geredet. Und fulminant aufgeholt.

Angekommen am Bremer Rathaus wird der Kandidat in den ersten Stock geführt. Schulz läuft ans Fenster und schaut hinaus auf den Platz, wo bereits das Vorprogramm begonnen hat. »Och, ein paar Leute sind ja da.« Die Partei hat sich bemüht, den Platz voll zu bekommen. Die Zahl der Zuschauer kann eine Botschaft sein, gerade zum Auftakt der heißen Phase. Bei Gerhard Schröders vermeintlich aussichtsloser Kampagne im Sommer 2005 waren die Marktplätze so voll, dass sich die Journalisten, die ihn und die SPD schon abgeschrieben hatten, irgendwann fragten, ob die Umfragen vielleicht doch nicht die reale Stimmung im Lande wiedergeben. Donald Trump machte den tatsächlich großen Zulauf bei seinen Wahlkampfveranstaltungen konsequent zum Thema, bis der Eindruck einer gewaltigen Bewegung entstand, die seine Kandidatur trage. »Wenn die Beteiligung überall so gut ist, dann haben wir richtig gute Bilder«, sagt Generalsekretär Heil, während er mit Schulz auf die Menge blickt. »Dann können wir eine Geschichte erzählen.«

15 Minuten bis zum Auftritt des Kandidaten, gemeinsames Warten im Büro des Bürgermeisters. Auch Manuela Schwesig, die Ministerpräsidentin von Mecklenburg-Vorpommern, ist gekommen, ebenso wie Niedersachsens Ministerpräsident Stephan Weil und die Bundesgeschäftsführerin Juliane Seifert. Sie hören die Bässe der Vorband. »Sag noch mal, wie muss ich gleich laufen?«, fragt Schulz. Die Idee ist, dass er von hinten durch die Menge Richtung Bühne läuft und unterwegs möglichst viele Hände schüttelt. Das Bad in der Menge soll per Kamera auf die große Leinwand übertragen werden. Ein sehr beliebter Mann, der aus der Mitte des Volkes kommt, das ist die Botschaft. Er müsse sich keine Gedanken machen, sagt Seifert. Man werde ihn führen.

»Gut, ich werde also geführt«, hält Schulz fest. Bei dem Stichwort fällt ihm gleich eine Anekdote ein. »Kennt Ihr die Tagesordnung der letzten Politbürositzung der KPdSU?« Alle verneinen, zumindest tun sie so, als würden sie den Witz noch nicht kennen. »Tagesordnungspunkt 1: Hereinrollen der Rollstühle. Tagesordnungspunkt 2: Anlegen der Hörgeräte. Tagesordnungspunkt 3: Herausführen der Blindenhunde. Tagesordnungspunkt 4: Ablegen der Prothesen. Tagesordnungspunkt 5: Gemeinsames Singen: ›Wir sind die junge Garde.‹« Alle lachen. »Wie kam ich drauf? Ach ja: Ich werde geführt.«

Dann müssen sie runter. Der Bürgermeister erklärt noch schnell, dass man auf dem Weg zur Bühne das Denkmal der Bremer Stadtmusikanten passieren werde. Schulz könne die Füße des Esels anfassen, das bringe Glück, heißt es in Bremen. »Willst du so ein Bild haben?«

»Ja, klar«, sagt Schulz. Glück könne er gebrauchen. Er wisse dann auch, wie die Bildunterschrift morgen lauten werde, sagt Heil. »Etwas Besseres als den Tod finden wir überall.«

Die Füße des Esels bringen tatsächlich Glück, zumindest für den Auftritt in Bremen. Die Rede gelingt, der Kandidat wird bejubelt, es gibt sogar freundliche Medienberichte.

Von nun an lebt Schulz wie ein Musiker auf Tournee. Meist hat er zwei Großkundgebungen pro Tag, dazwischen kleinere Termine, Interviews, Strategiesitzungen. Abends Hotel. Nur manchmal, wenn der letzte Auftrittsort in der Nähe liegt, geht es zum Übernachten nach Würselen.

Am Tag nach der Auftaktveranstaltung in Bremen soll Schulz um 18 Uhr in Trier reden. Er fährt morgens von Bremen mit dem Auto Richtung Süden, isst mittags an einer Raststätte und legt einen Zwischenstopp in Bonn ein, wo er eine Fahrradwerkstatt besuchen soll, in der junge Menschen ausgebildet werden, die schon mindestens einmal an einer Lehre gescheitert sind.

Er läuft durch die Werkstatt, vorbei an Fahrrädern, die an Seilen in der Luft hängen, und versucht, mit den Auszubildenden ins Gespräch zu kommen. Ihr Schicksal erinnert ihn daran, wie es ihm selbst vor fast 40 Jahre ergangen ist. Er will mehr über ihr

Leben erfahren, über die Gründe ihres Scheiterns und die Motivation fürs Weitermachen. Aber wer spricht schon offen über sein Scheitern, wenn Kameras laufen und mehr als ein Dutzend Reporter mit offenem Block dabeistehen? Schulz merkt, dass die Auszubildenden gehemmt sind. Spontan bittet er darum, ungestört mit den jungen Leuten reden zu können, in einem Hinterzimmer, die Presse soll draußen bleiben. Dort berichten nun einige, warum sie auf die schiefe Bahn geraten sind, warum sie die Orientierung, zumindest vorübergehend verloren haben. Schulz lehnt sich beim Zuhören weit nach vorn, er will auch körperlich seine Nähe zeigen.

»Ich war mit 18, 19 Jahren weder Vorsitzender der SPD noch Kanzlerkandidat, sondern richtig am Ende«, sagt er, nachdem die jungen Männer von sich erzählt haben. Er sei auch jemand, der eine zweite Chance im Leben bekommen habe. »Ich hatte total die Orientierung verloren. Hab' dann sehr viel getrunken. Hab' meine Arbeit verloren, war arbeitslos, musste aus meiner Wohnung raus.« Gott sei Dank habe er Freunde und eine Familie gehabt, die an ihn geglaubt und ihn irgendwie aufgefangen hätten. »Ich selbst hatte den Glauben an mich fast aufgegeben«, sagt Schulz. »Aber man darf sich nie aufgeben.«

Die jungen Leute hören gebannt zu, es ist mucksmäuschenstill im Raum. »Ja, und jetzt bin ich, wenn es gut läuft, der nächste Bundeskanzler.« Das zeige, dass man im Leben nie aufgeben dürfe. »Ihr müsst euch anstrengen und die Chancen, die ihr hier habt, ergreifen.«

Hier, unter Ausschluss der Öffentlichkeit, wird deutlich, wie gewinnend Schulz in direkten Begegnungen sein kann. Eine andere Person kommt zum Vorschein, eine Dimension seiner Persönlichkeit, die sich in diesem Wahlkampf kaum vermittelt. Im Gespräch mit den Auszubildenden darf er ungestört empathisch sein, ohne fürchten zu müssen, als Rührseligkeitsonkel verspottet zu werden.

Es hat etwas Tragisches, dass Momente großer Innigkeit wie dieser, in denen die Zuhörer beeindruckt sind von seiner Offenheit und Ehrlichkeit, in seiner Kampagne kaum Platz haben. Und dass sie, wie dieses Gespräch mit den Azubis, hart erkämpft und der Regie des Wahlkampfes abgetrotzt werden müssen. Einem breiteren Publikum bleibt so verborgen, dass sein herzlicher Umgang mit Menschen nicht gespielt und auch keine Masche ist. Nur in einigen wenigen TV-Formaten, den Wahlarenen, wird dieser Schulz kurz aufblitzen, doch viel zu oft lassen die Auftritte und Veranstaltungen, die für ihn organisiert werden, ihn wie einen Bürokraten aussehen, nicht wie einen mitfühlenden Menschen.

So gibt es nur wenige Momente in diesem Wahlkampf, in denen Schulz ganz bei sich ist, Momente, in denen er nichts behaupten, nichts vorgeben, keine Rolle aufrechterhalten muss. In denen er einmal nicht ackert und kämpft und der Wahlkampf keine Belastung darstellt. Bei der Feier für die Ehe für alle war dies der Fall und bei einer Handvoll weiterer Gelegenheiten. Aber viel zu selten.

Von Bonn geht es weiter nach Trier. Auf der A61 kurzer Stopp am Autohof, Ausfahrt Menzig. Das Social-Media-Team der SPD will ein Video-Statement zur heute beginnenden Computerspiele-Messe Gamescom für die Facebook-Seite des Kandidaten aufnehmen. Die Kanzlerin besucht die Messe heute persönlich, es wird unzählige Fotos und Schlagzeilen geben. Der neue Berater Béla Anda hatte die Idee, dieser Präsenz im Netz etwas entgegenzusetzen.

Ein Mitarbeiter des Social-Media-Teams steigt mit seiner Kamera aus dem Begleitfahrzeug und positioniert sich neben Schulz. Das Setting ist nicht wirklich optimal. Sie stehen in der Einfahrt eines »Drive-through« von McDonald's. Im Hintergrund wirbt ein Plakat mit dem Hinweis »Girls Girls Girls« für den 66 Meter entfernten Trucker-Puff namens »Love Mobile Park«.

»Ich weiß nicht, was ich hier soll«, sagt Schulz. »Mir wurde gesagt, ich solle einen Kontrapunkt setzen, zum Beispiel an irgendeinem Tischkicker stehen und rumkickern.« Nein, es gehe um ein inhaltliches Statement, sagt der Mann vom Social-Media-Team. Schulz solle den Wunsch äußern, dass die Innovationen der Unterhaltungsindustrie künftig verstärkt aus Deutschland kommen. Und dass er als Bundeskanzler dafür sorgen würde, dass die wachsende E-Sports-Szene mehr Akzeptanz bekommt.

Schulz guckt, als solle er sich eine Torte ins Gesicht drücken. Er hat keine Ahnung, was diese E-Sports-Szene genau ist. »Nee. Nee, nee, das ist nicht das, was wir machen wollten«, sagt er. »Die Merkel macht da eine Show. Und mir geht's darum, dass ich als im normalen Leben der Leute verwurzelter Mensch dargestellt werde, der diese Showveranstaltung nicht mitmacht.« Das sei etwas völlig anderes.

Aber das sei das, was ihm gesagt wurde, entgegnet der Mitarbeiter. »Wer hat dir das gesagt? Woher kommt die Anweisung?« Der Social-Media-Mann murmelt etwas vom Büro des Generalsekretärs. Aha, sagt Schulz. Er versteht die Welt nicht mehr. Dann müssen sie zur Seite auf den Grasstreifen springen, weil ein Wagen in den Drive-through steuert.

»Ich weiß nicht«, fährt Schulz fort. Merkel nutze die Vorteile ihres Amtes und eröffne zu Wahlkampfzwecken diese Messe, und er solle hier auf einem Autohof noch mal ihre Rede nachplappern, von wegen die Messe sei gut? Er schüttelt den Kopf und läuft zurück zum Wagen.

»Also irgendwie, ich weiß nicht, irgendwie läuft das nicht rund«, sagt er auf der Rückbank. »Das läuft da alles drunter und drüber.« Man könne diese Gamescom entweder ignorieren oder man setze was Pfiffiges dagegen. Aber nur einen Kommentar ins

Netz zu stellen und der Merkel hinterherzudackeln, das könne nicht der Sinn sein. Die Gamescom wird dann ignoriert.

Schulz wird in dieser heißen Phase des Wahlkampfs meist von ein oder zwei Leuten aus dem Social-Media-Team der SPD begleitet. Nur mangelt es meist an der Zeit oder an guten Ideen, um diese Nähe zu nutzen und originelles Material zu drehen. Der Umgang der SPD mit den sozialen Netzwerken wirkt auch in dieser Kampagne so, als versuche der Papst, mit der sexuellen Revolution Schritt zu halten. Dabei hat nicht nur die US-Wahl gezeigt, welche Bedeutung der konsequente und geschickte Einsatz neuer Medien haben kann. In Deutschland nutzt FDP-Chef Lindner Facebook und Twitter im Wahlsommer 2017 so konsequent wie kein zweiter Kandidat. Was Donald Trump und Christian Lindner von Schulz, dem das Medium eher fremd ist, unterscheidet: Sie posten fast immer selbst und schaffen so eine (scheinbare) Nähe und Authentizität, den selbst das motivierteste Social-Media-Team für den fremdelnden SPD-Kandidaten nicht erzeugen kann.

Die Außendarstellung der beiden großen Parteien in Deutschland folge »noch immer den Regeln der Öffentlichkeit des vergangenen Jahrhunderts«, schrieb der Internetexperte Sascha Lobo mit Blick auf diesen Wahlkampf. »Auch 2017 hat die Politik in Deutschland noch den Charakter einer Aufführung für klassische, redaktionelle Medien.«

Schulz zieht das Manuskript seiner Rede aus der Mappe. »Wir mussten kürzen, weil ich gestern zu viel dazugedichtet habe«, sagt er. »Aber was ich dazugedichtet hab', hat den meisten Beifall bekommen. Tja, ist so.« Dann trägt er die Rede einmal laut vor und fragt seine Personenschützer vorn im Wagen, ob es ihnen gefallen habe.

Kurz vor der Autobahnausfahrt erhält er eine SMS eines Mitarbeiters mit einem Foto vom Trierer Veranstaltungsort, die

Bühne steht direkt vor der Porta Nigra. »Ich empfehle, fünf Minuten vor Ankunft alles auszublenden. Augen zu und entspannen. Dann auf die Bühne und krachen lassen. Wetter ist gut. Rede ist gut. Tag zwei Aufholjagd.« Schulz schaut gerührt auf sein Handy. »Der ist so süß. Der ist so nett!«

Kurz vor der Porta Nigra eine weitere SMS, diesmal vom Demoskopen im Willy-Brandt-Haus. »Plus ein Prozent bei Forsa!«, ruft Schulz begeistert, um gleich zu erläutern, was das bedeutet: 24 Prozent bei Forsa seien wie 26 in echt. »Schon die zweite Woche in Folge einen Punkt mehr. Das ist doch nicht schlecht.«

Wenn ständig schlechte Nachrichten auf einen einprasseln, erhalten die wenigen positiven eine umso größere Bedeutung. Sie wirken wie Antidepressiva gegen die Strapazen und das Gefühl von Vergeblichkeit.

Schulz weiß inzwischen, dass er nicht Bundeskanzler werden wird. Aber er hofft noch immer auf einen Schlussspurt, auf ein würdiges Ende. »Also insgesamt steigt die Stimmung für uns«, sagt er. Und wenn das Foto stimme, das er gerade bekommen habe, dann sei da richtig was los in Trier.

Das Foto stimmt. Der Platz vor der Porta Nigra ist brechend voll, die Sonne knallt bei über 30 Grad. Vor einem Café in einer Seitengasse gibt Schulz letzte Anweisungen für seinen Auftritt: Die Musik beim Einmarsch heute bitte etwas kürzer laufen lassen. Gestern habe er da ein bisschen dumm auf der Bühne rumgestanden, ohne zu wissen, was er tun soll. Die rheinland-pfälzische Ministerpräsidentin Malu Dreyer pudert ihm mit der Puderdose eines Begleiters noch rasch die Nase, dann ertönt die Musik, Kamera an, Auftritt. Schulz wird gefeiert, mehr noch als am Vortag in Bremen. Auf der langen Heimreise nach Würselen hat er tatsächlich das Gefühl, dass die Aufholjagd gerade begonnen hat.

»Da hab' ich mir was eingehandelt«
Die Rache der Golfspieler

Drei Tage später Katastrophenstimmung. Im Frühstückssaal seines Frankfurter Hotels sitzt Martin Schulz minutenlang am Tisch, ohne ein Wort zu sagen. Das kommt sonst nie vor. Die neuen Umfragen von ARD und ZDF sind da. In beiden sinkt die SPD um zwei Prozentpunkte, jetzt auf 22 Prozent, der Tiefstwert, seit er Kandidat ist. Es hört nie auf. Der ganze Elan, den er die Woche über angesammelt hatte, gespeist aus den ersten Reden auf Marktplätzen, aus einer einzelnen Forsa-Umfrage (plus ein Prozentpunkt!) und einem ordentlichen Schuss Selbstsuggestion, ist erloschen. »Ab dem 25. 9. schreib' ich meine Memoiren«, sagt er irgendwann. Er meint das nicht so und seine Leute lassen sich von derartigen Ankündigungen auch nicht mehr irritieren. Sie ignorieren sie einfach.

Man könne nichts beschönigen, sagt er an diesem Morgen, einen knappen Monat vor der Bundestagwahl. »Die Lage ist beschissen.« Er versteht es nicht. »Da kommen Tausende Leute gestern nach Essen, und dann kriegst du solche Umfragen serviert!« Er schüttelt den Kopf. »Ich steh vor einem Rätsel.«

Und jetzt hat er auch noch Ärger mit den Golfspielern. Schulz war sehr stolz auf einen Spruch, den er nun schon seit Tagen wiederholt: »Die Golf-Fahrer sind uns wichtiger als die Golfspieler.« Er will damit die aus seiner Sicht unverantwortlich handelnden Autobosse attackieren, die Dieselkäufern mit ihren Abgas-Skandalen großen Schaden zugefügt haben. Und er will Solidarität mit den einfachen Leuten zeigen, die täglich im Auto zur Arbeit pendeln müssen.

Doch jetzt hat ihm der Präsident des Deutschen Golf Verbandes, Claus M. Kobold, einen offenen Beschwerdebrief geschrieben. Schulz' Angriff auf die rund 1,8 Millionen Menschen, die in Deutschland Golf spielen, sei »eine Frechheit«, schreibt Kobold. Schulz betreibe »die öffentliche Diffamierung offensichtlich vollkommen unbeteiligter Bevölkerungsgruppen«. Er fordere ihn auf, die »falschen und beleidigenden Aussagen« richtigzustellen.

»Was mach' ich denn jetzt?«, fragt Schulz am Frühstückstisch. Er habe überlegt, ob er den Satz fortan einfach weglassen soll. Aber das wirke ja wie Zurückrudern. Dann hat er noch eine andere Idee. »Könnt ihr mal nachgucken, wie viele Minigolfspieler es gibt?« Er könne ja sagen, Minigolfspieler seien ausdrücklich ausgenommen.

Vor der Nachmittagskundgebung auf dem Römerberg kurze Vorbesprechung im Büro des Frankfurter Oberbürgermeisters. »Ist denn was los draußen?«, fragt Schulz.

Leider nicht so viel wie erhofft, sagt der Bürgermeister, der, anders als Schulz, nicht allzu sozialdemokratisch wirkt, eher wie ein Notar oder ein Golfspieler. Sei ein schwieriger Termin, schwierige Uhrzeit. Der Bürgermeister sagt genau das, was Leute, die gleich auftreten sollen, niemals hören wollen. Vielleicht 2000 Leute seien da.

»2000? Das ist doch super!«, sagt Schulz, jetzt wieder im Positivmodus. »Also, um die Uhrzeit!«

Der Oberbürgermeister muss los, er ist Teil des Vorprogramms. Als er raus ist, schaut Schulz sich in seinem riesigen Büro um. Alles ist weiß, kahl, spartanisch. »Und das ist das Büro eines Bürgermeisters?«, fragt er. Es ist klar, dass dieses Ambiente nicht seine Welt ist.

»Bauhaus«, sagt ein Personenschützer.

»Sieht eher aus wie nach 'ner Räumungsklage«, sagt Schulz. Ihm ist das viel zu karg.

Dann eine SMS. »Es scheint doch viele Golfspieler zu geben«, sagt er nach einem Blick auf sein Handy. Sogar seine Schwester schreibt: »Im Netz beschweren sich bei mir selbst Genossen über

deinen Satz. Kannst du den nicht weglassen oder sagen: Mir sind Golf-Fahrer mindestens genauso lieb wie Golfspieler?«
»Leck mich in de Täsch«, sagt Schulz. »Was es nicht alles gibt in Deutschland. Golfspieler! Da hab' ich mir was eingehandelt. Wahnsinn!« Er sei in seinem ganzen Leben noch auf keinem Golfplatz gewesen.

Nach seinem Auftritt ist am Rande der Bühne eine Pressebegegnung vorgesehen, zahlreiche Journalisten sind zur Stelle. Theoretisch wären jetzt alle Fragen möglich: zu seinen Reformplänen für die EU oder für das deutsche Bildungswesen, zum Zustand der Pflege oder zur Zukunft der Automobilindustrie. Doch die einzige Frage, die gestellt wird, geht so: »Herr Schulz, Sie stehen ja jetzt enorm unter Druck von den Golfspielern. Das schlägt ja enorm hohe Wellen. Wie fällt Ihre Reaktion aus?«

»Na, ich hab' nichts gegen Golfspieler«, antwortet Schulz. »Die Golfspieler in Deutschland können sich darauf verlassen: Ich wollte sie auf keinen Fall in irgendeiner Weise attackieren.« Damit wäre zumindest sein Golf-Problem fürs Erste gelöst.

»Ich laufe da allein durchs Land«
David gegen Goliath

Am 28. August hat der Kandidat einen Zettel zum Montags-Jourfixe im Willy-Brandt-Haus mitgebracht, darauf ein paar Bitten an sein Team. »Darf ich mal mit ein paar Basics beginnen?«, fragt er. Er brauche mehr Personal auf seiner Tour. Er reise mit einem Referenten und einem Pressesprecher. Das sei alles. »Ich meine, ich soll der Kanzlerkandidat sein, der Angela Merkel herausfordert, und laufe da allein durchs Land.« Nur mal ein Beispiel: Sein Redenschreiber habe am Freitag in Frankfurt seine Reden kürzen, sich um Angelegenheiten mit dem Hotelzimmer kümmern und zugleich einen Pressetermin begleiten müssen. »Das geht nicht.« Er klingt erschöpft, kurzatmig, verzweifelt. So wie er die Lage beschreibt, ist es ein Duell David gegen Goliath.

Es sei auch kein Platz für frische Hemden und Anzüge. »Ich hab' in Bochum wegen der Hitze ausgesehen wie ein nasser Aufnehmer. Und dann weiter zum nächsten Termin. Da würd' ich gern mal ein frisches Hemd anziehen und die Krawatte wechseln. Das macht ja viel aus.« Aber dafür brauche er auch den Platz. Die Personenschützer seien nett, die würden seine Anzüge in ihren Kofferraum packen, der aber voll sei mit Knarren, Schutzwesten und Koffern. »Da wird dann die Kalaschnikow auf meinen Anzug gelegt, und der Anzug sieht dann aus, als wäre ich in einer Arrestzelle gewesen.«

In der vorigen Woche seien zudem drei verschiedene Pressesprecher an seiner Seite gewesen. Er verstehe ja, dass keiner der Sprecher immer dabei sein wolle. Aber warum suche man dann nicht einen, der gerade nichts anderes zu tun habe? Der sich vielleicht sogar freue, wenn er mit ihm unterwegs sei? »Ich muss mich immer auf einen neuen einstellen. Das geht nicht, Leute!« Man brauche in so einer Situation auch ein bisschen Betreuung. »Ich bin ja keine Maschine. Deshalb meine einzige Bitte: Stattet mich stärker aus! Mehr nicht.«

In der vergangenen Nacht habe er erneut nicht gut geschlafen, erzählt er dann. Gestern gab's wieder Sommerinterviews, die Kanzlerin im ZDF, er in der ARD. »Ich hab' mir die Hofschranzennummer mit der Merkel angeguckt«, sagt Schulz. Am Ende habe es »Plätzchen backen mit Mutti« gegeben. Merkel sage nichts, bleibe zu jedem Thema im Ungefähren, aber es gebe keine Nachfrage.

Mit ihm sei man in der ARD natürlich wieder mal anders umgegangen. Man hatte ihn auf eine windige Terrasse gesetzt, wo er ein Handmikrofon selbst halten musste, statt wie üblich ein Ansteckmikro zu bekommen. »Ein unmöglicher Vorgang. Die bringen mich da raus, da pfeift der Wind, und dann sagen die:

»Das müssen wir hier mit Handmikrofon machen.« Mit Merkel hätten sie sich das garantiert nicht getraut.

Im Interview kritisierte er dann, wie Merkel die Privilegien ihres Amtes für den Wahlkampf missbrauche, etwa indem sie mit Hubschraubern der Flugbereitschaft der Bundeswehr von Kundgebung zu Kundgebung fliege, während er mit dem Auto und der Deutschen Bahn rumzuckele. Und die Interviewer hätten nur entgegnet, das sei doch legal. »Dann spreche ich an, wie das Kanzleramt den vier ausstrahlenden Sendern unverschämterweise die Bedingungen für das TV-Duell diktiert hat, und die verteidigen das auch noch.« Er spricht genauso aufgebracht wie am Vortag beim Interview.

Alle am Tisch haben den Eindruck, dass Schulz in diesem ARD-Interview zu aggressiv gewesen ist. Zumindest hatte er den Interviewern in manchen Passagen recht pampig geantwortet. »Sie werden sich daran gewöhnen müssen, dass ich Prinzipien habe«, hatte er gesagt, oder: »Ich empfehle Ihnen die Lektüre meines Fünf-Punkte-Plans.«

Für die Kampagne ist es zu diesem Zeitpunkt längst ein Problem, dass Schulz auch öffentlich immer öfter den Eindruck eines gekränkten Mannes hinterlässt, der sich von Angela Merkel und von den Medien unfair behandelt fühlt. Dieses Empfinden äußert sich zunehmend in patzigem, leicht aggressivem Auftreten. Doch egal ob Schulz tatsächlich unfair behandelt wird oder nicht – ein gekränkter Mensch verströmt nicht das Maß an Selbstbewusstsein und Souveränität, das Kanzlerkandidaten besser ausstrahlen sollten. Im Gegensatz dazu reagiert die Kanzlerin auf Angriffe meist so, als habe sie sie gar nicht vernommen. Und wenn sie doch etwas sagen muss, antwortet sie mit zwei Worten: »Schwamm drüber.«

Auch gegenüber der Kanzlerin sei er zu aggressiv gewesen, sind sich seine Berater einig. Aber wie sollen sie ihm das beibringen? Alle Vorwürfe gegen Merkel würden stimmen, versucht es

Heil. Aber die Frage sei, wo man ansetzt, ohne dass der Eindruck entsteht: Wir verbeißen uns in sie. »Die Wirkung der Vorwürfe ist stärker, wenn sie einzeln kommen und nicht tack-tack-tack hintereinander.« Der Eindruck, die SPD liegt zurück und schlägt jetzt wild um sich, sei nicht gut.

Das Dilemma, in dem Schulz steckt, ist nicht neu. Auch in dieser Runde wurde das Problem schon etliche Male gewälzt: Wie fordert man als männlicher Kandidat eine Frau heraus, die stets wohltemperiert bleibt, ohne selbst bärbeißig zu wirken? Schon Frank-Walter Steinmeier und Peer Steinbrück standen vor dieser Herausforderung und scheiterten letztlich. Ein Leitfaden, gespeist aus diesen Erfahrungen, wurde in der SPD trotzdem nie entwickelt. Man scheint heute noch so ratlos wie immer zu sein.

»Ich kann doch nicht antreten gegen eine Frau, der ich abspreche, dass sie die Kompetenz für die Zukunft Deutschlands hat – und dann greife ich sie nicht an!«, sagt Schulz. Was ihn ja richtig aufrege, sei das Frauen-Thema. Merkel und die CDU machten politisch nichts für Frauen. Im Gegenteil. »Wir hingegen machen aktive Politik für Frauen, und trotzdem wählen die Frauen die Merkel! Warum Frauen das machen, muss mir mal eine Frau erzählen. Was machen wir falsch?«

Nach Jahrhunderten der Unterdrückung von Frauen ist diese Frage wohl nicht in fünf Minuten zu klären. Für einige Wählerinnen dürfte die symbolische Bedeutung, eine Frau an der Spitze der Regierung zu haben, eine Rolle bei ihrer Wahlentscheidung spielen, auch wenn Merkel sich nie als Anwältin der Frauen oder gar als Feministin präsentiert hat. Sie fühlen sich wohl eher durch ihre Art, ihren unaufgeregten Führungsstil repräsentiert als durch die Inhalte der Merkel'schen Politik. Ein anderes Problem ist, dass die SPD in weiten Teilen der Bevölkerung als Männerverein wahrgenommen wird, obwohl die Partei seit langem eine Frauenquote hat und obwohl es zahlreiche Ministerinnen und weibliche Parteivizes in ihren Reihen gibt. Wenn es aber um die Besetzung der beiden wichtigsten Posten ging, den Parteivorsitz und die Kanzlerkandidatur, waren es immer Männer, die die Sache unter sich ausmachten. 2013 das Trio Steinbrück, Gabriel, Steinmeier, 2017 das Duo Gabriel, Schulz. Dieser Eindruck scheint tief zu sitzen, er belastet auch Schulz' Kampagne und lässt sich mit frauenpolitischen Inhalten, die sich die Partei auf die Fahne schreibt, nicht einfach beseitigen.

Was Frauen überhaupt nicht leiden können, erklärt Geschäftsführerin Seifert, seien Politiker, die aufeinander einhacken, ohne dass es um Fachliches geht. »Dieses Schaum-vor-dem-Mund, das finden die abstoßend. Das schreckt Frauen total ab.« Um die vielen noch unentschlossenen Frauen zu gewinnen, sei es daher wichtig, Merkel immer nur fachlich zu attackieren. Hart in der Sache, aber ohne Aggressivität.

Die Themen Rente, Bildungschancen, Lohngerechtigkeit, das berühre die Leute vielleicht, sagt Schulz. Aber das Thema, bei dem den Leuten Tränen in die Augen steige, das sei Europa. Bei Europa würden sie sagen: Das ist der moralische Grund, warum dieser Mann besser ist als diese Frau. Europa und Frieden. Gerade wenn man Frauen begeistern wolle, müssen man Europa und Frieden stark machen. »Ich muss sowieso Europa viel stärker machen.«

»Ich glaube, ehrlich gesagt: Der Drops ist gelutscht«, sagt Heil. Der Fehler sei am Anfang gemacht worden. »Als du nominiert wurdest, hätte man dich voll europamäßig ausspielen müssen.« Das kriege man jetzt in vier Wochen nicht mehr hin. Jetzt erreiche man die eigenen Leute am besten über Gerechtigkeitsfragen. »Ich rate da zur Fokussierung.« Es ist die immer wiederkehrende Debatte um den Fehler am Anfang, die verpasste Chance, den Kandidaten als großen Europäer zu präsentieren.

Wegen der zwei Großkundgebungen pro Tag soll Schulz von nun an eine kürzere Rede halten. »Schon gekürzt«, sagt er. »Aber ihr müsst euch über eines klar sein: Sobald ich raus bin aus diesem Redekorsett und meine Bilder erzählen kann, da toben die Plätze.« Wenn es nach ihm ginge, würde das Manuskript im Papierkorb verschwinden, und er könnte völlig frei reden. »Ich empfehle da einen vernünftigen Mittelweg«, sagt Heil. Vielleicht ist das, so nachvollziehbar es klingt, das Grundproblem der SPD: der vernünftige Mittelweg. Seit Jahren sucht die Partei den Mittelweg zwischen Visionen und Pragmatismus. Zwischen Regierung und Opposition. Gesetzesarbeit und Gesellschaftsentwurf. Mitte und links. Sie hat über die Jahre so viele vernünftige Mittelwege gewählt, dass ihr Profil immer schwerer erkennbar und sie auch ein bisschen langweilig wurde.

Schulz beschäftigt an diesem Morgen auch ein Artikel in der »FAZ«, in dem über seine Zukunft spekuliert wird. Es werden bereits Szenarien für seine Nachfolge skizziert. Schulz glaubt, dass seine Kollegen aus der Parteiführung solche Gerüchte streuen würden. Er ist erbost. »Das mach ich nicht mit«, sagt Schulz. »Ich werde heute im Präsidium sagen: Die Tötung des eigenen Kanzlerkandidaten wegen schlechter Umfragewerte ist eine Spezialität der SPD. Mich kriegt ihr damit nicht aus den Socken gehauen.« Diejenigen, die glaubten, sie könnten ihn nach diesem Wahlmarathon abräumen, nachdem er mit 100 Prozent gewählt und gerade mal ein halbes Jahr im Amt sei, die würden sich irren. Solche Szenarien habe sich der Journalist ja nicht aus den Fingern gesaugt, da hätten Leute mal wieder rumgeplappert. »Und wenn die Nahles dabei ist, wenn das stimmt, dann werde ich die zur Rede stellen. Dann geht's richtig rund.«

Am Abend soll Schulz in Salzgitter reden, im Wahlkreis von Sigmar Gabriel. Die »Bild«-Zeitung hat am Samstag ein Interview mit Gabriel veröffentlicht. Die Redakteure hatten ihm zwei Fotos gezeigt, eines von Schulz, eines von Gabriel und seiner Tochter Marie. »Wen würden Sie wählen?«, fragte »Bild«. Und Gabriel wählte seine Tochter. Die erwartbare, wenn auch zugegebenermaßen etwas dümmliche Rezeption war: Gabriel entscheidet sich gegen Schulz.

Das ganze Wochenende über erreichten Schulz Nachrichten, in denen sich Anhänger über Gabriel empörten: Wie man so instinktlos sein könne! Weder Sprecher Dünow noch Schulz selbst wussten von dem Interview. Schulz schrieb Gabriel eine SMS, dass es jetzt genug sei. Auch er empfand die Sache als instinktlos. Das Interview selbst sei ja hervorragend, aber die Bildersprache! Gabriel sei Profi genug, um erkennen zu müssen, dass das nicht gehe.

Gabriel antwortete ihm, dass die Sache mit den Bildern nicht seine Idee gewesen und nicht mit ihm abgestimmt worden sei. Das hätte er sonst nie freigegeben. Einer, der beim Interview dabei war, erzählte später, dass Gabriel die Fotos fast sieben Minuten lang hochgehalten habe, bis der Fotograf ihn von jeder erdenklichen Seite im Kasten hatte.

Man gebe einer Zeitung bekanntlich keine Bilder frei, sondern nur einen Text, sagt Schulz. Und eigentlich wüssten doch alle, dass in den Schlusswochen alle Aufmerksamkeit auf den Kanzlerkandidaten gelenkt werden müsse. Alle, außer einem.

»Jetzt bin ich ausgerechnet heute Abend in Salzgitter«, sagt Schulz am Tisch. Die Journalisten würden die Spannungen zwischen ihnen natürlich spüren. Die würden gucken: Wie lange redet der Gabriel? Stellt er sich in den Dienst der Sache? »Wenn der wieder eine halbe Stunde redet, um zu zeigen, dass er doch der bessere Silberrücken ist, dann hab' ich schlechte Karten. Dann kriegen wir wieder schlechte Kommentierung.«

Er werde vorher noch mal mit Gabriel reden, sagt er. Das werde man schon in den Griff kriegen heute Abend. »Da wird Friede, Freude, Eierkuchen sein. Es ist ein absolutes Muss, dass der Typ sich heute Abend in den Dienst der Sache stellt. Aber wir wissen, wie es ist mit ihm: Das ist Lotterie.«

»Der Außenminister kocht den SPD-Kanzlerkandidaten während einer Kundgebung in Niedersachsen rhetorisch ab«, wird die »Welt« am nächsten Tag schreiben.

»Lass den Grillkönig aus Würselen mal kommen«
Auf der Suche nach einem Überraschungsmoment

Von Salzgitter fährt Schulz spätabends weiter nach Leipzig in das Hotel, in dem die Vorbesprechung für das große TV-Duell mit Angela Merkel stattfinden wird. Die eigentlichen Proben soll Schulz dann in den Tagen darauf in einem Studio in Berlin absolvieren. Als er am Morgen des 29. August den Konferenzraum »Barbarossa« betritt, warten sein fünfköpfiges Team und TV-Coach Markus Peichl bereits am Konferenztisch. Sie sollen ihn vorbereiten auf die letzte Chance, seiner Kampagne eine positive Wendung zu geben.

»Dieses Duell ist ein Schlüsselpunkt«, sagt Schulz. Er wisse nicht, ob er es gewinnen könne, weil man sich fragen müsse, ob man ein Duell gegen diese Kanzlerin überhaupt gewinnen könne. »Einen Gegner, der nicht kämpft, kann man auch nicht schlagen.« Merkels Strategie sei ja, dass sie alles ins Leere laufen lässt.

»Wenn ich zum jetzigen Zeitpunkt eine Wahlkampfbilanz ziehen würde, ist unsere Lage dramatisch schlecht.« Weil nichts von dem, was man sich bis dato vorgenommen habe, funktioniere. »Nichts. Ist alles verpufft.« Weil Merkels Strategie der asymmetrischen Demobilisierung aufgehe und man mit keinem einzigen Thema durchdringe. Das Duell sei daher seine einzige Chance. »Wenn ich es nicht gewinne oder zumindest unentschieden da rausgehe, ist die Wahl gelaufen.«

Man müsse nun, hier in diesem Kreise, festlegen, mit welcher

Haltung er in das Duell gehe, sagt Peichl. »Welcher Martin Schulz tritt uns da entgegen?«

Man müsse es hinbekommen, dass er am Sonntag »souverän, selbstverständlich, locker, verbindend« auftrete. »Das will ich erreichen. Das kannst du.« Der TV-Coach erinnert kurz an den Beginn der Kampagne, da habe Schulz die Menschen für sich einnehmen, sie überzeugen, ja begeistern können. Man habe damals gespürt, dass Schulz von sich selbst begeistert war. »Und genau das brauchen wir für diese Sendung: Wir brauchen Zuversicht, Begeisterung, dieses Souveräne. Wir brauchen jetzt schon den Landesvater, der du in vier Jahren bist.«

Das ist mal eine Ansage nach all den Wochen voller Rückschläge.

Der Kandidat lässt seinen Oberkörper gegen die Rückenlehne fallen. Er schweigt, länger als er es sonst in solchen Runden tut. Währenddessen schüttelt er immer wieder den Kopf. Er schaut die Menschen, die um den Besprechungstisch versammelt sind, der Reihe nach an. Dann sagt er seinem Team, was ihn umtreibt: »Dieser anpackende, zuversichtliche, lockere, von sich selbst überzeugte Mensch, der ich am Anfang war, der bin ich in Ansätzen wieder, seit ich aufgehört habe, das Willy-Brandt-Haus ernst zu nehmen. Seit ich aufgehört habe, die Zeitungskommentare zu lesen. Seit ich aufgehört habe, mir von irgendeinem Schlaumeier sagen zu lassen, was ich alles falsch mache. So! Dazwischen liegen jetzt sieben Monate von Kaputtberatung.« Er wiederholt das Wort, diesmal spricht er es mit doppeltem Ausrufezeichen: »Kaputtberatung!!« Er werde sich jetzt nicht mehr reinreden lassen. »Das ist mir scheißegal, ich hab' eh nichts mehr zu verlieren.«

Seine Berater hören diese Klage nicht zum ersten Mal und versuchen, der Wehmut des Kandidaten eine optimistische Sicht entgegenzusetzen. »All diese positiven Gefühle lassen sich wieder abrufen«, versichert sein TV-Coach.

Eine Frage solle man ihm bitte mal beantworten, fährt Schulz fort.»Wenn ich unter Menschen bin, auf diesen Plätzen, dann entsteht eine Verbindung. Ich schaue in die Gesichter dieser Leute, die schauen mich an. Ich rede zu denen und die spüren, was ich auch spüre.« Alle am Tisch nicken. So weit alles klar. Ein Vorwurf, den seine Frau ihm mache, laute:»Du glaubst an das Gute im Menschen und lässt dich davon nicht abbringen.« Und die Antwort, die er ihr gebe, sei:»Ja, das ist so, das ist vielleicht meine größte Schwäche, aber es ist auch meine größte Stärke. Ich mag die Menschen.« Er frage sich aber, warum er diese Verbindung im Fernsehen nicht herstellen könne.»Wo ist der Filter? Wenn wir den durchbrechen, dann gewinne ich das Duell.«

Beim Townhall-Meeting auf RTL vor zwei Wochen habe man das doch ordentlich hinbekommen, sagt sein TV-Coach.

»Ja«, antwortet Schulz.»Aber da saßen normale Menschen im Studio, mit denen ich reden sollte. Und beim Duell sitzen diese vier Heinis und diese Frau!« Er meint die Moderatoren und seine Konkurrentin.

»Und deshalb vergessen wir einfach mal für 90 Minuten, dass das Heinis sind, und du denkst einfach mal an die 15 Millionen, die vor der Glotze sitzen«, schlägt Peichl vor. Wichtig sei auch zu wissen, dass von den Unentschlossenen zwei Drittel Frauen seien.»Das erzählt mir der Heil den ganzen Tag«, erwidert Schulz.»Ich kann mich aber nicht in eine Frau verwandeln. Ich will es auch nicht.«

Das Team hat sich vorbereitet, unterfüttert mit Ergebnissen aus der Forschung. Angriffe kämen in solchen Formaten immer schlecht an, erklären sie ihm. Es sei denn, man bringe sein Gegenüber wirklich ins Schwimmen. In den meisten Fällen aber würden Angriffe dem Angreifer schaden. Vor allem die Deutschen wollten keine Aggressivität. In England oder Kanada sei das völlig anders.

Was denn Schulz' Impuls sei, fragt Peichl. »Wie möchtest du da reingehen?«

»Erstens mal ausgeruht«, antwortet der Kandidat. Das sei das A und O. »Ich muss einfach meine Emotionen unter Kontrolle halten. Das ist der entscheidende Punkt. Und ich muss auch klar sagen, dass für mich nicht entschieden ist, ob ich einer Regierung unter Führung von Angela Merkel beitreten werde.« Vielleicht sei das am Ende für die SPD sinnvoll und notwendig. »Aber es würde mir sehr schwerfallen.«

An Merkels Stelle würde er sagen: Den Typ musst du aus der Reserve locken. Dann flippt der aus. Nach dem Motto: Der Schulz ist ein Impulsiver, den musst du reizen. »Das muss ich völlig an mir abtropfen lassen, da muss ich mich innerlich drauf einstellen.«

Entscheidend sei auch, ob Merkel sich zu sicher fühle oder nicht, fährt Schulz fort. »Wenn sie die Haltung hat: ›Naja, lass den Grillkönig aus Würselen mal kommen‹, dann hab' ich eine realistische Chance.« Es müsse in diesem Duell ein Überraschungsmoment von ihm geben. Er sei bis heute zutiefst beeindruckt von Felipe González und seinem Duell mit José María Aznar in Spanien 1993. Nach zehn Jahren im Amt galt González als sicherer Verlierer, bis er seinem Kontrahenten im TV-Duell eine Frage stellte: »Wie oft kommt der Begriff ›Arbeit‹ in Ihrem Wahlprogramm vor?« Aznar stotterte rum und González sagte: »Ich kann's Ihnen sagen: kein einziges Mal!« Schulz grinst, er macht ein Pfeifgeräusch. »Schwupps! Erledigt! Genial! Ich erinnere mich daran wie heute!« Er hat deshalb einen Mitarbeiter beauftragt, das CDU-Programm per Suchfunktion zu durchzuforsten. Leider ohne großen Erfolg. Das Seltsamste, was sich bislang finden ließ, war eine Kapitelüberschrift. Sie lautet, ernsthaft: »Gute Zukunft für morgen«.

Inzwischen ist die halbe Parteizentrale mit der Suche nach einem Überraschungsmoment beschäftigt. Zwischenzeitlich gab es die Idee, dass Schulz in der Sendung ein Foto einer maroden Schule aus der Tasche zieht, begleitet von der Bemerkung:»So sehen bei uns nach 12 Jahren Angela Merkel und 50 Milliarden Haushaltsüberschuss die Schulen aus.« Und dann hätte er erklärt, dass es sich um eine Schule aus Merkels Wahlkreis handele. Aber die Idee musste wieder verworfen werden, weil sich Merkels Wahlkreis im SPD-regierten Mecklenburg-Vorpommern befindet und für die Bildungspolitik die Landesregierung zuständig ist.

Zur Vorbereitung werden nun Szenen aus Merkels TV-Duellen mit Frank-Walter Steinmeier (2009) und Peer Steinbrück (2013) auf einem Fernsehschirm geguckt. Es beginnt mit Steinbrücks Eingangsstatement, der fast wortgleich das sagt, was auch Schulz in diesen Wochen verkündet.»Lassen Sie sich nicht einlullen« etwa.

»Das hätt' ich alles auch sagen können«, ruft Schulz, als die ersten Minuten verstrichen sind.»Exakt das Gleiche! Das ist meine Rede! In allen wesentlichen Punkten: Gesundheit, Rente, gute Löhne, tarifgebundene Arbeitsverhältnisse. Als hätte sich nichts bewegt!«

Er ist zutiefst konsterniert, alle am Tisch sind es. Diese Parallelität war ihnen so nicht bewusst. Und es wird nicht besser, als sie sich kurz darauf Steinmeiers Duell ansehen, der 2009 ebenfalls aus vier Jahren Großer Koalition mit Merkel kam, so wie die SPD im Herbst 2017. Man habe vieles erreicht in dieser Koalition, sagt Steinmeier. Aber leider habe die Union bei ein paar wichtigen Projekten blockiert. Genau das beklagt auch Schulz acht Jahre später. Er starrt auf den Bildschirm und schüttelt den Kopf.»Wir drehen uns eindeutig im Kreis. Da ist nichts neu. Ich behaupte all diese Sachen jetzt auch in meinen Reden. Da ist nichts Neues, das ist völlig redundant. Das ist 2009 und 2013 fortgeschrieben.«

Wieder stellt sich die Frage, was das Willy-Brandt-Haus eigentlich in den vergangenen Jahren gemacht hat. Warum hat sich niemand auf die absehbare Herausforderung vorbereitet, aus der Großen Koalition heraus gegen Angela Merkel zu kämpfen? Warum hat sich niemand ernsthaft der Frage gewidmet, wie man es besser oder zumindest anders macht als bei den beiden gescheiterten Wahlkämpfen zuvor? Wenn sich die Sprache, das Wording und die Botschaften nicht endlich ändern, dann gebe es auch keine neue Lage, bemerkt TV-Coach Peichl. »Kriegen wir das denn hin am Sonntag?«, fragt Schulz. Peichl muss lachen. Naja, das sei jetzt vielleicht ein bisschen kurzfristig. »Aber wir versuchen's.«

»Das Ding am Sonntag muss sitzen«
Generalprobe für das TV-Duell

Ab Freitag, dem 1. September, soll Schulz zwei Tage lang in einem Berliner Studio für das Duell proben. Ihm stehen vier Moderatoren-Darsteller gegenüber und neben ihm an einem Stehpult eine Frau, die seit Wochen dafür trainiert, an diesen zwei Tagen Angela Merkel zu sein. Sie macht das perfekt, sie sagt alles, was Schulz zur Weißglut treiben könnte. Sie gibt ihm in fast allen Punkten recht, betont die vielen Gemeinsamkeiten und erstickt so jeden Angriff, jeden Anschein einer Kontroverse. Sie erweckt den Eindruck, als gebe es keine Christ- und Sozialdemokraten, als seien letztlich alle gut befreundete Mitglieder in der Interessengemeinschaft »Deutschland soll schöner werden«. Als die Merkel-Darstellerin eine Frage zum Einwanderungsgesetz sehr wolkig beantwortet, stemmt Schulz die Hände in die Hüften, starrt sie fassungslos an und schüttelt den Kopf. »Das ist sagenhaft. Das ist sagenhaft!«

Mit ihrer Art, Schulz und die SPD penetrant zu loben und niemals konkret zu werden, wirkt die Darstellerin wie eine Satire auf die reale Kanzlerin. Aber zwei Tage später, beim echten Duell, wird sich zeigen, dass sie ziemlich realistisch auftritt. Schulz muss oft lachen bei diesem ersten Probedurchgang. Oder den Kopf schütteln. So wird das zwei Tage lang gehen. Seine Berater sitzen derweil am Tisch und machen sich eifrig Notizen.

Als ein Moderator von »terroristischen Gefährdern in Deutschland« spricht, geht Schulz sarkastisch dazwischen: »Die sind übrigens alle Mitglieder der SPD. Alles eingetragene Mitglieder.«

»Ich denke, das Thema ist zu wichtig, als dass man zynische Bemerkungen dazu machen sollte«, kommentiert die Merkel-Darstellerin trocken von der Seite.

»Jajaja, wenn die Sonne lacht, hat's die CDU gemacht. Gibt es Eis und Schnee, war's die SPD«, ruft Schulz. »Wenn so was kommt, dann flippe ich aus.«

Es ist nur ein Training, es geht um nichts, er ist umgeben von Darstellern und Freunden, aber Schulz ist ernsthaft erbost. Ihm fehlt der Filter.

In seinem Abschlussstatement, das noch nicht gefunden ist, improvisiert er dann, warum er Bundeskanzler werden will. Merkels Schlussstatement lautet: »Herr Schulz sagt, er möchte Kanzler werden. Ich sage, ich möchte Deutschland dienen.«

»In Ewigkeit, Amen«, ruft Schulz, verlässt sein Stehpult und läuft auf seine Mitarbeiter zu. »Ich glaube, ich brauche noch ein bisschen Distanz.«

Für die Manöverkritik setzt man sich bei Currywurst mit Pommes um den Tisch. Man merke ihm offenbar an, dass er einen Hals auf seine Konkurrentin habe, sagt Schulz. Das sei ein Problem, das wisse er. »Aber ich kann dieses Rumgeschwurbel einfach nicht mehr hören.«

Merkel werde auch am Sonntag komplett stoisch bleiben, sagt Peichl. Diese Art, die ihnen hier als einschläfernd vorkomme, wirke auf die Bürger allerdings zuverlässig und kompetent, nach dem Motto: Mit der sind wir auf der sicheren Seite. Das könne man beklagen, es sei aber so. Schulz dürfe sich nicht in die Ecke drängen lassen. Dürfe nie so auftreten, als fühle er sich ungerecht behandelt, selbst dann nicht, wenn er sich ungerecht behandelt fühle. »Sonst kommt dieses Bäpäpäpäpä. Und das darf einfach da nicht passieren.«

Am wichtigsten sei, dass er am Sonntag ausgeschlafen und ausgeruht sei, sagt Schulz. Letzte Nacht habe er nur fünf Stunden geschlafen, deshalb sei er leider physisch völlig am Ende. Und dann sei er auch leichter zu provozieren. »Wenn ich ausgeruht bin, bin ich auch ein charmanter Mensch.« Unterstelle er einfach mal. »Wer von euch jetzt widerspricht, kriegt ein paar aufs Maul.« Großes Gelächter.

Aber klar, er brauche ein Mittel, wie er seinen Zorn bremsen könne. Wieder sagen alle am Tisch, dass Aggression gerade bei Frauen ganz schlecht ankomme. Sie raten dringend zum maßvollen Umgang mit Merkel.

Schulz sagt, dass er im Umgang mit Männern und Frauen nie einen Unterschied gemacht habe. Schon sein Vater, geboren 1912, habe seine drei Söhne und zwei Töchter immer gleich behandelt. Sonntags mussten die Söhne spülen, und die Mädels konnten gehen. »Es gibt keine Unterschiede – so bin ich erzogen worden«, aber er stelle fest: »Behandelst du eine Frau so, wie du einen Mann behandelst, dann hast du ein Problem. Wenn ein Mann mir blöd kommt, sage ich: Wie kommst du mir denn? Und wenn mir 'ne Frau blöd kommt, sage ich das Gleiche. Kommt mir aber 'ne Frau blöd, und ich sage ihr: Was kommst du mir so blöd, sagen alle: So kannst du doch nicht mit einer Frau umgehen.«

Im zweiten Durchlauf ist Schulz sehr viel vorsichtiger, disziplinierter, höflicher. Aber es ist auch ziemlich langweilig. Es bleibt unklar, wie ihm der Spagat gelingen soll, einerseits ein angriffslustiger Herausforderer zu sein und zugleich freundlich und charmant.

Die Suche nach dem großen Überraschungsmoment blieb

ebenfalls erfolglos, es kamen keine überzeugenden Vorschläge. Und ein packendes Schlussstatement für das Duell muss auch erst noch gefunden werde. Beim Abendessen spricht das Team darüber. Schulz möchte an die Endphase der Ära Kohl erinnern, dessen vierte Amtszeit vier Jahre Stillstand bedeutete. Bei Merkel stünde auch die vierte Amtszeit an. Vor dieser Lethargie wolle er Deutschland gerne bewahren. Unter seinen Beratern gibt es wieder mal Zweifel, ob das nicht zu konfrontativ sei.

»Ha! Zehn Stunden geschlafen!« Mit diesen Worten und einer geballten Faust betritt Schulz am nächsten Morgen das Studio. Er wisse jetzt, was er als Schlussstatement bringen werde. »Ich singe. Oder ich spiele Tuba mit der Krawatte.« Er hält seinen Schlips an den Mund, spielt mit der Spitze Tuba und macht dazu Trötbewegungen.

Seine Laune ist deutlich besser als gestern. Damit das so bleibt, achten seine Mitarbeiter darauf, dass er vor dieser entscheidenden Trainingseinheit nicht die aktuelle Aufmachermeldung auf SPIEGEL ONLINE sieht. In der geht es darum, dass Schulz als EU-Parlamentspräsident angeblich nicht ganz korrekt mit der Nutzung von dienstlichen Flügen gewesen sei. »Vielflieger Schulz«, lautet die Überschrift.

Zunächst ist der Kandidat gut drauf, dynamischer, konzentrierter als am Vortag. Doch mit der Zeit wird er wieder aggressiver und ungehaltener gegenüber der Merkel-Darstellerin. An einer Stelle bezichtigt er sie einer dreisten Lüge. Die Berater am Rande schütteln den Kopf. Viel zu aggressiv. Panik macht sich breit. Nur noch 30 Stunden bis zum echten Duell.

Nach 53 von geplanten 90 Minuten bricht Schulz ab. »Das bringt nichts. Ich bin nicht gut drauf.« Die Berater hatten geahnt, dass es schwierig würde. Aber so kompliziert hatten sie es sich nicht vorgestellt. Sie ziehen sich mit ihm in eine Ecke zurück, um das Problem zu erörtern. Krisengipfel.

»Ich musste unterbrechen, weil ich die Aggression nicht bewältigt kriege. Wenn die so lügt, so ostentativ lügt«, sagt Schulz. »So krieg ich die Merkel nicht. So krieg ich sie nicht. Wir müssen dringend analysieren.« Er dürfe sich nicht an Merkel orientieren, lautet der immer wieder vorgetragene Rat seiner Leute. Er soll das Duell als Chance begreifen, 15 Millionen Zuschauern seine Botschaften zu vermitteln.

Er könne sich nicht jedes Mal so aufregen, sagt eine Frau aus dem Team später beim Mittagessen. »Da kriegst du 'nen Herzinfarkt.«

Aber das gehe doch einfach nicht, wie Merkel das mache, protestiert Schulz. »Das ist doch wurscht! Du willst den Leuten sagen, warum du cool und fähig bist.« Es sei doch piepegal, was Merkel neben ihm mache. »Jede Erregung, jede zynische Bemerkung, jedes Augenrollen kostet dich Wählerstimmen. Wenn du sie angreifst, werden sich alle Frauen intuitiv mit ihr solidarisieren.«

»Ich weiß, ich weiß«, murmelt Schulz. »Aber mein Problem ist: Ich bin so. Ich kann mich nicht verstellen.« Doch, insistiert die Frau, es folgt ein mehrfaches Hin und Her: Nein! Doch! Nein! Doch! Durchatmen. »Wenn das schlecht läuft, ruinier' ich morgen die SPD«, sagt Schulz.

Schulz hatte darauf gesetzt, die Wahl mit Emotionen gewinnen zu können. »Ich bin emotional, die Merkel nicht«, hatte er immer wieder gesagt und geglaubt, damit einen Vorteil zu beschreiben. Nun sind es gerade seine Emotionen, die ihm im Wege stehen.

Es wird beschlossen, einen Spaziergang zu machen, obwohl es regnet. Runterkommen. Puls senken. Mit Schirm spaziert Schulz 20 Minuten lang über einen alten Friedhof in der Nachbarschaft. Danach kann die Probe weitergehen. Letzte Runde.

Plötzlich wirkt er wie ausgewechselt. Souverän, selbstbewusst, schlagfertig, sogar charmant. Als die Runde durch ist, springt

Béla Anda als Erster von seiner Bank auf, läuft zu Schulz und klatscht mit ihm ab. Alle sind erleichtert.

In der Nacht vor dem Duell ist im Internet zwischen Mitternacht und sieben Uhr morgens eine Google-Anzeige mit folgendem Inhalt zu lesen:»TV-Duell: Merkel verliert klar – gegen Martin Schulz – spd.de«. Entworfen wurde der Text im Willy-Brandt-Haus. Ein Dienstleister machte den Fehler, ihn 24 Stunden zu früh bei Google zu schalten. Der Spott darüber kursiert den ganzen Tag über in den Online-Medien und sozialen Netzwerken.

»Wenn alle schreiben,
dass ich gewonnen habe, ist es gut«
Ein Duellchen

Verglichen mit den Tagen des Trainings sprudelt Schulz während des echten Duells geradezu über vor Charme. Er wirkt freundlich, auch Merkel gegenüber. Trotzdem gelingt es ihm, auf ihre Fehler und Schwächen hinzuweisen, in der Flüchtlingspolitik etwa oder der Diesel-Affäre. Sein Team ärgert sich zwar, dass fast die Hälfte der Sendung über Flüchtlinge und Integration geredet wird und nur wenig Zeit für jene Themen bleibt, mit denen Schulz punkten wollte, soziale Gerechtigkeit, Bildungspolitik und andere Zukunftsinvestitionen.

Trotzdem ist Merkel fast ständig in der Defensive. Schulz hat einen starken, souveränen Auftritt hingelegt, da sind sich seine Berater sicher, noch während die Sendung läuft. Die Mitglieder seines Teams sind zufrieden, und sie sind stolz auf ihn. Aber sie stehen auch unter dem Eindruck der zwei Trainingstage. 30 Stunden zuvor hatten sie noch ein Desaster befürchtet. Das zumindest ist ausgeblieben.

Etwas unbeholfen wirkt hingegen das Schlussstatement. Schulz hatte erwartet, dass man ihm das Wort erteilen wird mit der Überleitung:»Sie haben nun eine Minute für Ihr Schlussstatement.« Oder auch:»Herr Schulz, Sie haben 60 Sekunden.« Er wollte die Zeitspanne dann, scheinbar spontan, mit folgendem Satz aufgreifen:»In 60 Sekunden, meine Damen und Herren, verdient eine Krankenschwester 40 Cent.«

Doch als sein Schlusswort anmoderiert wird, fehlt der erwartete zeitliche Bezug. Maybrit Illner sagt nur:»Wir bitten jetzt als Erstes Martin Schulz um seine Schlussworte.« Er schaut nach unten, atmet tief, man sieht ihm die Irritation an.»Wie viel Zeit hab' ich?«, fragt er dann.

»Eine Minute«, antwortet Illner.»Aha!«, sagt Schulz. Natürlich weiß er, wie viel Zeit er hat, das ist eines der vielen Dinge, die für das TV-Duell vorab festgelegt wurden.»Kriegen Sie hin«, bemerkt RTL-Moderator Peter Klöppel süffisant. Aber Schulz fragt erneut nach:»60 Sekunden für ein Schlusswort?« Dann erst beginnt er mit dem vorbereiteten Text:»In 60 Sekunden, meine Damen und Herren ...«, wieder eine kurze, irritierende Pause des Suchens, dann weiter:»... verdient eine Krankenschwester weniger als 40 Cent – und ein Manager in einem Großunternehmen mehr als 30 Euro.« So geht es weiter, der Inhalt ist nicht schlecht, aber der Vortrag wirkt verunsichert. Immer wieder macht Schulz Pausen, um nachzudenken. Er wirkt nicht wie ein Kanzlerkandidat mit einer klaren Ansage, sondern wie ein Schauspieler, der nach seinem Text sucht.

Zwei Moderatoren hätten schon nach 30 Sekunden angefangen, mit der Hand zu wedeln und ein Stopp-Zeichen zu machen, beklagt er sich hinterher. Er sei völlig irritiert gewesen, weil er gar nicht gewusst habe, was die wollten. Dadurch sei er ein bisschen ins Haspeln gekommen. Merkel habe dagegen ungestört durchreden können.»Eine solche Unfairness hab' ich mein ganzes Leben noch nicht erlebt.« Sein allerletzter Satz, eigentlich der Höhepunkt des 95-minütigen Auftritts, wird dann auch noch von der Mahnung der Moderatoren zerstückelt: »Die Minute ist rum«.

Schulz' ursprünglicher Plan, vor einer vierten Amtszeit Merkels und damit vor Jahren des Stillstands zu warnen, war sehr kurzfristig verworfen und gegen die 60-Sekunden-Idee getauscht worden. Man wollte so prominent am Schluss des Duells doch keinen direkten Angriff auf Merkel mehr starten. Schulz trug diese Entscheidung mit, hatte aber offenkundig zu wenig Zeit, den Text zu inhalieren und sacken zu lassen. Dabei hatte das Team sich das genaue Gegenteil vorgenommen: Der Inhalt des Schlussworts sollte schon Tage vorher feststehen, damit der Kandidat es proben und dann flüssig und selbstbewusst vortragen könne.

In einer Halle neben dem Studio verfolgen Hunderte Journalisten, Politiker, Berater und prominente Unterstützer beider Parteien das Duell auf Großleinwänden. Sie sitzen in Couchlandschaften oder auf Barhockern, es gibt Bier, Wein, Sekt und Häppchen. Nach dem Duell wird in dieser Halle die zweite, in mancher Hinsicht entscheidende Schlacht geschlagen: Die Politiker, Berater und Unterstützer erklären in Kameras, dass ihr Kandidat ganz klar gewonnen habe. Sie würden das vermutlich auch sagen, wenn ihr Kandidat nach der Hälfte der Zeit aus dem Studio geflüchtet wäre.

Dann betritt Angela Merkel die Halle, und was vorher noch wie eine locker verteilte Stehparty wirkte, bekommt nun die Anmutung eines Rugby-Spiels, bei dem alle Beteiligten sich ineinander verhaken, um den Ball in ihrer Mitte zu ergattern. Oder wenigstens einen Blick auf ihn.

Schulz' Pressesprecher beobachten das Knäuel um die Kanzlerin aus der Ferne. Ihr Kandidat will sich hier ebenfalls feiern lassen, er steht draußen vor der Tür, in Wartestellung, aber jetzt, da alle Augen auf Merkel gerichtet sind, stünde er ziemlich verloren in der Halle herum. Er wartet auf ein Signal. Es dauert lange, bis Merkel quer durch die Halle gezogen ist. Als sie kurz vor dem Ausgang steht, rufen Schulz' Sprecher aus der Halle bei dessen Begleitern an. Er kann jetzt reinkommen.»So, mal zusammenkommen zum Jubeln«, ruft Generalsekretär Heil den Unterstützern der SPD zu.

»Ich bin schon zufrieden, wenn ich uns nicht blamiert habe«, sagt der Kandidat nach dem Duell auf der Fahrt vom Studio ins Hotel.»Wenn es heißt, dass ich die SPD würdig vertreten habe.« Ob das Duell ein Wendepunkt seiner Kampagne wird oder nicht, dafür sei jetzt auch entscheidend, wie die Medien darüber berichten.»Wenn alle schreiben, dass ich gewonnen habe, ist es gut.«

Zunächst sieht es ganz gut für ihn aus. Viele Journalisten, die das Duell in der Halle nebenan verfolgt haben, äußern sich zunächst positiv über seinen Auftritt. Sie scheuen auch nicht davor zurück, ihn zum Sieger zu erklären. Diese Grundstimmung dreht sich rasch, als wenige Minuten später die Blitzumfragen von ARD und ZDF über die Bildschirme flimmern. In der ZDF-Umfrage sagen 32 Prozent, Merkel habe das Duell gewonnen, 29 Prozent sprechen sich für Schulz aus. Und 39 Prozent erklären: Keiner von beiden. In der ARD-Umfrage, bei der es die Option »unentschieden« nicht gibt, heißt es, 55 Prozent hätten Merkel vorn gesehen, nur 35 Prozent Schulz.

Die Aussagekraft dieser hektisch erhobenen Zahlen mag noch problematischer sein als die Ergebnisse normaler Umfragen, die aus teils langen Gesprächen und über einen Zeitraum von mehreren Tagen entstehen. Aber sie entfalten an diesem Abend und in den Tagen danach eine gewaltige Wirkung. Sie prägen die Nachberichterstattung über das Duell mehr als jede inhaltliche Analyse. Es gibt sogar gestandene Journalisten und Wahlkampfexperten, die ihr Urteil über Schulz' Performance nach Bekanntwerden der Umfragen komplett neu formulieren.

Auf seinem Hotelzimmer telefoniert Schulz noch eineinhalb

Stunden mit seiner Frau. Die sei so begeistert gewesen, erzählt er später. Als sie dann aber die Blitzumfragen gesehen habe, die Merkel als Siegerin auswiesen, sei sie ganz niedergeschlagen gewesen. Sie sei immer sehr kritisch mit ihm, aber das habe sie nicht verstanden. Da habe er ihr gesagt:»Schatz, das Volk sagt halt, was es denkt. Was willst du da machen? Das ist so.«

Die meisten Medienberichte sind sich einig, dass es ein langweiliges TV-Duell gewesen sei. Es seien kaum Unterschiede zwischen Merkel und ihrem Herausforderer sichtbar geworden. Man habe eher den Eindruck gehabt, den nächsten Koalitionsverhandlungen beizuwohnen als einem echten Duell. Und was Schulz betrifft: Er sei zu brav gewesen.

Dabei hatte er durchaus versucht, sich von Merkel abzugrenzen. Er hatte etwa, völlig überraschend, den Abbruch der EU-Beitrittsverhandlungen mit der Türkei gefordert und die Kanzlerin provozierend gefragt, wie denn ihre Haltung in dieser Frage sei. Aber Merkel reagierte, wie sie es immer tut. Um bloß nicht den Eindruck einer Kontroverse aufkommen zu lassen, erklärte sie, ebenso überraschend, dass sie sich in Brüssel ebenfalls für den Stopp der Beitrittshilfen einsetzen werde.

Dass Schulz sich aber zugleich um eine fast übertrieben wirkende Höflichkeit bemühte, um ja nicht aggressiv zu wirken, trug wohl entscheidend zur Einschätzung bei, er sei zu zahm, zu wenig angriffslustig gewesen. Als er zu Beginn des Duells gefragt wurde, ob er noch immer der Ansicht sei, Angela Merkel verübe einen»Anschlag auf die Demokratie«, antwortete er, dass dies eine Parteitagsformulierung gewesen sei, die er so nicht wiederholen würde. Ein paar Tage später bedauert er diesen Rückzieher und sagt, er hätte zu der Formulierung stehen sollen. »Das war, weil mir in der ganzen Vorbereitung gesagt wurde: Attackier sie nicht! Aber das war ein Fehler. War ein echter Fehler.«

Die Folgen dieses kaum kontroversen Duells, das wird man später sehen, sind für beide Volksparteien verheerend. Gemessen an den Umfragen zum Zeitpunkt des Duells werden beide Kandidaten bis zum Wahltag deutlich an Zustimmung verlieren. »Nach dem Duell war es eine andere Situation«, wird auch Merkel später sagen. »Es wurde weniger darüber gesprochen, wer Bundeskanzler wird, als darüber, wer drittstärkste Partei wird.« Bei den Bürgern verfestigt sich an diesem Abend der Wunsch, dass die Große Koalition nicht fortgesetzt wird, weil sie keinen Aufbruch verheißt. Und der sicherste Weg, eine erneute Koalition von Union und SPD zu verhindern, scheint die Wahl anderer Parteien zu sein.

»Ich will das Ding anständig zu Ende bringen«
Letzte Hoffnung

»Mann, hab' ich mich gerade aufgeregt«, sagt er, als die Reporter der großen Tageszeitung in Wolfsburg ausgestiegen sind. Am 5. September, zwei Tage nach dem Duell, ist Schulz mit dem Zug unterwegs von Berlin nach Braunschweig. Die erste Hälfte der Fahrt hat er für ein Interview mit zwei Journalisten in einem Abteil der Ersten Klasse genutzt. In den letzten vier Wochen vor der Wahl geben Spitzenkandidaten vermutlich mehr Interviews als in den vier Jahren davor und danach. Selbst Angela Merkel, die sich ungern den Fragen von Journalisten stellt und daher selten Interviews gibt, empfängt in der heißen Phase beinahe jede Schülerzeitungsredaktion persönlich zum Gespräch im Kanzleramt.

Schulz ist sauer auf den Verlauf des Interviews. »Da stellst du Zukunftsprojekte vor, zum Beispiel die Digitalisierung von Schulen. Und da fragen die: Warum haben Sie das denn bisher nicht schon gemacht?« Drei- oder viermal sei diese Nachfrage gekommen: Die SPD ist jetzt schon so lange an der Macht, warum ist das nicht längst geschehen?»Da meinte ich, ich sag Ihnen jetzt, warum: Wir sind dick, doof, faul und gefräßig. Und blöd. Wir haben alles verpennt. Und jetzt ist uns aufgefallen, dass wir dick, dumm, faul und gefräßig sind. Und deshalb wollen wir jetzt alles ändern.« Kurze Pause: »Mannomannomannomann.«

Die Interviews, von denen er gerade bis zu drei am Tag gibt, verlaufen fast alle nach dem gleichen Schema: Erst die Frage, wie es ihm gehe. Dann, was er zu den miserablen Umfragen sage. Gefolgt von der Frage, ob er mit der Gerechtigkeit nicht aufs falsche Thema gesetzt habe. Wann immer er erzählen will, welche Pläne er für das Land hat, folgt prompt der Hinweis, dass die SPD doch schon seit Jahren mitregiere. Und dass es keine Wechselstimmung gebe. So vergehen Fragen um Fragen, ehe das erste inhaltliche Thema aufgerufen wird, zu dem er seine Position darlegen kann. In jedem Interview behauptet Schulz übrigens, dass der Wahlkampf erst jetzt richtig beginne. Und so beginnt der richtige Wahlkampf immer wieder aufs Neue, ohne richtig zu beginnen. Und ist dann auch fast schon vorbei.

Auf der Weiterfahrt nach Braunschweig liegt er mehr auf seinem Sitz, als dass er sitzt. Er presst die Fingerkuppen fest aufeinander. »Wenn wir diese Woche keine Bewegung in die Umfragen kriegen, dann ist das Ding gelaufen. Dann müssen wir uns damit abfinden, dass wir das Ding verloren haben. Das muss man nüchtern sehen.« Dann müsse er seinen Stiefel durchziehen und könne nur hoffe, dass die SPD nicht schlechter abschneide als 2013. Damals holte man 25,7 Prozent. »Und wenn wir schlechter abschneiden, muss ich eben am 25. September gehen. Ich muss nur gucken, dass der Gabriel sich nicht wieder auf den Platz setzt. Ich schlag' dann die Schwesig vor und gehe in Rente.«

»Jaja, abwarten und Tee trinken«, versucht ihn sein Redenschreiber zu beruhigen, der in den letzten Wochen des Wahlkampfes fast rund um die Uhr an seiner Seite ist – nicht nur als Redenschreiber, auch als Seelsorger.

Die nächste Umfrage der ARD wird es in zwei Tagen geben, am Donnerstag. Noch hofft Schulz, dass das TV-Duell vielleicht etwas bewirkt haben könnte. Bei den Unentschlossenen habe er schließlich besser abgeschnitten als Merkel. Bei den Jüngeren auch. »Ich glaub' schon, dass es eine Bewegung in den Umfragen geben wird«, sagt Schulz. »Wenn wir jetzt auf 25 Prozent gehen, und ich hätte dann in den letzten zwei Wochen die Chance, mit einer Zuspitzung ein bis zwei Prozent hinzuzugewinnen, dann ist es ja gut. Nur wenn sich da jetzt nichts bewegt oder wir, was ich auch nicht ausschließe, absacken, dann bricht, glaube ich, unsere Kampagne ein.«

Am Donnerstag sitzt er vor der Kundgebung mit seinem Team zur Mittagszeit im Restaurant »Esszimmer« in Marburg. Noch sind die Zahlen nicht da. »Wenn wir das jetzt nicht gedreht kriegen, dann laufen uns die Leute davon«, sagt er wieder. »Ich kann mich auch nicht lächerlich machen. Ich muss da jeden Tag erklären, dass ich Kanzler werden will, und jeder weiß: Der wird niemals Kanzler. Die Leute finden mich peinlich, die lachen doch über mich.«

»Nein, es lacht keiner über dich«, widerspricht Sprecher Dünow. Er habe noch nie so viel Unterstützung und Sympathie für einen Spitzenkandidaten in schwieriger Situation gesehen wie bei Schulz. »Du hast für diese Partei mehr geleistet als viele Vorsitzende zusammen. Und das in wenigen Monaten. Da kannst du stolz drauf sein.«

Aber Schulz ist nicht nach Stolzsein zumute. Auch er macht sich inzwischen Gedanken über die Zeit nach Schließung der Wahllokale. Bislang hatte er solchen Gedanken keinen großen Raum gegeben. Nach dem TV-Duell ist das anders. Er müsse am 24. September abends sprechfähig sein, sagt Schulz. »Wenn wir unter 23 Prozent landen, was ich nicht für ausgeschlossen halte, dann kann ich kaum bleiben.«

Der Kandidat Schulz, der in den Umfragen mal bei 33 Prozent gelegen habe und dann nur 21 Prozent hole, der könne die Partei nur schwer zusammenhalten. Das sei nach der Wahl aber das Wichtigste. Schulz ist stolz darauf, die oft zerstrittenen rechten und linken Flügel der Partei als Vorsitzender miteinander versöhnt und die Partei vereint zu haben. »Aber das Allerschlimmste wäre, wenn wieder eine Große Koalition kommt. Dann ist es mir wirklich lieber, wir gehen mit 24 Prozent in die Opposition als noch mal diese dämliche Groko.«

Darüber könne er ja am Abend des 24. September nachdenken, mahnen mehrere Mitglieder seines Teams. Jetzt müsse er voll im Wahlkampfmodus bleiben und dürfe sich nicht mit solchen Gedanken belasten.

Nein, protestiert Schulz, er habe eine Verantwortung für die SPD. »Stellt euch vor, wir gehen auf 21 Prozent runter und ich hole das schlechteste Ergebnis der Parteigeschichte!« Dann, glaubt er, würden noch am Wahlabend in der Partei die Debatten losgehen: Falscher Kandidat! Falsche Strategie! Man werde dann nach einem Schuldigen suchen, nach einem Opfer. »Dann brauchen sie einen, den sie erledigen können.«

Andererseits, sagt er, und schon kippt die Stimmung in die andere Richtung, andererseits spüre er eine Riesenverantwortung für seine Partei. Das könne bedeuten, durch seinen Rücktritt einen Neuanfang zu ermöglichen. Es könne aber auch heißen, dass er bleiben müsse, weil die Partei sonst auseinanderbreche. Er bekomme dieser Tage viele SMS mit dem Tenor: »Du darfst auf keinen Fall zurücktreten am Wahlabend. Du musst die Partei weiterführen.« Und dann, das müsse er jetzt auch mal sagen, wolle er sich auch nicht gern vom Hof jagen lassen. »Ich möchte auch nicht gedemütigt vom Feld gehen.«

Er solle sich von solchen Gedanken nicht kirre machen lassen, lautet erneut der Rat seines Teams. Es habe in der 154-jährigen Geschichte der SPD noch nie ein Machtvakuum gegeben. Es werde sich im Falle des Falles schon jemand finden. Deshalb der Tipp: Kämpfen bis zum 24. Und danach werde man halt sehen, was passiert.

»Ich mach' mir Sorgen«, sagt Schulz.

»Warum denn?«

»Um die SPD. Ich will das Ding anständig zu Ende bringen. Ich will, dass diese Partei am Leben bleibt.« Dem werde er jetzt alles unterordnen, sagt Schulz. Er werde sich diese Sorgen nicht anmerken lassen. »Wenn ich nach außen wackele, dann bricht alles zusammen.« Seine Frau habe ihm gestern Abend gesagt: »So wie im Moment gefällst du mir am besten. Du wirkst entschieden, kämpferisch und zugleich realistisch. So mag ich dich am liebsten.«

Erst als das Essen serviert wird, steigt die Stimmung langsam wieder. »Leute, ihr müsst mir zwischendurch auch mal zugestehen, dass ich das rauslasse«, sagt Schulz später. »Ich muss doch irgendwo auch mal mit meinen Gefühlen und meiner Belastung hin. Ich kann das doch nicht die ganze Zeit nur meiner armen Frau Inge erzählen.«

Während Schulz darüber redet, dass alles aus sei, wenn es in den heutigen Umfragen nicht nach oben gehe, bekommen seine Leute das Ergebnis des ARD-Deutschlandtrends aufs Handy geschickt. 21 Prozent für die SPD. Minus zwei Prozentpunkte. Ende der letzten Hoffnungen. Sie werfen sich Blicke zu, aber sie zeigen ihm die Zahlen nicht. Nicht jetzt. Schlechter Moment. Er wird sie erst nach der Kundgebung in Marburg erfahren.

Auch in den kommenden Tagen steht der Kandidat jeden Tag zweimal auf der Bühne und erzählt den Menschen, warum er Bundeskanzler werden will. Dafür, dass der SPD inzwischen jede Machtperspektive fehlt, sind die Marktplätze erstaunlich voll. Auch die Stimmung ist freundlich, die Menschen beklatschen und bejubeln Schulz, nur beim Satz, dass er Bundeskanzler werden wolle, können sich inzwischen selbst eingefleischte Genossen ein Schmunzeln nicht verkneifen. Würde Schulz ihn jedoch weglassen oder plötzlich gar ein anderes Ziel ausgeben, wäre das Echo in den Medien eindeutig: Die SPD hat aufgegeben. Deshalb, so sieht er es, muss er jedes Mal da durch.

Schulz' Tournee über die Marktplätze der Republik ist auch eine logistische Herausforderung. Jeden Tag muss an zwei Orten in Deutschland eine riesige Bühne samt Laufstegen und den roten Großbuchstaben S, P und D aufgebaut werden, dazu Absperrungen, eine Tonanlage für mehrere tausend Menschen – und all das in der Dichte deutscher Innenstädte. Zwei Crews sind in diesen Tagen für die Partei in Deutschland unterwegs. Sobald der Kandidat von der Bühne gestiegen ist, laden sie die Aufbauten in ihre Lkw und fahren in die nächste Stadt, wo am nächsten Morgen der Aufbau beginnt und der Kandidat ein paar Stunden später erneut auf die Bühne steigt. Als Eventagentur, das muss man ihr lassen, arbeitet das Willy-Brandt-Haus sehr erfolgreich und höchst professionell.

Als Kommunikationsagentur ist die Parteizentrale der SPD hingegen weniger zu gebrauchen. Als der Kandidat am 10. September, zwei Wochen vor dem Wahltag, vier Punkte verkünden möchte, die für ihn nach der Wahl unverhandelbar sind, will das Haus mal etwas Neues, vermeintlich Innovatives probieren: einen über die sozialen Netzwerke angekündigten Livestream. Dafür stellt man den Kandidaten in der Parteizentrale vor eine Kamera und setzt ein paar Leute unmotiviert in seinen Rücken. Vor dem Haus steht eigens ein Übertragungswagen, das Projekt kostet einen Haufen Geld. Leider ist der Text so schlecht vorbereitet, dass er in letzter Sekunde noch umgeschrieben werden muss. Und dann fällt zu Beginn der Übertragung auch noch der Ton aus. Wie schon bei der verpatzten Programm-Präsentation und der verfrühten Google-Anzeige sorgt die Aktion nicht für den gewünschten positiven Effekt, sondern eher für Häme im Netz.

Hätte er ein wenig mehr Ruhe und die Muße, könnte Schulz durchaus Freude an seiner Tournee über die Marktplätze Deutschlands entwickeln. Meist steht neben oder hinter seiner Bühne ein deutsches Kulturerbe, die Porta Nigra, der Kölner Dom oder die Leipziger Nikolaikirche. In der Realität aber bekommt er von den Orten, an denen er spricht, nichts mit. Meist gelangt er mit leichter Verspätung an den Ort des Geschehens, wird in irgendeiner Seitengasse rausgelassen, läuft von dort auf die Bühne, spricht 30 bis 40 Minuten und läuft zurück zum wartenden Fahrzeug. Rein statistisch betrachtet könnte man sich die Kundgebungstour schenken. Mit seinen 41 Auftritten wird Schulz kaum mehr als 150 000 Menschen direkt erreichen. Jeder einzelne Auftritt im Fernsehen, ja selbst jeder Facebook-Post hat eine größere Reichweite. Die Bedeutung der Straßentournee ist eine andere. Nur so, indem die physische Anstrengung sichtbar wird, lässt sich der Eindruck von Kampf erzeugen. Einem Kandidaten, der nur in Fernsehstudios sitzt oder Facebook-Filmchen von sich postet, würde man vermutlich noch weniger abnehmen, dass er tatsächlich den Willen hat, Kanzler zu werden.

Am Samstag, den 9. September, kurvt Schulz im Wagen durch das Saarland, wo der Niedergang seiner Kampagne seinen Anfang nahm. Heute steht eine Kundgebung in Saarlouis an. Er erzählt von seinen Auftritten in Bamberg und Würzburg am Vortag, viele Leute, tolle Stimmung, viele junge Menschen. »Ich begreif die Welt nicht mehr.« Die Plätze seien voll, im Politbarometer seien zumindest seine Persönlichkeitswerte deutlich gestiegen. Alle Themen, die er anspreche, würden laut Umfragen als sehr wichtig erachtet. Und trotzdem stagniere die SPD in den Umfragen.

Besonders deprimiert hat ihn am Morgen eine Schlagzeile der »Bild«-Zeitung: »AfD macht SPD Konkurrenz«. Genau diese Sorge, dass die AfD die Sozialdemokraten in den Umfragen überholen könnte, hatte im Januar zu jener Panikstimmung beigetragen, aus der heraus Schulz überraschend zum Retter erkoren wurde. Wenn das stimme, was »Bild« schreibe, sagt Schulz nun, dann sei das natürlich auch eine Bilanz seiner politischen Arbeit. »Wenn wir dort vor neun Monaten gestartet sind und jetzt wieder genau dort liegen, dann sieht man ja, dass ich es auch nicht besser kann.«

Er werde jetzt weiter seine Furche ziehen, und wenn es dann am Ende nicht reiche, wolle er wenigstens, dass die Leute sagen: Es hat nicht am Schulz gelegen. Dass es möglicherweise andere Gründe gegeben habe. »Ich will mir nicht vorwerfen lassen, ich hätte nicht alles gegeben. Ich gebe sogar noch mehr, als ich kann. Was will ich anderes machen? Ich hab' eine Pflicht zu erfüllen, das mache ich. Rausgehen, Kreuz durchdrücken, weiterkämpfen. Was anderes kann ich ja nicht tun.« Immerhin scheine sich das Wetter zu halten, sagt er kurz vor Saarlouis. »Aber ansonsten ist das Leben hart und bitter.«

»So diskutiert kein Mensch. Außer Sozialdemokraten«
Klartext, Herr Schulz!

Heute mal keine Currywurst. Schulz und sein Team sind an diesem 12. September zu einem ausgedehnten Mittagessen in das kleine französische Restaurant Le Bon Mori gegenüber vom Willy-Brandt-Haus gegangen. Am Abend wird er bei »Klartext, Herr Schulz!« auftreten, der Wahlarena des ZDF, und dort 90 Minuten lang die Fragen ausgewählter Bürger beantworten. Darauf will man sich nun vorbereiten.

Am Vormittag hat Schulz dem SPIEGEL ein ausführliches Interview gegeben. Es sei ein interessantes Gespräch gewesen, sagt er nun am Mittagstisch, nur eine Sache, die wurmt ihn jetzt noch. Ein Redakteur hatte die These vertreten, dass es ein Fehler von Schulz gewesen sei, nicht als Außenminister ins Kabinett gegangen zu sein. Diese These wird inzwischen von einigen Beobachtern vertreten. In diesen außenpolitisch turbulenten Zeiten, so meinen sie, fehle Schulz ohne das Außenamt schlicht die Bühne. Merkel könne auf großen internationalen Gipfeln, im Bundestag oder im Kanzleramt agieren, sie sei omnipräsent, habe dank ihrer Ämter auch logistische und organisatorische Vorteile im Wahlkampf, während der Kandidat die Provinz abklappere und dort vergleichsweise unsichtbar bleibe. Schulz, so die These, hätte Außenminister und Kandidat und Parteivorsitzender werden müssen, dann wäre er die ganze Zeit über bei allen internationalen Themen, von Trump bis Erdoğan, präsent gewesen – so wie es Sigmar Gabriel nun ist.

Schulz sträubt sich entschieden gegen diese Sichtweise, auch jetzt beim Mittagessen. »Mein Prinzip war und ist: Ich kann nicht vormittags mit Angie die Welt retten und nachmittags sagen: Die muss weg«, sagt er. »Warum wird jemand, der nicht taktisch denkt, für blöd erklärt? Weil Prinzipien nichts zählen?« Er schaut empört in die Runde seiner Mitarbeiter. »Mein Problem ist, ich kriege meine Prinzipienfestigkeit nicht rübergebracht.«

Es gibt noch ein weiteres Problem: Selbst wenn er Kandidat und zugleich Außenminister hätte werden wollen – er hätte es nicht gekonnt. Die Entscheidung oblag Sigmar Gabriel, der zum Zeitpunkt von Schulz' Nominierung noch alle Macht in den Händen hielt und der unbedingt Außenminister werden wollte. Das Einzige, was Gabriel an Schulz abtreten wollte, war die Kanzlerkandidatur. Er hätte am liebsten ja sogar den Parteivorsitz behalten.

Schulz hat Fragen zur »Klartext«-Sendung am Abend: »Wie lange geht das?«

90 Minuten.

»Och nä! Warum machen wir das eigentlich? Da erreichst du überhaupt keinen Wähler mit!«

Doch! Riesenprotest in der Runde. Er solle jetzt echt mal aufhören. Denn erstens seien solche Townhall-Formate mit echten Bürgern genau seine Stärke ...

»Nee, eben nicht!«, geht Schulz dazwischen.

»Doch!«

Nein!

»Doch!«

»Jetzt mal im Ernst, Martin«, sagt TV-Coach Peichl. »Das sagen alle Umfragen und das weißt du auch selbst, wenn du nicht gerade ein paar Stunden vorher schlechte Laune hast: Das ist genau deine Stärke!« Sein Vorteil sei, dass er mit seiner Bürgernähe die Leute überzeugen könne.

»Ja, 21 Prozent«, antwortet Schulz sarkastisch.

Dann gehen sie die möglichen Themen für die Sendung durch. Sie wissen, dass es um Mieten gehen wird, ein Thema, mit dem die SPD punkten kann, weil sie sich weit energischer als die Union gegen profitgierige Investoren und ständige Mieterhöhungen einsetzt. Sie wissen auch, dass entweder eine alleinerziehende Mutter oder ein Rentner-Ehepaar mit Wohnproblemen in der Sendung sein wird.

Schulz nimmt sich vor, bei dem Thema voll auf Angriff zu schalten: »Ich werde sagen: ›Ich halte so einen Umgang mit Mietern für sittenwidrig.‹«

Als Nächstes reden sie, wieder mal, über das Thema Flüchtlinge und Integration. Schulz will am Abend sagen: »Wer sich nicht integrieren will, der muss das Land verlassen.«

Das sei eine sehr harte, im Kern auch gefährliche Formulierung, warnt einer am Tisch.

»Warum?«, fragt Schulz. Es sei nun mal nicht verboten, sich nicht zu integrieren.

Sehe er anders, sagt Schulz. Es gebe kein Recht darauf, sich nicht zu integrieren.

Rein rechtlich gebe es da keine Verpflichtung, lautet erneut der Einwand. Das Einzige, was man nicht dürfe, sei straffällig zu werden.

»Nee, Freunde, das ist eines unserer Kernprobleme«, sagt Schulz. »So diskutiert kein Mensch. Außer Sozialdemokraten. Und ein paar Grünen.« Wenn man mit den Menschen im Lande rede und sage: »Wer sich hier nicht integriert, der hat das Recht dazu«, dann würden die sagen: »Du hast sie doch nicht alle.« Klar könne man hingehen und in vertiefter Diskussion die Begrifflichkeit klären, was genau Integration sei. »Aber ich glaube, wir leiden als SPD darunter, dass viele unserer Leute uns nicht verstehen. Zwischen Berlin-Mitte und dem Rest der Republik gibt es einen kleinen graduellen Unterschied.«

Zwölf Tage vor der Wahl wird hier, im Herz der Kampagne, noch immer kontrovers und leidenschaftlich über die richtige Haltung zur Flüchtlingspolitik diskutiert. Es zeigt, dass die Partei weiter keine schlüssige Position in dieser wichtigsten Frage dieses Wahlkampfes gefunden hat. Es hat aber auch etwas Rührendes, wie ernsthaft, engagiert und leidenschaftlich selbst jetzt noch miteinander diskutiert und gerungen wird. Es mag weder effizient noch zielführend sein, aber es verrät ungewollt auch, dass der SPD die Inhalte ihrer Politik im Zweifel noch immer wichtiger sind als die Macht.

Am Ende weist Berater Anda darauf hin, dass 30 Prozent der Bürger laut Umfragen noch immer nicht wüssten, dass eine Wahl bevorsteht. Ob es irgendwelche Wege gebe, etwas dagegen zu machen.

»Sicher«, antwortet einer von Schulz' Beratern, von denen nicht alle glücklich über den Neuen am Tisch sind. »Man nennt

das in Fachkreisen Wahlkampf. Und das machen wir gerade.«
»Ich freu mich auf heute Abend«, sagt Schulz' Sprecher
demonstrativ vor dem Aufbruch, um die Stimmung des heute
latent grantigen Kandidaten etwas aufzuhellen.
»Ich nicht«, brummt Schulz. »Ich glaub', ich geh noch mal 'ne
Stunde pennen. Hab' ich vor dem TV-Duell auch gemacht. Sonst
bin ich zu aggressiv.«

In der Sendung wird Schulz als Erstes von einem Rentner-Ehepaar aus Hamburg mit Wohnungsproblemen befragt. In einem
Einspielfilm heißt es, dass sie ihre 40-Quadratmeter-Wohnung
verlassen müssen, weil der Vermieter sie komplettsanieren und
vergrößern wolle. Die Miete würde dann von 230 auf 850 Euro
kalt steigen. Schulz zeigt Empathie, geht auf die beiden zu, gibt
ihnen die Hand. »Das ist ja objektiv Wucher«, sagt er über die
geplante Mieterhöhung. Er halte das für sittenwidrig. »Das ist
hemmungslose Ausbeutung von armen Leuten, die um ihre
Wohnung und ihr Geld gebracht werden. Ein Vermieter, der so
was macht, der muss gebremst werden.«

Das sollte eigentlich sein Schlusswort in der Angelegenheit
sein, aber dann sagt der Moderator Peter Frey: »Herr Schulz, die
Sache hat einen Clou. Der Vermieter ist nämlich eine städtische
Wohnungsbaugesellschaft in einer SPD-regierten Stadt.«

Lachen im Publikum. Schulz scheint bloßgestellt, ein pein-
licher Moment.

Frey will zum nächsten Thema überlenken, aber Schulz protestiert. »Nee! Neeneenee! Sekunde!« Wenn das stimme, dann
müsse das geändert werden. »Dann werde ich die städtische
Wohnungsbaugesellschaft fragen, ob sie einen Knall hat.« Aber
das kann den entstandenen Eindruck nicht mehr korrigieren.
»Schulz blamiert sich in ZDF-Wahlarena«, schreibt »focus.de« in
der Nachberichterstattung.

Am nächsten Tag telefoniert Schulz mit Olaf Scholz, dem
sozialdemokratischen Bürgermeister von Hamburg. Der ist

auf 180. Die Wohnung des Rentner-Paares sei feucht, eine Sanie-
rung sei zwingend notwendig, erklärt er. Und dass man den beiden drei alternative Wohnungen in der Nähe zum selben Preis
angeboten habe. Er ist fassungslos, wie der Fall im Fernsehen so
falsch dargestellt werden konnte.

Nach dem Telefonat sagt Schulz, er wisse jetzt, warum er vor
der Sendung den ganzen Tag so angespannt gewesen sei. »Weil
ich die ganze Zeit gespürt habe, dass die mich in 'ne Falle locken
wollen. Ich hab's gespürt.«

Von seiner Frau gibt es auch eine Rückmeldung: Er habe sich
klein gemacht, lautet der Vorwurf an ihren Mann. Weil er sich
neben jeden einzelnen Bürger gesetzt habe. Empathisch zu sein
sei ja gut und schön, aber ein Kanzler dürfe sich nicht auf die
Treppe zu anderen Leuten setzen.

»Uns kriegt ihr nicht klein!«
Rutscht die SPD unter 20 Prozent?

Der 14. September ist der vielleicht härteste Tag seiner Kampa-
gne. Schulz ist in aller Frühe in Frankfurt aufgebrochen und nach
Hannover gefahren, wo er drei Interviews gegeben hat, dann ging
es weiter nach Braunschweig, Kundgebung, dann mit der kleinen
Chartermaschine nach München. Enden wird der Tag in Berlin.
Fünf Städte, ein Tag.

Kurz bevor er am Münchner Marienplatz eintrifft, erreichen
ihn die neuesten Zahlen des Deutschlandtrends: 20 Prozent. Der
tiefste Wert seiner bisherigen Kampagne. Zehn Tage vor der
Wahl. Die SPD scheint wirklich im freien Fall zu sein. Niemand
weiß, ob es eine Linie gibt, an der der Absturz gebremst werden
kann. Was jahrzehntelang undenkbar war, ist nun eine reale
Gefahr: ein Wahlergebnis im Zehnerbereich. Auch wenn es sich
im Zweifel nur um ein paar Zehntel Prozent von einem Ergebnis

im Zwanzigerbereich unterscheiden würde, wäre die Symbolik niederschmetternd.

Schulz steht im Münchner Rathaus und soll jetzt raus auf den Marienplatz, den Leuten zurufen, dass er Bundeskanzler werden will. Aber er geht erst mal zu den Toiletten. Eine Minute lang steht er alleine in den Waschräumen, so erzählt er es später. Er schüttelt sich einmal durch und beschwört sich selbst: So, jetzt gehst du da raus, zeigst den Leute, dass du dich nicht geschlagen gibst!»Ich bin depressiv aufs Klo gegangen und kampfeswillig zurückgekommen.« Immer wieder muss er sich berappeln, muss sich neu motivieren, aufstehen, weitermachen, darf niemals aufgeben oder sich seine Frustration anmerken lassen.

Draußen ist es zehn Grad kalt, der Wind pfeift über den Platz. Schulz steht im Mantel auf seiner Bühne, dann beginnt es auch noch zu regnen. Jaja, das sei ja vermeintlich passend, dass er jetzt hier im Regen stehe, ruft er über den Platz. Aber er könne die Mitbewerber nur warnen:»Freut euch nicht zu früh! Uns kriegt ihr nicht klein!« Er ist zorniger als sonst. Er wirkt wie ein Arbeiterführer aus stürmischeren politischen Zeiten. Seine Zuhörer mögen das, sie applaudieren oft und skandieren seinen Vornamen.»Unser Programm ist besser, deswegen werden wir die Wahl auch gewinnen«, ruft Schulz. Es wird eine mitreißende Rede. Seine wahre Gemütsverfassung ist für das Publikum nicht zu erahnen.

Eine Stunde später krümmt er sich vor Kälte im Sitz einer kleinen Propellermaschine zusammen. Er hat den Kopf ans Kabinenfenster gelegt, seine Arme umklammern den Oberkörper, seine Augen sind geöffnet, aber sein Blick ist leer. Vor dem Abflug ein kurzer Anruf bei seiner Frau Inge.»Ja, wie soll's mir gehen? Beschissen.« Ein Mitarbeiter findet eine leicht abgewetzte Wolldecke und legt sie ihm über Schoß und Beine. Schulz mummelt sich ein. Er sitzt da wie ein Häufchen Elend und sagt lange nichts.

Seine Mitarbeiter wissen, dass dies ein harter Flug wird. Sprecher Dünow hat am kleinen Kiosk in der Abfertigungshalle sicherheitshalber eine Jumbopackung Gummibären und eine Jumbopackung Colorado gekauft. Sie loben ihn für seine Rede eben auf dem Marienplatz.»Ja, 20 Prozent sehen das auch so«, brummt Schulz. Inzwischen habe er das Gefühl: Egal was er mache, es helfe alles nichts.»Ich könnte auf Händen laufen und mit den Füßen Hurra klatschen – würde auch keinen mehr interessieren.« Er glaube wirklich, dass er bisher keinen groben Fehler gemacht habe, sagt er, als die kleine Maschine in den finsteren Himmel steigt.»Außer, diese Kandidatur zu übernehmen.« Er gebe wirklich alles, was er geben könne, mehr sei nicht drin.»Ich kann mir nicht vorstellen, warum wir bei 20 Prozent liegen sollen.« Den ganzen Flug geht das so.»Ich meine, das hat ja was Demütigendes. Du reißt dir den Arsch auf und kriegst ständig den Stinkefinger gezeigt.« Die Leute sähen in ihm offenbar keine Alternative zu Merkel.

Immerhin fällt die Unerschrockenheit, mit der er trotz all der Rückschläge und Widrigkeiten weitermacht, selbst jenen auf, die ihn bislang kritisierten. In den Zeitungen erscheinen nun zunehmend Kommentare, in denen zumindest sein unermüdlicher Einsatz gerühmt wird.»Selten gab es einen Kanzlerkandidaten, der, trotz wachsender Aussichtslosigkeit, sich so abgerackert hat wie Schulz«, kommentiert die»Süddeutsche Zeitung« kurz vor dem Wahltag.»Er sucht den Kontakt mit dem Bürger mit einer energisch-fleißigen Lust. Das verdient Respekt, das ist Pflichtbewusstsein in der Demokratie. Das gibt dem Wahlkampf eine Würde, die mit der Wut kontrastiert, die die AfD schürt und auf der sie ihr Süppchen kocht.«

Gegen 22 Uhr landet die kleine Maschine in Schönefeld. Noch in der Luft surren die Handys. Es gibt gleich zwei gute Nachrichten. Ein Personenschützer zeigt ihm, dass sein Verein, der

1. FC Köln, 1:0 im Europa-League-Spiel bei Arsenal London führt. Schulz ballt die Faust. Dann erhält er eine SMS von seinem Demoskopen. Die Forschungsgruppe Wahlen wird die SPD morgen bei 23 Prozent ausweisen, drei Prozentpunkte höher als Infratest. Als Schulz aus dem Flieger steigt, wirkt er beinahe ausgelassen. Auf der Fahrt vom Flughafen Schönefeld ins Hotel Mövenpick kann er nur noch ans Bett denken. »Mann, das war ein Tag heute, was?«, sagt er zu einem seiner Personenschützer vorne im Wagen, der den Fünf-Städte-Trip mitgemacht hat. »Ich schmeiß mich gleich mit einem Sprung auf die Matratze und dann kommt das berühmte Phänomen, dass ich, noch bevor ich auf der Matratze lande, eingeschlafen bin.« Der 1. FC Köln verliert an diesem Abend mit 1:3.

Am 17. September, dem Sonntag vor der Wahl, ist Schulz noch einmal für ein paar Stunden zu Hause in Würselen. Er hoffe, erzählt er am Telefon, dass er die letzte Wahlkampfwoche noch irgendwie hinter sich gebracht kriege. Dann müsse man sehen. Wenn er von seinen Kundgebungen zurückkomme, wie gestern in Freiburg, wo ihm 6000 Menschen zujubelten, habe er das Gefühl, dass sich die Stimmung zu seinen Gunsten drehe. Doch sobald er die Zeitung aufschlage, sehe er Umfragen, in denen die SPD absacke. »Aber gut, diese Achterbahnfahrt geht weiter. Man weiß ja gar nicht, wo man dran ist.« Es ist in jedem Falle gut, dass der Wahlkampf bald vorbei ist, denn der Zustand, in den er mit jedem weiteren Tag tiefer versinkt, ist auf Dauer auch nicht gesund.

»Ich hätte diese Kandidatur nicht machen dürfen. Ich habe auch mit der Illoyalität von diesem Gabriel innerlich schwer zu kämpfen, der ständig dummes Zeug quatscht«, sagt Schulz. Er wisse wirklich nicht, wo die SPD am nächsten Sonntag landen wird. Aber je nach Ergebnis sei danach für ihn Schicht. »Ich stelle mich innerlich darauf ein.« Er nehme an, dass gewisse Leute aus der Parteispitze, je nachdem wie das Ergebnis ausfalle, am Wahlabend schon ihre Flagge zeigen würden. »Ich les' ja auch die Berichte, was die Nahles da so vom Stapel lässt.«

Schulz weiß in diesem Moment nicht, ob er sieben Tage später der nächste Vizekanzler der Bundesrepublik sein wird oder ein vom Hof gejagter Rentner in Würselen. Das ist das Besondere und Gnadenlose an der Politik.

»Eine Patrone haben wir noch«
Hoffen auf ein würdiges Ende

»Eine Patrone haben wir noch«, sagt Schulz, als er am nächsten Tag mit seinem Team im Willy-Brandt-Haus zusammensitzt. An diesem Montagabend wird er in Lübeck in der »Wahlarena« der ARD auftreten. Die Sendung bietet die letzte Chance, vor einem Millionenpublikum einen guten Eindruck zu hinterlassen. Die Chance für einen Umschwung in letzter Minute.

Schulz und sein Team suchen nach dem einen spektakulären Satz, nach der einen Forderung, über die ganz Deutschland in den verbleibenden sechs Tagen bis zur Wahl reden könnte. Weil sich immer mehr Bürger erst in letzter Minute entscheiden, wem sie ihre Stimme geben, ringen die Parteien in der Schlussphase besonders hart um Aufmerksamkeit. In Schulz' Team gibt es die Sorge, dass er medial untergehen könne.

»Was ist die Patrone, die wir heute Abend haben?«, fragt Heil. »Wie kriegen wir einen Schwung für die letzte Woche?«

Was kann man jetzt, nach 200 Tagen Wahlkampf, noch wirklich Neues fordern, ohne panisch zu wirken? Man will es mit der Pflege versuchen, die als Thema eher zufällig in diesen Wahlkampf stolperte. In der »Wahlarena« mit Angela Merkel, die eine Woche zuvor stattfand, hatte ein junger Pfleger die Kanzlerin mit einer Schilderung der verheerenden Zustände auf seiner Station konfrontiert. Merkel hatte dabei keine gute Figur abgegeben. Das Willy-Brandt-Haus nahm dies gleich zum Anlass, diesem Thema in der Schlussphase größere Aufmerksamkeit zu widmen.

Schulz will kräftig investieren, um den Pflegenotstand zu lindern: mehr Personal, signifikante Lohnerhöhungen, einen besseren Verteilungsschlüssel. Aber wie bringt man das rüber, um die gewünschte Aufmerksamkeit zu erhalten? »Es muss ein richtiger Wumms sein für die nächsten Tage«, mahnt Schulz. Dann fliegen Begriffe durch den Raum, die Dringlichkeit und Tatkraft vermitteln sollen: Staatliche Pflegegarantie. Pflegevollversicherung. Aktionsplan Pflege. Sofortprogramm.

Der Begriff »Sofortprogramm« stoße keine Debatte an, sagt Bundesgeschäftsführerin Seifert. Man brauche eine konkrete Forderung, sonst dringe man sechs Tage vor der Wahl nicht mehr durch. Sie und die Experten des Willy-Brandt-Hauses schlagen vor, dass Schulz eine Erhöhung des Beitragssatzes fordern solle. Das sorge garantiert für die gewünschte Aufregung. »Wir müssen jetzt noch mal hart in die Überschriften kommen.« Dafür brauche man etwas Zugespitztes, das auch Widerspruch hervorrufe.

Man habe gerade erst wieder testen lassen, welche Begriffe dem Kandidaten Schulz zugeschrieben würden, sagt Heil: »Anpacken« und »Klartext«. Mit der Forderung nach einer Beitragserhöhung ließe sich beides kombinieren.

»Dann sind wir wieder die, die den Leuten die Kohle aus der Tasche ziehen«, warnt ein Berater. »Das ist so ein bisschen gabrielesk«, ein anderer. »Fünf Tage vor der Wahl mit was völlig Neuem zu kommen, davon würde ich abraten.« Schulz ist ebenfalls dagegen, eine Beitragserhöhung zu fordern. »Ist die Pflege wirklich das Thema, mit dem wir den Wumms hinbekommen?« Oder solle man es lieber mit dem Thema Miete und Wohnraum probieren?

Miete sei kein hochemotionaler Aufreger, erklärt einer der Berater. Emotionale Aufreger seien Kinderarmut, alte Menschen, die Flaschen sammeln, und Pflege. Und man brauche jetzt einen Aufreger. Am Ende einigt man sich darauf, dass Schulz einen »Neustart« in der Pflege fordern solle, ohne Beitragserhöhungen. Dann müssen sie los zum Zug, auf nach Lübeck.

»Seid ihr zufrieden?« Schulz sitzt auf einem schwarzen Ledersessel im mit weißen Tüchern abgehängten VIP-Bereich der Lübecker Kulturwerft und blickt seine Entourage an. 75 Minuten Wahlarena liegen hinter ihm. Die Runde ist sich einig, dass es Schulz' bester TV-Auftritt war. Ärgerlich, dass es auch sein letzter ist.

Der Kandidat war konzentriert, charmant, pointiert. Er hatte klare Botschaften zu allen relevanten Themen. Seine Sprache kam ohne die blutleeren Parteiprogrammsätze aus. In der Sendung brachte er eine Frau, die jedes Vertrauen in die Politik verloren hatte, mit leidenschaftlichen Worten dazu, ihm doch zu vertrauen. Er wirkte wie befreit. Es war, als stünde dort, kurz vor dem traurigen Ende, noch einmal der unbekümmerte Schulz aus dem Februar.

Selbst das Thema Pflege schafft es wie geplant in die Schlagzeilen. »Schulz kündigt Revolution in der Pflege an«, heißt es später in den Nachberichten zur Sendung. Auf die Frage der Geschäftsführerin eines Pflegeheims, was er vorhabe, um die Situation zu verbessern, antwortete Schulz: »Ich werde in den ersten hundert Tagen einen Neustart in der deutschen Pflege schaffen. Dazu gehören drei Dinge: mehr Personal, bessere Bezahlung und mehr Pflegeplätze.«

Später im Hotelrestaurant lesen sie sich gegenseitig die Berichte in den Online-Medien vor. »Geht da noch was?«, lautet eine der Schlagzeilen. »Haben wir die diesmal bezahlt, oder was ist los?«, fragt TV-Coach Peichl. »Durch die Bank nur Lob für dich. Das haben wir noch nie gehabt.« Endlich hat etwas genau so funktioniert, wie man es geplant und erhofft hatte.

»Martin, auf dich!«, ruft einer aus der Runde und hebt sein Weinglas. »Ich trink auf euch«, antwortet Schulz und stößt mit seiner Apfelschorle an. »Vielen Dank, ihr Lieben!« Es herrscht Freude, fast Übermut, und es wird so viel gelacht an diesem Abend wie seit Wochen nicht mehr. Schulz ist selbst vom Essen begeistert, keine Currywurst, sondern Lachs mit Bratkartoffeln. »Exzellent. Einmalig. Also ich bin von den Socken.«

Vielleicht, sagt er, habe man heute ja ein paar der unentschiedenen Wähler für sich gewinnen können. »Es kamen einige aus dem Publikum nachher zu mir und meinten, ich hätte sie überzeugt.« Gibt es vielleicht doch noch eine Chance, das historisch schlechteste Wahlergebnis von der SPD abzuwenden? Eine Chance auf ein würdiges Ende?

Sein Team überlegt, ob man in den letzten Tagen noch ein großes Ding drehen könne. Einen großen Auftritt. Irgendwas Überraschendes. »Ja, was soll'n wir denn noch machen?«, fragt Schulz. Alle grübeln. Dann macht er selbst einen Vorschlag. »Ich fliege morgen nach Washington und treffe den Trump.«

Am Ende des Abends teilt man sich noch eine Packung Lübecker Marzipan. »So, ab in die Heia jetzt«, sagt Büroleiterin Hagemeister. Am nächsten Morgen geht Schulz' Flieger um 7.45 Uhr. Nicht nach Washington, sondern nach Stuttgart.

Es wird dann doch kein großes Ding mehr gedreht, es gibt keinen großen Auftritt, nichts Überraschendes, auch weil niemand da ist, der das Unmögliche zumindest versucht. Wie so oft in dieser Kampagne scheitern die großen Pläne und Ideen an vergleichsweise kleinen Widerständen.

»Ich hab' ein Verantwortungsbewusstsein für diese Partei«
Endspurt

Zwei Tage noch. Bei seiner Rede in Nürnberg am Nachmittag des 22. September läuft dem Kandidaten die Zeit davon. Nicht länger als 30 Minuten soll er reden, das hatten ihm seine Leute gesagt. Danach soll er direkt von der Bühne ins Auto und schnell zum Flughafen, zurück nach Berlin, wo um 18 Uhr die große Abschlusskundgebung der SPD am Gendarmenmarkt beginnt. Phoenix will live übertragen und im Anschluss zur letzten Kundgebung der Kanzlerin in München schalten.

Nun redet Schulz in Nürnberg aber schon länger als 30 Minuten, und ein Ende ist nicht in Sicht. Seine Leute werden nervös. Irgendwann stellt sich sein Redenschreiber so ins Publikum, dass der Kandidat ihn sehen muss, und gibt ihm Zeichen: Sofort zum Schluss kommen!

»So, bald haben wir es geschafft«, sagt Schulz, als er sich in den Sitz der kleinen Maschine fallen lässt. Sein Sprecher hat eine Fotoserie mit offiziellen Wahlkampfbildern auf seinem iPad, das er nun an Schulz weiterreicht. Er wischt durch das Album, durch die Monate, die hinter ihm liegen. Es sind schöne Fotos, Schulz auf Bühnen, Schulz in Fußgängerzonen, Schulz umgeben von jubelnden Menschen. Sie wirken wie die Teile einer Erfolgsgeschichte. Sie verraten nichts von all der Anspannung, den Sorgen, der Verzweiflung, der Müdigkeit. Der Kandidat lächelt kurz. »Tolle Fotos.« Die andere Bilanz sei, dass er in diesem Wahlkampf mindestens drei Kilo zugenommen habe.

Aber er kann jetzt nicht zurückblicken. Er muss sich Gedanken über die Zukunft machen. Die Debatte um die Aufstellung der Partei nach der Wahl ist inzwischen voll entbrannt. Wie die meisten in der Parteiführung geht Schulz inzwischen davon aus, dass es zu einer Jamaika-Koalition kommen und die SPD in die Opposition gehen wird. Aber wie die Macht in der Partei dann verteilt wird, ist noch offen, auch wenn der Kampf um die Posten längst begonnen hat.

Gerade ist auf SPIEGEL ONLINE ein Artikel mit Zitaten von Elke Ferner erschienen, der Vorsitzenden der Arbeitsgemeinschaft Sozialdemokratischer Frauen. »Es ist allerhöchste Zeit, Parteivorsitz oder Fraktionsvorsitz mit einer Frau zu besetzen«, fordert Ferner. Schulz erkennt die Botschaft dahinter: Er solle bloß nicht auf die Idee kommen, nach der Wahl auch noch den Fraktionsvorsitz für sich zu beanspruchen. Den solle er Andrea Nahles überlassen.

Am Morgen hat er mit einem gut vernetzten Journalisten gesprochen, der ihm erzählte, was Nahles und Olaf Scholz angeblich gegen ihn im Schilde führten. Scholz' emsige Öffentlichkeitsarbeiter würden stets nur eine Parole verbreiten, die klar gegen ihn, den Kandidaten, gerichtet sei. »Wir haben es dreimal mit den Beliebtesten versucht. Man muss jetzt auch mal auf Kompetenz setzen.« Die Chiffre für Kompetenz ist nach dieser Erzählung selbstverständlich Scholz selbst. Zudem bereite Scholz einen Ideenwettbewerb vor, an dessen Ende die Wahl eines neuen Parteivorsitzenden stehen solle: Olaf Scholz. »Da kannst du doch dran fühlen«, sagt Schulz, der glaubt, dass Scholz ihn absägen will. »Gleichzeitig hab' ich auch 'nen Ideenwettbewerb: Wir machen eine Basisabstimmung über den Parteivorsitz – und damit vernichte ich seine Karriere. Definitiv!« Der Wahlkampf ist noch nicht beendet, der Kandidat emotional und körperlich am Ende, aber der nächste Machtkampf hat bereits begonnen. Politik kennt keine Atempausen.

»Was es für Leute gibt«, sagt Schulz und schüttelt den Kopf. »Die zinken gerade alle die Karten. Scholz, Nahles, die sind alle unterwegs.« Es glaube doch wohl niemand, dass die gute Elke Ferner von sich aus vorpresche – und das am letzten Wahl-

kampftag! Eine Frechheit sei das. »Aber der Olaf hat keine Trup-
pen, der überschätzt sich.« Und dann dürfe man bitte schön
auch daran erinnern, dass er der Partei in diesem Jahr mehr als
20 000 neue Mitglieder beschert habe. »Die Erzählung, ich allein
habe die Wahlniederlage zu verantworten, die mache ich nicht
mit.«

Schulz wird in diesen Stunden von verschiedenen Seiten
bedrängt. Die einen wollen, dass er die Macht nach der Wahl
zumindest teilen soll, mit Nahles als Fraktionsvorsitzender.
Andere, »allen voran Sigmar Gabriel«, bedrängen ihn, auch nach
der Macht in der Fraktion zu greifen, sonst, so die Warnung,
werde man ihn am Ende ganz zur Seite drängen. Es ist das Kalkül klassischer Machtpolitiker, das Schulz bisher widerstrebte. Er
tendiert seit Tagen dazu, sich mit Nahles zu arrangieren und ihr
die Führung der Fraktion zu übertragen. Er glaube eher an den
Grundsatz, dass ein Rückzug zum geeigneten Zeitpunkt reichlich
Früchte tragen werde. »Die entscheidende Frage ist: Kann ich mit
der Nahles verlässlich arbeiten?« Natürlich könne er versuchen,
die ganze Macht zu beanspruchen. Aber die Folge wäre eine
gespaltene Partei. Sein oberstes Ziel sei es jedoch, die SPD zusam-
menzuhalten.

»Ja, was sagt ihr denn zu meinen Überlegungen?«, fragt er
seine Berater, nachdem er seine Gedanken dargelegt hat.

»Was willst du denn genau? Was ist das Ziel?«

»Mein Ziel ist, die SPD wieder aufzurichten, sie zusammenzu-
halten und sie neu aufzubauen«, antwortet Schulz. Das könne er,
auch ohne Fraktionschef zu werden. »Es kann aber auch sein,
dass ich übermorgen Abend zurücktrete«, schiebt er dann etwas
plötzlich hinterher. Hänge vom Wahlergebnis ab. »Dann wäre ich
ein freier Mann.«

»Wenn das deine Sehnsucht ist …«, sagt ein Berater.

»Ich hab' ein Verantwortungsbewusstsein für diese Partei«,
entgegnet Schulz.

»Verantwortungsbewusstsein ist total ehrenwert. Aber du musst es auch wollen.«

»Was heißt wollen?«, fragt Schulz. »Ich will die Partei weiter führen, ja.« Aber Kanzlerkandidat müsse er nicht unbedingt noch mal werden.

Dann setzt der Flieger auf. Vom Flughafen geht es im Auto weiter zum Gendarmenmarkt, wo bereits all die Parteifreunde warten, über die er gerade gesprochen hat. Es ist ein lauer Sommerabend, sie gehen gemeinsam auf die Bühne, winken ins Publikum und vermitteln den Eindruck einer Partei, die fest zusammensteht.

»Kanzler werd' ich nicht werden, zumindest nicht heute Abend«
Wahltag

Noch fünf Stunden, dann wird Schulz wissen, wie seine Kampagne endet. Er sitzt auf der Terrasse seines Hauses in Würselen, umgeben von seinen treuesten Begleitern in diesem Wahlkampf. Die Sonne scheint, der Garten blüht, auf dem Tisch steht Belgischer Reisfladen. Es ist ruhig und friedlich hier, nicht mal die Nachbarn sind zu hören, von denen er in diesem Wahlkampf so häufig sprach. Jetzt irgendwie die Zeit rumkriegen.

Der Kanzlerkandidat hat einen Pott Filterkaffee aufgesetzt, aber seine Frau stellt ihm lieber einen Kräutertee hin. Sei besser, bei all der Nervosität und Anspannung. Inge Schulz, die noch nie bei einem politischen Auftritt ihres Mannes war, hatte ihn am Vortag zu seiner letzten Rede auf dem Katschhof im benachbarten Aachen begleitet. Sie hatte sich erst wenige Stunden zuvor dazu entschieden. »Die Leute sollen wissen, dass es mich gibt«, hatte sie gesagt. Sie spürte, dass ihr Mann jede Unterstützung gebrauchen konnte. Von der ersten Reihe aus verfolgte sie seine längste Rede in diesem Wahlkampf. Er sprach ohne Zeitvorgabe, ohne Korsett, nicht fremdbestimmt, völlig frei, er hatte nichts mehr zu verlieren. Es wurde die beste Rede seiner Kampagne. Zum Schluss dankte der Kandidat seiner Frau, »die meine feste Burg ist, wenn ich das mal so in Anlehnung an einen Luther-Satz sagen darf. Ohne die ich mein politisches Leben nicht hätte leben können und diesen Wahlkampf nicht hätte bestehen können. Deshalb, ausnahmsweise, und sehr stolz, ist meine Frau Inge bei mir. Vielen Dank, liebe Inge.« Sie kam zu ihm auf die Bühne, sie umarmten sich, dann flüstert sie ihm ins Ohr: »Jetzt hast du's geschafft!«

Die beiden haben alle Szenarien für den Wahltag besprochen, für jedes Ergebnis haben sie eine Lösung vereinbart. Aber jetzt steht Inge Schulz in der Küche und überlegt, ob sie ihrem Mann am Abend spontan mit dem Zug nach Berlin hinterherreisen soll. Sie macht sich Sorgen, so angespannt, so nervös hat sie ihn all die acht Monate nicht erlebt.

Draußen auf der Terrasse tauscht man noch einmal ein paar Geschichten aus dem Wahlkampf aus. Zwischendurch surrt Schulz' Handy, lauter aufmunternde SMS, aus dem In- und Ausland. »Du hast gekämpft wie ein Löwe«, schreibt Werner Faymann, der frühere österreichische Bundeskanzler. »Größten Respekt für diesen fulminanten Wahlkampf«, schreibt ein deutscher Genosse. Schulz habe der Partei Mut und Kampfgeist zurückgegeben.

»Was du da in den letzten Monaten durchgehalten hast«, sagt seine Frau Inge. »Und das in einem Apparat, in dem nichts für dich vorbereitet war.«

Schulz nippt an seinem Kräutertee. »Ich hab' jetzt alles gegeben, was ich geben konnte«, sagt er. »Physisch und psychisch.« Das gebe ihm ein Gefühl von innerer Freiheit. Er habe jetzt in seinem politischen Leben erreicht, was er erreichen konnte. »Kanzler werd' ich nicht werden, zumindest nicht heute Abend.«

So habe er nun das Gefühl, im Zweifel auch gehen zu können, falls es am Abend ein Desaster gebe. Seine Frau protestiert. Schulz beruhigt und bekräftigt, dass er bleiben werde.»Ich werde den Karren auch führen. Und ziehen. Aber zu meinen Bedingungen. Ich werde mich nicht verbiegen. Durch gar nichts mehr.« Aber sagen zu können, dass man auch gehen könne, das gebe ihm eine ungeheure Stärke. Dann muss er los nach Berlin.»Auf zum letzten Gefecht«, ruft Redenschreiber Jonas Hirschnitz, als sich die Runde erhebt. Hirschnitz hat eine rote SPD-Fahne dabei, die er jetzt auf der Terrasse noch einmal schwenkt.»Nä«, sagt Schulz.»Nicht zum letzten Gefecht.«

In der kleinen Maschine, die ihn von Maastricht nach Berlin bringen wird, lässt er sich vor dem Start ein Kissen geben. Er steckt seine Brille in die Brusttasche seines Hemdes, faltet die Hände im Schoß, drückt den Kopf ins Kissen und schaltet sein Handy aus. Eineinhalb Stunden werden er und sein Team von der Welt abgeschnitten sein.»Ich kann Handys nicht leiden«, sagt Schulz.»Aber ich kann es auch nicht leiden, abgeknipst von der Welt zu sein.« Wenn sie landen, werden die ersten Prognosen vorliegen. Er nickt tatsächlich kurz ein.

Als er wieder wach ist, bittet er um einen Kaffee.»Haben wir auch ein Löffelchen?«, fragt er, als der Kaffee vor ihm steht.»Zum Umrühren?«

»Löffel gibt's erst ab 23 Prozent«, sagt sein Freund und Vertrauter aus Brüsseler Tagen, der neben ihm sitzt. Schulz muss lachen.»Stimmt. Unter 23 Prozent gibt's was auf die Löffel.«

»Der heutige Tag wird sicher die bundesrepublikanische Politik verändern«, sinniert er Nüsschen kauend. Wenn die AfD auf 14 bis 15 Prozent kommt und die CDU abschmiert auf unter 35 Prozent, dann sei seine These vom Anschlag auf die Demokratie durch Merkels systematische Politikverweigerung

untermauert.»Die werd' ich dann heute Abend auch wiederholen.«
Damit ist man bei der Elefantenrunde, in der die Parteichefs am Abend das Wahlergebnis diskutieren werden. Er könne ja versuchen, den Schröder zu toppen, sagt einer aus der Runde. Gerhard Schröder hatte 2005 mit seinem Auftritt in dieser TV-Runde für Furore gesorgt, als er nicht nur die Moderatoren aggressiv anging, sondern auch Angela Merkel anblaffte. Schulz und seine Berater spielen jetzt die Runde von damals nach, sie imitieren Schröder.»Glauben Sie im Ernst, dass meine Partei auf ein Gesprächsangebot von Frau Merkel bei dieser Sachlage einginge, indem sie sagt, sie möchte Bundeskanzlerin werden?«, hatte Schröder damals gesagt.»Wir müssen die Kirche doch mal im Dorf lassen.« Am Ende ging die SPD doch auf das Gesprächsangebot ein, es gab eine Große Koalition und Merkel wurde Kanzlerin.

Er werde es genauso machen, sagt Schulz im Scherz. Als Erstes werde er sich die Moderatoren vorknöpfen:»Hat das Kanzleramt die Fragen aufgeschrieben, oder können Sie sie selbst stellen? Ist diese Runde auch von Herrn Seibert vorbereitet worden wie das TV-Duell, oder können wir hier mal offen reden?« Alle lachen. Dann demonstriert er, was er zu Merkel sagen wird:»Sie glauben doch nicht im Ernst, dass Sie noch mal Bundeskanzlerin werden.«

»Sehr gut«, ruft einer.»So machen wir's!« Es ist ein kurzer Moment der Ausgelassenheit hoch über den Wolken, ein Hauch von Übermut nach Monaten der Anspannung. Schulz dreht sich zum hinteren Teil des Fliegers, wo sein Sprecher und sein Redenschreiber sitzen.»Bereitest du schon mal ein Rücktrittsschreiben vor?«

»Nee, soll ich? Für wen?«

»Für dich. Du musst die Verantwortung übernehmen. Schreib einfach: Ich war schuld.« Außerdem sollten sie im Flieger die

SPD-Fahne schwenken. »Aber bitte keinen Absturz verursachen!«

Als die Maschine zum Landeanflug ansetzt, sagt Schulz, er hoffe, dass die SPD 22 Prozent bekomme. Sollten es weniger als 20 Prozent werden, will er zurücktreten. Die Marke für den Rücktritt ist in den vergangenen Wochen dramatisch gesunken. Ein paar Wochen zuvor lag sie seinen Aussagen zufolge noch bei 26 Prozent. Als das Flugzeug aufsetzt, bedankt sich Schulz innig und herzlich bei seinem Team. »Ihr habt sehr gut für mich gesorgt! Vielen, vielen Dank!«

Bevor er in Schönefeld ins Auto steigt, werden dem Mann, der sechs Monate zuvor noch geglaubt hatte, der nächste Bundeskanzler werden zu können, die ersten Prognosen für den Wahlausgang gezeigt. Ein Umfrageinstitut sieht die SPD bei knapp über 20 Prozent. Eine zweite Prognose, die sich später als Fehler herausstellt, gar nur bei 19 Prozent. Er starrt auf das Handy, schüttelt den Kopf und steigt in den Wagen.

Auf dem kurzen Weg in die Parteizentrale muss Schulz eine radikale Wandlung vollziehen. Er steigt als gescheiterter Kanzlerkandidat ins Auto ein und soll als markiger Oppositionspolitiker wieder aussteigen. Er hatte einer anderen das Amt streitig machen wollen, nun muss er um sein eigenes kämpfen. Im Willy-Brandt-Haus wird er die nächsten zwei Stunden um den künftigen Kurs seiner Partei und um seine persönliche Zukunft ringen. Er zieht sich mit der engeren Parteiführung in einen Konferenzraum zurück. Schnell herrscht Einigkeit, dass die SPD für eine erneute Große Koalition nicht zur Verfügung stehen und in die Opposition gehen soll.

Spannender ist die Frage, wie es mit Schulz weitergeht.

In dieser unklaren Situation muss er um 17 Uhr eine vorher vereinbarte Telefonkonferenz mit den 40 Mitgliedern des

Bundesvorstands abhalten. Er sitzt mit der engeren Parteiführung am Konferenztisch und spricht in eine Telefonspinne vor ihm. »Das ist für uns ein bitterer Tag, eine schwere Niederlage, die vierte in Folge«, sagt Schulz. Man habe für die Große Koalition einen hohen Preis gezahlt. »Die Konsequenz ist, dass wir heute Abend die Oppositionsrolle für uns annehmen und klar erklären, dass die SPD in die Opposition geht.« Dies sei der eindeutige Wille der Parteiführung, den werde er gleich vor den Kameras verkünden. »Und zwar ohne Hintertür.« Es gebe da ja Gerüchte, dass man sich eine Hintertür offenhalten wolle, für den Fall, dass Jamaika scheitere. Das stimme aber nicht. »Fakt ist: Die Oppositionsrolle werden wir annehmen.«

Selbstverständlich werde er die Verantwortung für diese Niederlage übernehmen. »Das ist auch meine Niederlage, ganz klar, da gibt's nix zu beschönigen.« Nun komme es darauf an, geschlossen zu bleiben und die Partei wieder nach vorne zu führen. Darüber werde man in den nächsten Tagen in den Gremien der Partei sprechen können.

Niemand sagt etwas. Schulz will die Konferenz gerade beenden, als sich doch noch jemand meldet. »Martin, ich wollte … hallo?«, brummt es aus dem Lautsprecher. Es ist Dietmar Woidke, der brandenburgische Ministerpräsident. »Ich wollte mich mal trotz des Ergebnisses bei dir bedanken. Das war ein guter Wahlkampf. Die Mitglieder haben gestanden wie 'ne Eins. Es wird zwar ein bitterer Abend, aber trotzdem: Du hast es gut gemacht.«

»Ja, der Kampf geht weiter«, sagt Schulz und bedankt sich. »Alles klar. Bis morgen. Tschüss.«

Eine klarere Ansage kann er zu diesem Zeitpunkt nicht machen, weil die Machtfrage im engsten Führungszirkel noch nicht geklärt ist. Nach der Telefonschalte geht es hinter verschlossener Türe weiter. »Wir wollen den Parteivorsitzenden Martin Schulz«, erklärt der niedersächsische Ministerpräsident Stephan

Weil. Auch andere am Tisch sprechen sich für ihn aus. Olaf Scholz signalisiert hingegen Skepsis, so beschreiben es mehrere Teilnehmer später. Die Äußerungen von Parteivize Thorsten Schäfer-Gümbel werden zumindest als zweideutig empfunden. Schulz selbst wird den Moment in der Rückschau als »heikel« bezeichnen.

»Olaf, ich weiß, dass es zwischen dir und mir unterschiedliche Auffassungen gibt«, sagt er in der Runde. »Ich weiß auch, dass du gegen meine Kandidatur warst.« Wenn die Mehrheit hier für seinen Rücktritt sei, könne er gehen, kein Problem. »Aber es hat keinen Zweck, dass wir nach außen gehen und sagen: Als Parteiführung stehen wir hier kollektiv zusammen – und in Wahrheit stehen wir nicht zusammen.« Scholz und andere Skeptiker müssen einsehen, dass die Mehrheit hinter Schulz steht, wenigstens für den Moment. Und zumindest an diesem Abend stellen sie sich auch öffentlich hinter ihren Parteivorsitzenden.

Brutaler verläuft die Diskussion über den Fraktionsvorsitz. Schulz hat sich zwar schon entschieden, den Posten Andrea Nahles zu überlassen, hat dies aber noch nicht kundgetan. Da ergreift der bisherige Fraktionschef Thomas Oppermann plötzlich das Wort und spricht eine deutliche Warnung aus: Schulz solle bloß nicht als Fraktionsvorsitzender kandidieren. »Du kriegst keine Mehrheit«, droht er. Falls er das doch erwäge, werde er, Oppermann, öffentlich fordern: Die SPD muss jünger und weiblicher werden. Es bleibt unklar, ob Oppermann allein aus Sorge um das Wohl der Partei handelt. Nahles wird ihn später jedenfalls – gegen erhebliche Widerstände – als Bundestagsvizepräsident durchsetzen.

Um Punkt 18 Uhr vermelden die Sender ihre Prognosen für den Wahlausgang. Die SPD liegt in der ARD bei 20, im ZDF bei 21 Prozent und verliert rund fünf Prozentpunkte im Vergleich zur letzten Bundestagswahl. Die Union kommt auf 32,5 beziehungsweise 33,5 Prozent, ein Verlust von über acht Prozentpunkten.

Um 18.15 Uhr sitzt Schulz in einem Vorzimmer seines Büros und lässt sich von einer Visagistin das Gesicht schminken. Gleich muss er runter ins Atrium des Willy-Brandt-Hauses, wo mehr als tausend Journalisten und Parteimitglieder auf seine Erklärung warten. Sein Verbleib in der Politik hängt auch von diesem Auftritt und den anschließenden Interviews ab. Sein Team hat die Erklärung, die er gleich geben wird, in den vergangenen zwei Stunden mehrfach umgeschrieben. Nun steht die Botschaft endlich: Die SPD soll in die Opposition gehen – und Schulz will Parteivorsitzender bleiben.

Auf den Fluren vor der Tür herrscht Gewusel, der Lärm dringt bis in sein Zimmer.»Sind alle da?«, fragt Schulz, während er gepudert wird. Es ist ihm wichtig, dass er gleich nicht allein auf der Bühne steht. Es soll zumindest so aussehen, als stünde die Partei geschlossen hinter ihm.»Der Olaf ist bei der ARD«, sagt einer seiner Mitarbeiter.»Der ist weg.« Und Manuela Schwesig gebe auch gerade ein TV-Interview, versuche aber, es noch rechtzeitig zu schaffen.»Alle anderen stehen im Flur oder bei dir im Büro.«

»Kannst du der Inge Bescheid sagen, dass ich gleich vor die Presse gehe?«, bittet Schulz. Es komme jetzt darauf an, dass die SPD die Würde und die Haltung, die sie in diesem Wahlkampf an den Tag gelegt habe, auch an diesem Abend zeige.»Das ist eine ganz wichtige Sache.«

Im Foyer begrüßen ihn die Genossen mit Applaus und»Martin«-Rufen.»Ich will nicht drumrumreden«, sagt er.»Wir haben unser Wahlziel verfehlt.« Nach diesem knappen Eingeständnis folgen kämpferische Sätze, dass die SPD und ihre Werte noch gebraucht würden. Schulz kündigt an, dass die Partei sich grundsätzlich neu aufstellen werde.»Ich empfinde es dabei als gerade erst neu gewählter Vorsitzender der SPD als meine Aufgabe und als meine Verpflichtung, diesen Prozess als Vorsitzender zu gestalten.« Wieder Jubel, wieder»Martin«-Rufe.

»Mit dem heutigen Abend endet sogleich unsere Zusammenarbeit mit der CDU und der CSU in der Großen Koalition.« Und
plötzlich feiern die Genossen, als sei Schulz soeben zum Bundeskanzler gewählt worden. Die Begeisterung zeigt, wie groß der
Verdruss über Merkel und diese für die SPD so unglückliche Koalition inzwischen unter vielen Sozialdemokraten ist. Sie feiern
ihn, als wäre er Moses und hätte sein Volk gerade mit einem
Gang durchs Rote Meer in Sicherheit gebracht. Dass seine Kandidatur mit dem historisch schlechtesten Ergebnis bei einer Bundestagswahl endete, scheint sie hingegen weniger zu beschäftigen. Schulz muss dreimal ansetzen, bevor er weiterreden kann.
»Ich sage das hier in aller Klarheit: Ich bin angetreten, um die bisherige Regierung und die bisherige Bundeskanzlerin abzulösen«,
sagt er. »Ich habe der SPD-Parteiführung deshalb heute Abend
empfohlen, dass die SPD in die Opposition geht.«

Mit jeder Minute nach Schließung der Wahllokale wirkt Schulz
befreiter. Er muss nun keine Kanzlerkandidatenrolle mehr spielen, muss weniger Rücksichten nehmen. Vielleicht, denke ich in
diesem Moment, den ich am Fernseher in seinem Büro verfolge,
vielleicht passt die Rolle des Oppositionsführers besser zu ihm.

Nur einer klatscht nicht, als Schulz den Gang in die Opposition verkündet. Es ist jener Mann, der Schulz acht Monate zuvor
überraschend zum Kandidaten gemacht und ihn danach unzählige Nerven gekostet hatte. Sigmar Gabriel ahnt in diesem
Moment, dass seine Karriere in der Opposition wohl beendet
ist. Er steht ganz hinten auf der Bühne, als habe er mit diesem
gescheiterten Projekt, der Kampagne des Martin Schulz, nicht
das Geringste zu tun.

Nach seinem Auftritt im Willy-Brandt-Haus fährt Schulz ins
ARD-Hauptstadtstudio zur Elefantenrunde der Parteivorsitzenden. Ähnlich wie sie es während des Fluges am Nachmittag spa-
ßeshalber durchgespielt hatten, tut er in dieser Sendung alles, um

Vergleiche mit dem missglückten Auftritt von Gerhard Schröder zwölf Jahre zuvor zu provozieren.

Angela Merkel habe »einen Wahlkampf geführt, der skandalös war«, und durch ihre »systematische Verweigerung von Politik« die AfD stark gemacht, schimpft Schulz. Merkel müsse »eine verdiente Niederlage« einstecken. »Ich kann sie beruhigen«, sagt er spöttisch an die Adresse von FDP und Grünen, die Partner einer möglichen Jamaika-Koalition. »Sie kriegen alles durch. Frau Merkel wird, um das Kanzleramt zu behalten, jede Konzession machen.« Jemand habe die Kanzlerin in einem Kommentar als »Ideenstaubsauger« bezeichnet, fügt er dann noch hinzu. »Fand ich ganz nett.«

Sein Auftritt erinnert auch an die Proben zum TV-Duell – bevor seine Berater ihn zur Mäßigung drängten. Nur dass ihm an diesem Abend keine Darstellerin gegenübersitzt, sondern die echte Merkel. Die Kanzlerin schüttelt den Kopf und schaut ihn höchst irritiert an. »Sie machen jetzt das, was Sie im Wahlkampf nicht gemacht haben, nämlich die harte Auseinandersetzung«, kommentiert die Grüne Katrin Göring-Eckardt treffend von der Seite.

Nicht nur Merkel, auch die Moderatoren bekommen in dieser Runde den Frust zu spüren, der sich während des Wahlkampfs in Schulz aufgestaut hat. »Ich wäre dankbar, wenn ich meinen Gedanken zu Ende führen könnte«, wehrt er einen Unterbrechungsversuch von ZDF-Mann Peter Frey ab, der ihm in der »Klartext«-Sendung den »Clou« mit der städtischen Wohnungsbaugesellschaft präsentiert hatte. »Es reicht, wenn man im öffentlich-rechtlichen Fernsehen ständig irgendwelche sonstigen Lektionen erteilt bekommt«, schimpft Schulz. »Jetzt führe ich mal meinen Satz zu Ende. Das durfte ich bei anderen Gelegenheiten nicht, mit Ihrer tätigen Mithilfe. Heute kann ich das machen.«

Auf YouTube gibt es seither nicht nur einen Zusammenschnitt mit dem Titel »Best of Gerhard Schröder / Elefantenrunde«, son-

dern auch »Best of Martin Schulz / Elefantenrunde«. Bei Schröder war es nach einem aufwühlenden Wahlkampf wohl eine
Mischung aus Adrenalin und Rotwein, die seine Aggressivität
beflügelte. Zumindest der Rotwein fiel bei Schulz weg.
Nach der Sendung gibt er der Frau, die er eigentlich ablösen
wollte, kurz die Hand und verschwindet ohne ein weiteres Wort.
Er läuft auf den nächstbesten Aufzug zu, aber er darf nicht ein-
steigen, eine Frau verweigert ihm den Zutritt: »Dieser Aufzug ist
für die Frau Bundeskanzlerin reserviert.«
»Ach so, klar, da kann das gemeine Volk natürlich nicht mit-
fahren«, sagt Schulz. »Ich nehme dann den normalen Aufzug.«

»Da hab' ich wohl den missmutigen Dreckhammel gegeben«,
sagt Schulz, als er Minuten später im Hotel Mövenpick zum
Essen mit seinem Team erscheint. »Aber das musste heute Abend
mal sein.« Er hoffe, sagt er zu seinen Leuten, er habe sie nicht bla-
miert.
»Du warst kurz davor, sie zu beißen«, sagt Markus Engels, sein
einstiger Wahlkampfmanager, der zum ersten Mal seit seinem
Ausfall Ende Juni wieder dabei ist. Der Tag nach der Wahl wird
sein erster Arbeitstag nach drei Monaten Reha sein.
Es sei ihm ein inneres Fest gewesen, bekennt Schulz, dem
Herrn Frey vom ZDF sagen zu können: »Jetzt rede ich mal zu
Ende.« Er echauffiert sich auch über die vermeintliche Kälte von
Angela Merkel. Acht Prozent habe sie verloren, tue aber so, als sei
nichts geschehen, nach dem Motto: Die Karawane zieht weiter.
»Die ist sowas von kalt. Das ist eine Machtmaschine.«
Und dann sagt er, was er am nächsten Tag auch bei einer
Pressekonferenz sagen wird, ein Satz, der ihn nach dem Scheitern
der Jamaika-Sondierungen wie kein zweiter verfolgen wird: »Ich
werde in keine Regierung mit Angela Merkel mehr eintreten.«
Sein Fernsehauftritt sei nicht der beste gewesen, gibt Schulz zu.
»Aber für die Partei war er gut.« Und er selbst habe seine Position

vorerst stabilisiert.»Zumindest bin ich mit einem blauen Auge davongekommen. Die SPD leider nicht.«»Doch! Auch die SPD!«, korrigiert einer seiner Berater.»Ohne deinen Einsatz hätte es noch viel schlimmer kommen können.« Das ist, zumindest in seinem Team, der einhellige Tenor an diesem Abend: Die SPD habe Schulz zu verdanken, dass sie wenigstens noch 20,5 Prozent geholt hat.

Er wäre heute Abend zurückgetreten, sagt Schulz, wenn ein kollektiver Rücktritt erfolgt wäre.»Aber die Tendenz in der Parteiführung war:›Wir sitzen uns hier weiter unseren Arsch breit.‹« Hoffnung machten ihm nun die Jusos.»Darauf bauen wir jetzt: auf die jungen Leute statt auf diese alten Sesselpupser, diese Hinterzimmerpolitiker und ihren Klientelismus.« Der klassische Fall dieser Berliner Szenerie, da ist man sich am Tisch einig, sei Andrea Nahles. Bevor er noch mal kurz vor die Tür muss, bittet er sein Team, ihm sein Standardgericht im Wahlkampf zu bestellen.»Zum Abschluss muss ich jetzt noch einmal Currywurst mit Fritten essen.«

»Wo ist eigentlich der Hirschnitz?«, fragt Schulz, als er wieder zurück ist. Sein Redenschreiber war in den letzten Wochen ständig an seiner Seite.»Der schreibt gerade deine Wahlkampfrede noch mal um«, sagt einer und alle lachen.

Schulz freut sich, dass die SPD in Würselen mit einem starken Ergebnis das Direktmandat holen konnte. Es gibt ihn also doch, den Schulz-Effekt. Wenigstens in seiner Heimatstadt.

Es ist eine seltsame Atmosphäre an diesem Abend. Seine Kampagne endete mit dem schlechtesten Ergebnis der SPD in der Geschichte der Bundesrepublik, aber die Stimmung ist ordentlich, beinahe heiter. Es liegt gewiss an der Erleichterung darüber, dass die langen Monate extremer Anspannung nun vorbei sind. Aber es hat wohl auch damit zu tun, dass die SPD nicht unter 20 Prozent gerutscht ist, was zuletzt viele befürchtet hatten, und dass Schulz vorerst als Parteivorsitzender an Bord bleiben kann. 20,5 Prozent, das amtliche Endergebnis für die SPD, sind eine ernüchternde Bilanz von Hunderten Strategiesitzungen, 41 Großkundgebungen, Dutzenden Interviews, drei Wahlarenen und einem sogenannten TV-Duell. Von unzähligen Konflikten, ständigen Wechselbädern der Gefühle, chronischem Schlafmangel und tiefer Erschöpfung ganz zu schweigen. Dann blickt die Runde am Tisch nach vorn. Schulz sagt, dass er Neuwahlen nicht für ausgeschlossen halte. Dass Jamaika zustande komme, sei wegen der CSU keineswegs sicher. »Die sind noch nicht übern Berg«, sagt Schulz. Alle am Tisch sind sich einig, dass er dann erneut als Spitzenkandidat antreten muss.

Aber erst mal, sagt Schulz, müsse man die volle Konzentration auf den Wahlkampf in Niedersachsen richten, wo wegen der übergelaufenen Grünen-Abgeordneten in drei Wochen die vorgezogene Neuwahl stattfindet. »Wenn wir Niedersachsen verteidigen würden in drei Wochen, das wäre natürlich ein Ding!« Nach dem Wahlkampf ist vor dem Wahlkampf, das ist eine der wenigen Konstanten in der Politik, erst recht in einem Staat mit 16 Bundesländern.

Bei seinen neuen Aufgaben in der Berliner Politik werde es für Schulz vor allem zwei Probleme geben: die Loyalität seiner Partei und die Heckenschützen-Mentalität, sagt sein Vertrauter aus Brüssel in weiser Voraussicht. »Das ist die größte Herausforderung.«

Béla Anda findet, dass die Erfahrung, die hinter Schulz liege, enorm wertvoll ist. »Man muss durch so eine Kampagne einfach mal durch, muss all das in sich aufnehmen und verstehen – auch wenn es nicht direkt in einen Erfolg mündet. Dann hast du eine ganz andere Herangehensweise beim nächsten Mal.«

Als sich Schulz, der seit sechs Stunden kein Kandidat mehr ist, um Mitternacht verabschiedet, um auf sein Zimmer zu gehen, gibt er mir die Hand und fragt, nach fünf Monaten der Begleitung: »Ist das Projekt jetzt beendet oder geht das noch weiter?«

Wir hatten eine intensive Begleitung bis zum Wahltag vereinbart. Der ist in dieser Minute vorbei.

Ich sage ihm, dass ich jetzt schreiben müsse. Sechs Tage später erscheint eine Kurzform meiner Beobachtung als 17-seitige Reportage im SPIEGEL: »Die »Schulz-Story«.

»Das war alles Kokolores«
Eine Bilanz

Gut 50 Stunden noch, dann ist dieses Jahr endlich Geschichte. Am Nachmittag des 29. Dezember 2017 hatte Martin Schulz in Trier den letzten dienstlichen Termin des Jahres. Von dort ist er durch Schneegestöber nach Köln gefahren, wo wir uns zu einem langen Gespräch verabredet haben. Hier, mit etwas Abstand und weit weg von Berlin, wollen wir gemeinsam auf die Kampagne zurückschauen, auf dieses unwirkliche Jahr, das hinter ihm liegt. So hatten wir es vor längerer Zeit vereinbart.

Der Parteivorsitzende ist an diesem Tag ohne Berater unterwegs, auch die Personenschützer sind weg. Er wirkt überhaupt weniger amtlich als im Wahlkampf. Es ist das erste Mal in diesem Jahr, dass ich ihn ohne Anzug und Krawatte sehe. Er trägt Freizeithose, offenes Hemd, Strickjacke. Er schaltet sein Handy stumm und bestellt eine Blaubeertarte. Dazu Kaffee, einen normalen, gerne im Kännchen. Durch das Fenster schimmert der Dom im Abendlicht, dahinter der Rhein.

Schulz lehnt sich in einem Sofa zurück und blickt auf den Dom. Er hat ein wenig Abstand zum Wahlkampf gewonnen, aber keinen Frieden mit ihm geschlossen. Er ist nicht versöhnt mit dem, was geschehen ist.

»Ein Scheißjahr«, sagt Schulz. »Das beschissenste Jahr meiner politischen Karriere.«

Wie er jetzt auf dem Sofa sitzt und den Kopf schüttelt, wirkt er ähnlich erschöpft wie an den Tagen rund um die Wahl. Seitdem ist er kaum zur Ruhe gekommen. Er musste Personalentscheidungen treffen, für die er heftig kritisiert wurde. Er musste einen innerparteilichen Machtkampf überstehen, bevor er sich auf einem Parteitag Anfang Dezember zur Wiederwahl als Vorsitzender stellte. Und dann vollzog er nach dem Scheitern der Jamaika-Sondierungen eine geradezu abenteuerliche Abkehr von seinem Versprechen, die SPD in die Opposition zu führen. Seither ist er damit beschäftigt, seine Partei erneut für eine Koalition mit Angela Merkel zu motivieren, ein Bündnis, das er selbst nicht wollte und daher kategorisch ausgeschlossen hatte. Um neue Kräfte zu tanken, den Kopf frei zu bekommen und das Geschehene zu reflektieren, ist ein solches Programm eher nicht zu empfehlen.

»Es gibt eine einzige Sache, die mich verbittert«, sagt Schulz. »Ich habe diese Kandidatur vom ersten Tag an als ein Opfer empfunden.« Eigentlich wäre er zu Beginn des Jahres 2017 gern Außenminister geworden, sagt er. »Anfang 2017 zu sagen: Ich gehe nicht ins Auswärtige Amt, sondern überlasse das Sigmar Gabriel, das habe ich schon als ein Opfer empfunden, das ich bringe«, sagt Schulz. »Die Logik meiner ganzen Karriere wäre gewesen, Außenminister zu werden.« Trotzdem habe er sich auf die schwere Mission der Kanzlerkandidatur eingelassen.

Als er antrat, stand die Partei bei 20 oder 21 Prozent, als er Ende September ins Ziel kam, bei 20,5. »Aber mir wird das jetzt alleine zum Vorwurf gemacht«, sagt Schulz. Er greift zur Kaffeetasse und wärmt sich die Hände. »Für diese ganze Serie von Pleiten, Pech und Pannen kann ich objektiv nichts«, sagt er. »Ich habe den G20-Gipfel nicht nach Deutschland geholt. Ich habe den armen Erwin Sellering nicht krank gemacht. In NRW hab' ich auch nicht verloren. Aber all das ist zu einem Paket geschnürt und mir vor die Füße geschoben worden, nach dem Motto: Der hat's vergeigt!«Er atmet schwer.»Das ist das Einzige, was mich wirklich verbittert hat!«Wenn es überhaupt eine Verantwortung gebe, dann eine kollektive.

Was mit ihm in diesem Jahr geschehen sei, sagt er, sei auch ein Lehrstück über die moderne Medienwelt. Zwischen den 20 Prozent am Anfang und den 20 Prozent am Ende habe es ein Hoch gegeben, das kein Mensch erwartet hatte.»Der Hype war ein Fluch. Die 100 Prozent auf dem Parteitag waren ein Fluch. Das war alles Kokolores«, sagt Schulz.»Weil es aber dieses Hoch gab, sind die realistischen Zahlen der SPD als eine schlimme Niederlage wahrgenommen und mit mir verbunden worden.«Er selbst habe jedoch immer vor dem Höhenflug in den Umfragen gewarnt, weil er ihn nicht für real gehalten habe.

Mit einem guten Wahlkampf wäre trotzdem mehr drin gewesen, das weiß auch Schulz. Aber es war kein guter Wahlkampf, weder vom Kandidaten selbst noch von seinem Team. Seine Mitstreiter und er waren engagiert, sie gingen bis an den Rand ihrer körperlichen Kräfte – und manche sogar darüber hinaus. Aber es fehlte ihnen die Erfahrung mit Kanzlerkandidaturen, der Königsdisziplin der deutschen Politik. Während der Monate, in denen ich die Kampagne beobachten konnte, wurde ich zu oft Zeuge von Hilf- und Ratlosigkeit. Schulz hat in diesem Wahlkampf seinen inneren Kompass aus den Augen verloren, er wechselte seine Themen fast im Wochentakt, ein klares Profil konnte so nicht entstehen. Er drückte sich vor harten Entscheidungen und wirkte zu oft wie ein Zauderer. Und ein dickeres Fell hätte ihm auch ganz gutgetan.

Was Schulz ebenso fehlte, war ein Thema, für das er selbst brannte. Dabei hätte er mit seinem Kampf für ein geeintes Europa ein Ziel gehabt, das ihm wirklich wichtig ist, seit Jahrzehnten schon. Nicht viele Politiker können auf Themen zurückgreifen, die ihnen ein Herzensanliegen sind. Aber Schulz hat dieses Anliegen erst viel zu spät in den Mittelpunkt seiner Kampagne gerückt.

Dass es ihm zu einem sehr frühen Zeitpunkt ausgeredet wurde, war ein Fehler seiner Berater. Dass er es sich ausreden ließ, war der Fehler des Kandidaten. Wenn er eine Sache rückgängig machen könnte, dann wäre es dieser Fehler, sagt er nun bei unserem Gespräch. »Ich hätte die Europapolitik vom ersten Tag an zu meinem Projekt machen müssen. Das war mein Projekt! Mich diesen Ratschlägen zu beugen, nach dem Motto ›Berlin ist nicht Brüssel‹, war falsch. Berlin ist nicht Brüssel, das stimmt. Aber mit Europa hätte ich ein Leitthema gehabt, bei dem die andere Seite nichts zu bieten hatte.«

Schulz war umringt von Beratern, Freunden und Genossen, die es gewiss gut mit ihm meinten. Jeder Berater alleine hätte einen Mehrwert für seine Kampagne bedeuten können. In der Kombination aber erzeugten sie oft mehr Konfusion als Klarheit und ließen einen zunehmend verunsicherten Kandidaten zurück, der auf seine Verunsicherung mit dem Hinzuziehen weiterer Berater reagierte. Strategen können Parteien, Politiker und Kampagnen bereichern, solange sie richtig eingesetzt werden und es eine klare Hierarchie gibt, in der sie wirken. Fehlt diese Klarheit, wie es in Schulz' Kampagne häufig der Fall war, entsteht jenes Beratungskuddelmuddel, das nicht zur Stärkung des Beratenen führt, sondern zu dessen Verunsicherung.

Immer wieder ließ Schulz sich in seinem oft richtigen Bauchgefühl ausbremsen, ließ sich glattschleifen, bis öffentlich nur noch wenig von dem Mann mit Ecken und Kanten zum Vorschein kam, als den ich ihn kennengelernt hatte und hinter den Kulissen auch weiter erlebte. Der Martin Schulz, den das Gros der Bürger im Wahlkampf präsentiert bekam, war bestenfalls eine Light-Version des echten, sie wirkte weit biederer, steifer und hölzerner als das nahbare und oft humorvolle Original. So entfernte sich Schulz immer weiter von seinem Vorhaben, authentischer, ungeschminkter und ehrlicher aufzutreten als herkömmliche Kandidaten. Vielleicht aber war das von Beginn an nur ein Wunschtraum gewesen.

Die Frage ist, warum er viele dieser Ratschläge tatsächlich annahm. Warum er sich nicht früher emanzipierte oder sich von solchen Beratern trennte, die offenkundig nicht zu ihm passten. Offenbar fiel es ihm schwer, andere Menschen zu enttäuschen. Dieser Mangel an Härte und Kaltschnäuzigkeit mag unter menschlichen Gesichtspunkten honorig sein, in der Politik aber hat er seinen Preis.

Mit einem geschickteren, professionelleren Wahlkampf und einem Kandidaten, der voll in dieser Rolle aufgeht, statt so oft mit ihr zu hadern, wäre ein besseres Ergebnis für die SPD möglich gewesen. Doch selbst mit einer perfekten Kampagne wäre die SPD nicht stärkste Partei und Martin Schulz nicht Bundeskanzler geworden, davon bin ich im Rückblick überzeugt. Denn die Wurzeln seines Scheiterns liegen – trotz all der selbstverschuldeten Fehler – tiefer.

Die SPD teilt das Schicksal ihrer sozialdemokratischen Schwesterparteien in Europa, die schon lange nicht mehr erklären können, wofür man sie eigentlich noch braucht. Ihnen fehlt heutzutage das, was sie im 20. Jahrhundert so attraktiv und stark gemacht hat: ein Gesellschaftsentwurf, der die unterschiedlichsten Milieus begeistern und zu einer Gemeinschaft vereinen konnte. Anders als ihre konservativen Konkurrenten lebten sozialdemokratische Parteien immer von einem gewissen Utopieüberschuss, einem Glücksversprechen an den weniger privilegierten Teil der Bevölkerung. Nach Jahrzehnten des Regierens ist dieses Versprechen den sozialdemokratischen Parteien aber im Pragmatismus des Alltags verloren gegangen.

Auch der Kandidat Schulz hatte keine Vision anzubieten, für die sich die Wähler begeistern konnten. Klar, er wollte, dass mehr Geld ins Pflegesystem fließt, er wollte Stellschrauben im Renten-, Arbeits- und Sozialrecht weiterdrehen, um die Gesellschaft etwas sozialer und gerechter zu machen. Aber das reichte nicht, um das einende Gefühl einer Aufbruchsbewegung zu erzeugen. Was fehlte, war die Vision, der Überbau einer Kandidatur, der dem Ehrgeiz des Kandidaten einen gesellschaftspolitischen Sinn verleiht.

Als Sozialdemokrat ist es beinahe unmöglich, sich als echte Alternative zu präsentieren, wenn kaum jemand sagen kann, was CDU und SPD noch voneinander unterscheidet. Dafür hat Angela Merkel mit der Sozialdemokratisierung ihrer Partei ganze Arbeit geleistet. Aber auch die SPD und ihr Kandidat erweckten nur in den ersten Wochen der Kampagne den Eindruck, wieder eine echte linke Alternative zu sein.

Ein gewichtiger Grund für das Scheitern von Schulz' Kampagne war zudem ihre Vorbereitung. Es gab nämlich keine. Mich hat das Ausmaß der Konzeptionslosigkeit, mit der die SPD unter ihrem hochbegabten, aber chronisch schwankenden Vorsitzenden Sigmar Gabriel in diesen Wahlkampf stolperte, beinahe fassungslos gemacht. Die Zusammenarbeit mit der Agentur, mit deren Hilfe dieser Anlauf ins Kanzleramt endlich einmal von längerer Hand geplant werden sollte, wurde pünktlich zu Beginn des Wahljahres beendet. Gabriel, der König der Kurzfristigkeit, glaubte nicht an den Wert einer langfristigen Planung. So gab es weder ein frisches Leitbild noch eine Organisationsstruktur oder zündende Ideen, auf die der Kandidat Schulz hätte zurückgreifen können, als er zu seiner Verwunderung Ende Januar 2017 ins Rennen um die Kanzlerschaft geschickt wurde. Und trotz der herben Niederlagen, die die Kandidaten Steinmeier und Steinbrück erlebt hatten, hatte es nie eine professionelle Aufarbeitung ihrer Kampagnen gegeben, aus der man vielleicht hätte lernen können, wie man nicht immer wieder gegen dieselbe Wand rennt.

»Der Gabriel hat uns ein Desaster übergeben«, sagt Schulz nun im Rückblick. Er weiß jedoch, dass er daran eine Mitschuld trägt, genau wie die anderen Mitglieder der SPD-Führung. Sie alle erkannten entweder nicht, dass es unverantwortlich war, so unvorbereitet in einen Wahlkampf zu ziehen. Oder es fehlte ihnen der Mut, Gabriel in die Schranken zu weisen und zum Wohle der Partei auf ein verantwortliches Handeln zu drängen. An diesem Freitag kurz vor Silvester steht in den Zeitungen, dass Schulz der »Verlierer des Jahres« sei, es ist das Ergebnis einer Umfrage. Sigmar Gabriel hingegen, und das ist eines der großen Paradoxa dieser Geschichte, beendet das Jahr 2017 als beliebtester Politiker Deutschlands. Jener Mann, der jahrelang unter dem Liebesentzug seiner Landsleute gelitten hat und Schulz vor elf Monaten zur Kanzlerkandidatur drängte, weil seine eigenen Beliebtheitswerte unwiederbringlich im Keller seien.

Nichts hat Schulz im zurückliegenden Jahr so sehr bedrückt wie das neurotische Verhältnis zu Sigmar Gabriel. Die Probleme mit ihm hören auch jetzt nicht auf. Dass ein Mann, der die Partei fast siebeneinhalb Jahre geführt hat, dieser Tage in Interviews und Essays den Eindruck erweckt, die SPD hätte im Grunde alles falsch gemacht, kann und will Schulz nicht verstehen. »Da komm ich nicht drüber.«

Schulz rückt vor an die Sofakante, als er über Gabriel spricht. Er wirkt aufgewühlt, zu oft ist er in diesem Jahr an der Sprunghaftigkeit und Disziplinlosigkeit seines früheren Freundes verzweifelt. »Der weiß heute nicht, was er gestern gesagt hat. Der hat ein Talent, sich die Welt so zu basteln, wie er sie gerade braucht.« Schulz unterstellt ihm nicht mal böse Absichten, er glaubt, dass Gabriel einfach nicht anders könne. Das sei ihm vorher leider nicht klar genug gewesen. Es ist eine tiefsitzende Enttäuschung, die aus ihm spricht.

Andere aus der Parteispitze haben ihn früh vor seinem langjährigen Freund gewarnt. Sie haben Schulz vorgeworfen, Gabriel nicht energischer in die Schranken gewiesen zu haben. Jetzt, zum Jahreswechsel 2017/2018, drängen sie ihn, Gabriel endgültig abzuservieren, ihm bloß keine Chance mehr zu geben, sollten demnächst wieder Posten in der Regierung zu verteilen sein. Rücksichtslosigkeit und Egozentrik dürften nicht mit einem Ministeramt belohnt werden.

»Mein Zögern, mich gegen ihn zu stellen, hat mir viele für mich nachteilige Kommentare eingebracht«, sagt Schulz. »Man hat mir Weichheit, Feigheit, Entscheidungsschwäche vorgeworfen.« Von außen habe man zu Recht den Eindruck haben können: »Der Schulz weicht einer Entscheidung aus.« Das sei auch lange so gewesen. »Aber die Entscheidung ist längst gefallen. Und zwar am Tag, als Gabriel sich Ende August in der »Bild«-Zeitung mit seiner Tochter abbilden ließ.« Jemand, der partout nicht in der Lage ist, Rücksicht zu nehmen, auf den müsse er selbst auch keine Rücksicht mehr nehmen. Erst recht nicht, wenn beide Beteiligten am selben Amt interessiert sind, in diesem Falle dem Außenministerium. In den Medien wird zu diesem Zeitpunkt, kurz vor Silvester, spekuliert, wie der Konflikt ausgehen könnte, aber Schulz ist bereits fest entschlossen, Gabriel keinen Posten anzubieten.

Die Frage ist, ob echte Freundschaften zwischen Spitzenpolitikern nicht ohnehin eine Illusion sind, weil diese fast immer irgendwann in Konkurrenz zueinander geraten. Es mag für viele naiv wirken, aber Schulz sagt, dass er noch immer an die Möglichkeit von Freundschaften in der Politik glaube. »Aber vielleicht nicht mit Sigmar Gabriel.« Ein Vertrauter sagte ihm: »Du bist so lange ein Freund von Sigmar Gabriel, wie du von ihm abhängig bist.« Seit Schulz SPD-Vorsitzender wurde, ist er nicht mehr von Gabriels Entscheidungen abhängig. Seither ist es umgekehrt.

Als Schulz am 7. Dezember, wenige Wochen vor unserem Treffen in Köln, auf der Bühne des SPD-Parteitags in Berlin stand, sagte er zu Beginn seiner Rede: »Ich habe schon manches Auf und Ab in meinem Leben hinter mir – privat und politisch. Aber so ein Jahr kann man nicht einfach abschütteln. So ein Jahr steckt einem in den Knochen. Es steckt mir auch in den Knochen.«

Woran er das merkt, frage ich ihn nun. Er überlegt lange. Tja. Grübeln. Noch mal Tja. »Schwierig.« Er meint nicht die Müdigkeit, die körperliche Erschöpfung. Die gibt es auch, und sie beeinflusst noch immer seine Laune, nicht zum Besten. Doch was ihm nach den Erfahrungen des zurückliegenden Jahres zu schaffen macht, ist etwas Grundsätzlicheres. »Ich muss mein Koordinatensystem neu ordnen«, sagt er nach fast einer Minute des Nachdenkens. »Ich hab' mir nie Illusionen darüber gemacht, wie die Politik ist. Auch nicht, wie die Berliner Politik ist. Aber ich hätte es nicht für möglich gehalten, dass ich meine Prinzipien so verteidigen muss gegen den Vorwurf der Unprofessionalität.« Er spricht langsam, sucht nach den richtigen Worten. Es ist das Thema, das ihn umtreibt wie kein zweites. »Im Umkehrschluss heißt das ja, dass jemand, der an seinen Prinzipien von Menschlichkeit und Toleranz, von Offenheit und Respekt, auch an einer Scheu vor Brutalität festhält, dass der als unprofessioneller Politiker wahrgenommen wird.« Er schüttelt den Kopf. »Den Politikverdruss eines gewissen Anteils der Bevölkerung, der Politikern vom Grundsatz her alles Schlechte unterstellt, den kann ich jetzt besser nachvollziehen.«

Er klingt, als sei vor allem der Berliner Politikbetrieb schuld an seinem Schicksal und weniger er selbst. Die Berliner Republik ist gewiss ein Biotop der besonderen Art mit vielen Absurditäten und kritikwürdigen Gepflogenheiten. Aber eigentlich war Schulz zu lange Teil der Brüsseler Spitzenpolitik, zudem seit 18 Jahren Mitglied im SPD-Präsidium, um von diesen Widrigkeiten tatsächlich überrascht sein zu können.

Ist er mit seinem Versuch, möglichst unverstellt aufzutreten, sich so ehrlich wie möglich zu präsentieren, an Grenzen gestoßen?, frage ich ihn. Diesmal zögert er keine Sekunde mit der Antwort. »Klar!«, sagt Schulz. »Eindeutig!« Es ist ein ernüchterndes Fazit seines Experiments, er klingt resigniert. Aber was folgt daraus? Er müsse Pfade suchen, auf denen er sich selbst treu bleiben kann, ohne in Fallen zu laufen, sagt Schulz. Es sind aus seiner Sicht weniger die Kollegen oder Berater, die Politiker zu taktischem Handeln und zur Verstellung drängen, und wenn, dann eher aus Angst oder vorauseilendem Gehorsam. Es liege, sagt Schulz, vor allem an den Mechanismen der Medien, die sich gnadenlos auf jeden Anschein von Schwäche stürzten. Man könne sich natürlich fragen, was zuerst da war: die Henne oder das Ei. »Sind die Medien so, weil die Politiker schon immer so waren? Oder sind die Politiker so, weil die Medien so sind?« Die Frage nach Henne oder Ei ist vermutlich leichter zu beantworten.

Wenn Schulz Pressekonferenzen gibt, entstehen häufig ungewöhnliche Situationen. Weil er bisweilen nicht gleich routiniert losredet, sondern tatsächlich darüber nachdenkt, wie er eine Frage beantworten soll. Dieses Zögern aber wird in den Berichten oft hämisch kommentiert. Es gebe viele Journalisten, die ihm seine Nachdenklichkeit als Schwäche auslegten, glaubt Schulz. Journalisten seien jedenfalls mehrheitlich nicht bereit zu sagen: Das ist aber mal ein anderer Stil, ein anderer Sound. »Die sagen: Wie kann jemand so doof sein, von Fehlern und Entschuldigen zu reden?«

Er spielt an auf jene Diskussionen, die er kurz vor dem Parteitag im Dezember mit seinem Team hatte. Die Frage war, ob er sich in seiner Rede vor den Delegierten für das schlechte Ergebnis bei der Bundestagswahl entschuldigen solle. Ihm selbst war das ein Bedürfnis, aber er musste lange darum kämpfen. Die meisten, mit denen er sprach, rieten entschieden ab. Entschuldigen würden sich nur Weicheier. Allein das Wort in den Mund zu nehmen, sei ein Zeichen der Schwäche. Als Angela Merkel nach der Wahl gefragt wurde, ob sie angesichts von fast neun Prozent Stimmenverlust für die Union vielleicht etwas falsch gemacht habe, dachte sie nicht daran, Fehler einzugestehen, geschweige denn, sich zu entschuldigen: »Ich kann nicht erkennen, was wir jetzt anders machen müssten«, sagte sie.

Schulz entschuldigte sich schließlich doch. Bei allen, die für die SPD gekämpft und an sie geglaubt haben, sagte er in seiner Parteitagsrede, »bei all diesen Menschen bitte ich für meinen Anteil an dieser bitteren Niederlage um Entschuldigung«. Die Reaktionen auf diese öffentliche Abbitte waren ebenfalls interessant. Sie reichten von »Ein SPD-Vorsitzender entschuldigt sich nicht« bis hin zu »Es ist jetzt mal genug mit deiner Selbstgeißelung«.

Auch als die SPD-Führung ihre Absage an die Große Koalition zurücknahm, diskutierte er lange mit seinem Team. Schulz wollte vor der Presse erklären, dass es ein Fehler gewesen sei, sich nach dem Scheitern der Jamaika-Sondierungen erneut klar gegen eine Regierungsbeteiligung auszusprechen. Dass die SPD-Spitze die damalige Aussage inzwischen für falsch hielt, bewies nicht zuletzt ihr Handeln. Denn plötzlich war man doch bereit, mit der Union Sondierungsgespräche zu beginnen. Schulz' Berater aber warnten eindringlich davor, das Wort »Fehler« in den Mund zu nehmen. Er würde dadurch schwach wirken. Außerdem sähe es dann so aus, als sei er alleine für den abenteuerlichen Kurswechsel verantwortlich.

Die Entscheidung, sich einer Großen Koalition auch nach dem Platzen der Jamaika-Sondierungen zu verweigern, hatte die Parteispitze am Tag nach dem Scheitern einstimmig beschlossen. Als dieser Beschluss aber unter Druck geriet, weil viele SPD-Bundestagsabgeordnete und der Bundespräsident etwas anderes wollten, tat die Hälfte der Spitzengenossen so, als habe sie mit der Entscheidung nichts am Hut. »Ich hatte den Glauben, es gäbe in der Parteiführung ein gemeinsames Verantwortungsbewusstsein«, sagt Schulz im Rückblick. »Das gab es aber nicht.« So stand er fast alleine als Wendehals da.

Dass ausgerechnet er, der für eine glaubwürdigere Politik eintreten wollte, nach dieser 180-Grad-Wende nun ein schweres Glaubwürdigkeitsproblem hat, beschäftigt Schulz auch an

diesem Abend in Köln. Er weiß, dass viele Funktionäre und Mitglieder ihn vor allem deshalb unterstützt haben, weil sie ihn für
aufrichtiger als viele andere hielten. Und dass sie ihm übelnehmen, dass gerade er sie nun in eine Große Koalition drängen will
statt in die von vielen ersehnte Opposition.

Schulz sitzt nun aufrecht auf seinem Sofa und verweist auf die
plötzlich veränderte Lage nach dem Scheitern von Jamaika, auf
den Appell des Bundespräsidenten und das Drängen der eigenen
Bundestagsfraktion.»Politiker müssen sich mit realen Sachverhalten arrangieren«, sagt er.»Der reale Sachverhalt ist: Kein
Mensch will Neuwahlen. Und darauf muss die SPD eingehen. Ich
empfinde das nicht als Umfallen.« Er klingt plötzlich wie ein klassischer Realpolitiker, aber glücklich, das merkt man, ist er über
den eigenen Schritt nicht. Er verweist auf die Zwänge, in die Politiker geraten können, und in die vor ihm schon unzählige andere
geraten sind. Es sind Zwänge, die nach Flexibilität und Geschmei-
digkeit verlangen. Man könnte es auch Pragmatismus nennen.
Flexibel, geschmeidig oder pragmatisch aber hatte Schulz sich
nicht gegeben, als er am Wahlabend und mehrfach danach sein
entschiedenes»Nein« zu einer Großen Koalition formuliert hatte.
Wer übersteigerte Erwartungen weckt, muss mit übersteigerter
Enttäuschung leben, wenn er diese Erwartungen nicht erfüllen
kann.

Er, der Angela Merkel entrüstet vorgeworfen hatte, nur nach
taktischen Gesichtspunkten und nicht aus Überzeugung zu handeln, steht nun selbst als Taktiker da, der seine ursprüngliche
Überzeugung, dass eine Große Koalition auf Teufel komm raus
verhindert werden müsse, über Bord geworfen hat. Welch dramatische Folgen die Kehrtwende in der Koalitionsfrage für ihn
noch haben wird, ahnt Schulz bei unserem Treffen kurz vor dem
Jahreswechsel nicht.

Auch das Ausmaß seines ganz persönlichen Glaubwürdig-
keitsproblems ist ihm kurz vor Silvester nicht wirklich bewusst.

Am Tag nach der Wahl hatte Schulz während einer Pressekonferenz im Willy-Brandt-Haus öffentlich bekundet:»Ganz klar: In eine Regierung von Angela Merkel werde ich nicht eintreten.«Es ist der Satz, der ihn am Ende das ersehnte Außenministerium kosten wird. Als er ihn sagte, fehlte ihm jegliche Vorstellung davon, dass die SPD doch noch in die Situation kommen könnte, wieder eine Große Koalition einzugehen. Er hatte nicht alle theoretischen Möglichkeiten durchgespielt, nicht vom Ende her gedacht. Erfolgreiche Politik erfordert aber, vorausschauend zu handeln, stets auf Unwägbares gefasst zu sein. So traf Schulz die Frage völlig unvorbereitet. Hinzu kam, dass sie von einem Journalisten der»Welt«gestellt wurde, über den er lange schon wie ein Rohrspatz schimpft und dessen Anblick allein ihn bereits in Wallung versetzen kann. Das steigerte die Lust zu einer klaren, patzigen Antwort. Hätte er die heikle Frage im Stile seines Konkurrenten Olaf Scholz beantwortet, sprich: sie einfach ignoriert und stur über etwas anderes geredet, wäre Schulz heute wohl Außenminister.

Bei unserem Treffen kurz vor Silvester, drei Monate nach dieser Festlegung, ist Schulz fest entschlossen, Minister und Vizekanzler in einem vierten Kabinett Merkel zu werden, sollte die SPD den Weg zur Großen Koalition freigeben. Er hat sich nur noch nicht entschieden, ob er Außen- oder Finanzminister werden soll.

Gemeinsam hätten SPD und Union nun mal eine Mehrheit, sagt Schulz schulterzuckend und verweist wieder auf den Bundespräsidenten. Wenn der verlange, man solle sich zusammenreißen, dann müsse man eben seine Pflicht tun.»Wir müssen uns ja nicht lieben, aber wir haben gemeinsam eine Verantwortung fürs Land und für Europa.«Wenn Merkel und er nun Lebensabschnittsgefährten werden müssten, sei das eben so. Merkel sei da kühl und schmerzfrei. Und er versuche, das jetzt auch zu sein.

Dass er nun doch mit Angela Merkel an einem Tisch sitzt,

jener »Ideenstaubsaugerin«, die ihn in diesem Wahlkampf fast in den Wahnsinn getrieben hat und die er so oft verfluchte, ist eine der vielen Pointen in seiner Geschichte. So sei es eben in der parlamentarischen Demokratie, sagt er. Und wieder klingt er äußerst pragmatisch.

Martin Schulz wollte Bundeskanzler werden, ohne ein klassischer Machtpolitiker zu werden. Man mag das für naiv oder für anmaßend halten, aber Schulz war von diesem Ansatz überzeugt. Das hatte er mir zu Beginn des Wahlkampfs gesagt, das hatte er auch während der Kampagne immer wieder betont. Nun scheint es, als habe er inzwischen erkannt, dass der reine, aufrichtige Weg zwar in die Herzen vieler Menschen führt, aber keineswegs an die Macht. Ob das nun ein gutes oder ein trauriges Ende seines Experiments ist, bleibt wohl Ansichtssache.

Wie sieht er das selbst am Ende dieses Jahres? Muss er nicht akzeptieren, dass eine gewisse Härte und Rücksichtslosigkeit, dass ein bisschen mehr Taktik und ein paar Hintergedanken vielleicht doch erforderlich sind, um ganz nach oben zu kommen?

Er stelle sich, antwortet Schulz, immer wieder die gleiche Frage:»Wie überwinden wir die Distanz zwischen Wählerinnen und Wählern und Politikern?«Gerade für eine Partei wie die SPD sei das essenziell.»Wenn die Leute das Gefühl haben, dass wir nicht so sind wie sie, dann wählen sie uns halt auch nicht.«Wie oft habe er gehört:»Ihr da in Brüssel!«,»Ihr da in Berlin!«,»Ihr da oben, ihr interessiert euch doch gar nicht für mich!«. Dieser Vertrauensverlust treffe die Sozialdemokratie in besonderer Weise.

In seiner Parteitagsrede im Dezember hatte er für einen »Kulturwandel«, für einen anderen Umgang miteinander plädiert. »Wenn der Eindruck entsteht, das Wesen von Politik sei, sich einen Vorteil zu verschaffen, den anderen auszutricksen und seine eigene Macht auszubauen, dann ist das gefährlich.« Er hatte an die Fernsehserie »House of Cards« erinnert, in der die große

Politik als Abgrund von Zynismus, Intrige und Brutalität gezeichnet wird. »Fiktion sollte Fiktion bleiben und nicht die Blaupause der Realität werden«, sagte Schulz. »Politik ist kein Machtspielchen. Politik ist nicht Kampagne. Politik ist auch kein Kapitel aus einem Public-Relations-Buch. Politik darf nie nur Kampf sein. Vor allen Dingen darf Politik nicht Intrige sein.« Es waren schöne, reine Worte, aber viele hielten sie für weltfremd. Die Berater seiner innerparteilichen Gegner lachten sich in den letzten Reihen der Parteitagshalle schlapp. Schulz sagte diese Worte auch vor dem Hintergrund eines parteiinternen Machtkampfes, der nach der Bundestagswahl zwischen ihm und seinem Stellvertreter Olaf Scholz ausgebrochen war. Obwohl Hamburgs Erster Bürgermeister sich für den besseren Vorsitzenden hielt und dies auch durchblicken ließ, traute er sich nicht, Schulz offen herauszufordern. Stattdessen gab er Interviews, in denen er Spitzen gegen seinen Parteichef fallen ließ. Die Frage, ob Schulz noch der richtige Vorsitzende sei, beantwortete er demonstrativ nicht. Und obwohl die Eskalation des G20-Gipfels in Hamburg auch Schulz' Kampagne geschadet hatte, erklärte Scholz später im Interview mit dem SPIEGEL: »Wir hätten die Wahl gewinnen können.« Schulz wähnte hinter diesem Vorgehen den Versuch, ihn zu zermürben, auf dass er irgendwann entnervt hinschmeiße, wie es der frühere Vorsitzende Kurt Beck einst getan hatte.

Aber Schulz ließ sich vorerst nicht zermürben. Auf dem Parteitag wurde er im Dezember mit fast 82 Prozent erneut zum Vorsitzenden gewählt. Es waren keine 100 Prozent mehr, aber nach dem historisch schlechtesten Abschneiden der SPD bei der Bundestagswahl und angesichts der Lage, in die er sich danach mit unglücklichen Personalentscheidungen und dem Schwenk in der Koalitionsfrage manövriert hatte, war es ein ordentliches Ergebnis. »Die 82 Prozent waren ein Stück Trost«, sagt Schulz bei unserem Treffen in Köln. Sie hätten ihm gezeigt, dass der größte Teil der SPD-Mitglieder die Leistung sehe, die er im zurückliegenden Jahr gebracht habe.»Meine Defizite. Aber auch meine Stärken.« Er sucht jetzt nach einem Foto, das ihm seine Frau kurz nach seiner Wiederwahl geschickt hatte. Es zeigt den Moment, als Schulz der obligatorische Blumenstrauß für die Wahl zum Vorsitzenden überreicht wird. Es zeigt aber vor allem die versteinerte Miene von Olaf Scholz, der mit zusammengepressten Lippen ins Leere schaut, als habe ihn gerade eine Schocknachricht erreicht. Inge Schulz hat die Szene zu Hause vom TV-Bildschirm abfotografiert.

Scholz erhielt auf diesem Parteitag mit 59 Prozent das schlechteste Wahlergebnis aller stellvertretenden Parteivorsitzenden. Als Schulz bei der Verkündung dieser Wahlschlappe neben Scholz saß, tat er ihm leid. Er konnte nachempfinden, was in seinem Rivalen vorging, die Scham und die Schmach.»Wie kann der dir leidtun?«, fragte ihn jemand, dem er später von diesem Moment erzählte und der ihm in Erinnerung rief, was Scholz alles gegen ihn unternommen hatte. Schulz zuckte die Schultern. Das sei eben so. Da werde er sich auch nicht mehr ändern.

Richtig sei aber auch, sagt er nun, Blaubeertarte essend:»Du brauchst ein gewisses Maß an Autorität. Weil Leute natürlich erwarten, dass Politiker führen. Keiner will Führung, aber wenn es sie nicht gibt, schreien alle nach Führung. Deshalb muss man auch Führungsstärke zeigen.« Aber die Bürger wollten keine Roboter, keine Machtmaschinen, davon ist er noch immer überzeugt.»Sie wollen Menschen aus Fleisch und Blut.«

Während ich seine Kampagne begleitete, hatte mir Schulz mehrfach von einer Szene aus dem Film von Oliver Stone über den US-Präsidenten Richard Nixon erzählt, jetzt erinnert er erneut an sie. Kurz bevor der oft grobe und verschlagene Nixon wegen des Watergate-Skandals zurücktritt, läuft er nachts durchs Weiße Haus. Als er zur Galerie der ehemaligen Präsidenten gelangt, bleibt er unter dem Gemälde von John F. Kennedy stehen, gegen den er 1960 im Wahlkampf verloren hatte. Nixon sieht Kennedy an und sagt:»Wenn die Leute dich sehen, dann sehen sie, was sie sein möchten. Und wenn sie mich sehen, dann sehen sie, was sie sind. Und deshalb wollen sie mich nicht.«»Der Satz geht mir ständig durch den Kopf«, sagt Schulz. Der Vergleich mit Nixon hinkt zwar gewaltig, weil dieser US-Präsident in jeder Hinsicht durchtrieben war und im Zweifel brutal sein konnte, zwei Eigenschaften, die Schulz eher abgehen. Aber Schulz will auf etwas anderes hinaus. Er frage sich, ob es in Wahrheit nicht tatsächlich so sei, dass die Leute, wenn sie einen Typen wie ihn erlebten, wenn sie Beschreibungen wie in der »Schulz-Story« läsen, das Gefühl hätten:»Der ist zwar wie wir. Aber das wollen wir auch nicht, dass Politiker so sind wie wir. Und wenn die Politiker nicht so sind wie sie selbst, dann ist es auch nicht gut. Ich bin mir da nicht mehr sicher.«

Auf der anderen Seite frage er sich: Was ist eigentlich dramatisch daran, wenn ein Politiker in einer Extremsituation mal sagt:»Verdammt noch mal, wir sind im freien Fall.« Oder wenn er sagt:»Scheiße, es gelingt uns nicht!« Solche Momente der Verzweiflung waren durch meine SPIEGEL-Reportage, die eine Woche nach der Bundestagswahl erschien, publik geworden. »Was ist daran bitte dramatisch?«, fragt Schulz erneut. Das habe er bis heute nicht begriffen.»Aber ist auch scheißegal.« Als Schulz meine Reportage über seinen Wahlkampf gelesen hatte, meldete er sich umgehend bei mir. Ich hatte beschrieben, was ich beobachtet hatte – dies war unsere Verabredung gewesen, ohne jegliche Nebenabsprachen. Wie verabredet hatte er keine Autorisierung seiner Zitate verlangt, was andere Politiker in der Regel zumindest versuchen. Zudem hatte ich auf eine Kommentierung des Beschriebenen weitestgehend verzichtet, die Geschichte sollte in erster Linie dokumentieren, nicht bewerten, auch wenn mir bewusst ist, dass bereits die Auswahl des Beschriebenen etwas Subjektives hat.

Am Ende ist es immer ein heikler Moment, wenn einer Person, mit der ich viel Zeit verbracht habe und von der ich mich dann zurückziehe, um einen Text über sie zu schreiben, wenn dieser Person plötzlich das Ergebnis dieser gemeinsamen Zeit schwarz auf weiß vorliegt. Es stimme alles, schrieb mir Schulz nach der Lektüre, es sei ein treffender Text, der einfange, was er wegstecken musste und wie er wirklich ist. Möglicherweise leite der Text dadurch auch sein Ende ein, schrieb er weiter. Viele würden ihm nun gewiss mangelnde Professionalität und mangelnde Befähigung vorwerfen. Aber das sei ihm im Zweifel egal. »Eines aber zeigt Ihr Stück: Ich bin für die Berliner Politik völlig ungeeignet! So ein Typ wie ich passt da nicht rein.«

Zwei Tage nach Erscheinen der »Schulz-Story« veröffentlichte die »Bild«-Zeitung auf der Titelseite zahlreiche Zitate aus meinem Text, die Schulz als Jammerlappen darstellen sollten. Zugleich wurde er der Unwahrheit bezichtigt, weil er den Bürgern erzählt habe, er wolle Bundeskanzler werden, obwohl er zu diesem Zeitpunkt, wie die Reportage zeige, selber wusste, dass dieser Zug abgefahren war. Aus einer 17 Seiten langen Reportage hatte man gezielt jene Zitate rausgepickt, die dieser These zuträglich waren. Auch in anderen Medien gab es Artikel und Berichte mit ähnlicher Zuspitzung.

In der SPD-Führung schlugen nach Erscheinen der Geschichte viele die Hände über dem Kopf zusammen. Nur wenige hatten Verständnis, dass Schulz sich auf das Projekt der Begleitung im Wahlkampf eingelassen hatte. Kaum jemand verstehe sein Motiv, beobachtete Schulz. Die meisten hielten ihn für einen naiven Menschen, der sich seine Probleme selbst schaffe und den Hohn verdient habe, den der »Bild«-Artikel auslöste. »Es rümpfen jetzt Leute die Nase, die sonst von Transparenz und Offenheit faseln!«, sagte Schulz. »Ich lache mich schief!« Er stehe zu dem Experiment und hoffe, dass sich diejenigen, die etwas Menschlichkeit wollen, auf seine Seite schlügen.

Schulz las viele der zum Teil zynischen und höhnischen Kommentare, auch aus den sozialen Netzwerken. Er habe sich, sagt er, im Kern seiner Persönlichkeit getroffen gefühlt, die Bösartigkeiten hätten ihm zugesetzt, mehr als er sich das anfangs eingestehen wollte. Er habe ein Stück seines Stolzes verloren. Am meisten, sagt er, habe ihn der Vorwurf getroffen, verlogen zu sein, weil er für sich als künftigen Kanzler geworben hatte, während er intern eingestand, dass man in diesem Wahlkampf keine Chance mehr habe. Dieser Vorwurf war in der Tat wohlfeil. Hätte er in Phasen der Niedergeschlagenheit auch öffentlich erklären sollen: »Leute, ich geb' auf, hat alles keinen Sinn mehr«? Schulz fühlte sich verantwortlich für die älteste Partei Deutschlands, für deren mehr als 440 000 Mitglieder und Millionen Sympathisanten – und er kam dieser Verantwortung nach, bis zur völligen Erschöpfung und bis zum bitteren Ende, ungeachtet der eigenen Gemütsverfassung. Ich finde es zynisch, ihm das zum Vorwurf zu machen. Bis zum Erscheinen der »Schulz-Story« wurde der Kandidat von vielen für seinen Durchhaltewillen gelobt. Er habe dem Wahlkampf die Würde erhalten, hieß es. Plötzlich aber sollte dies anders gewesen sein.

Mir fiel bei den Reaktionen auf meine Reportage auf, dass es zwei völlig verschiedene Sichtweisen auf den Text und den Umstand gab, dass Martin Schulz diese Beobachtung erlaubt hatte. Das eine Lager fragte entsetzt, wie man es zulassen könne, dass Zweifel, Verletzlichkeit und Schwächen eines Spitzenpolitikers sichtbar werden. Warum kein Profi das verhindert habe, kein Berater, kein Sprecher. Wie man diesen Verlust an Kontrolle habe geschehen lassen können. Das andere Lager fragte hingegen, warum man den Kandidaten Schulz nicht vor der Wahl schon so offenherzig und unverstellt habe erleben dürfen. Für viele wurde erst durch die Reportage jener Mensch sichtbar, der während der Kampagne von seinen Beratern hinter dem Milchglas der PR-Arbeit versteckt wurde. Viele bekundeten sogar, dass sie Schulz, wenn sie den Text vor der Wahl gelesen hätten, wohl gewählt hätten. Sie fragten, warum sich nicht mehr Politiker zeigen, wie sie wirklich sind. Es waren Reaktionen aus weit voneinander entfernten Welten. Die erste Sichtweise dominierte vor allem unter den politischen Profis der Hauptstadt. Die andere Sichtweise überwog bei vielen Bürgern, für die Politik kein Beruf ist, die sich parteipolitisch allenfalls auf unterer Ebene engagieren, in Ortsvereinen und Kreisverbänden. Aber es gab auch Ausnahmen von diesem groben Raster. Niedersachsens Ministerpräsident Stephan Weil, der Schulz stets unterstützt hatte, sagte ihm, nach Lektüre der Geschichte sei er noch sicherer, dass Schulz genau der richtige Vorsitzende sei. Und eine bekannte Parlamentskorrespondentin schrieb mir: »Für mich war Schulz nach Lektüre der Reportage zum ersten Mal überhaupt menschlich greifbar. Es braucht Stärke, Schwächen zu zeigen. Und wenn seine Schwächen sind, dass er ein einfühlsamer, manchmal unsicherer Mensch ist, der über seinen Lieblingssong heult, der sogar inkompetente Mitarbeiter nicht gleich rausschmeißt und der seiner ärgsten Konkurrentin zum Geburtstag gratuliert, dann wäre er vielleicht der bessere Kanzler gewesen. Von Merkel kennt man jedenfalls solche Seiten nicht.«

Die Reaktionen, die Schulz auf die Geschichte erreichten, waren ähnlich, erzählt er mir kurz vor Silvester in Köln. »Die breite Masse der Menschen, die es gelesen hatten, sagten mir: ›À la bonne heure‹. Und die breite Masse von Politikern und Journalisten hat mir den Vogel gezeigt.« Seine Freunde sähen sich ebenso bestätigt wie seine Feinde. »Ich stehe zu der Entscheidung, es zu machen. Es war ein Experiment, das es so noch nicht gab in Deutschland. Und es ist ein Experiment mit offenem Ausgang.«

Mit seinem Mut, diese Begleitung zuzulassen, hat Schulz eine Debatte über Transparenz in der Politik angestoßen. Ich bin mir nach der Erfahrung der zurückliegenden Monate allerdings nicht mehr sicher, ob die Grundannahme stimmt, dass die Bürger tatsächlich mehr Transparenz und Offenheit von ihren Politikern wollen. Es gibt viele, die beides zugleich tun: sich über die abgehobenen Politiker da oben beklagen – und dann lästern, wenn einer von denen einen ungeschminkten Blick auf sich und seinen Alltag zulässt, auf einen normalen Menschen mit all seinen Stärken, Schwächen und Zweifeln.

Mit der Menschlichkeit eines Politikers scheint es so eine Sache zu sein. Es gibt »Fehler«, mit denen können die Bürger gut leben: Kantig, frech, unbequem, stur, ein bisschen verschroben, vielleicht sogar ungehobelt, das alles dürfen, ja sollen Politiker sein, da wirkt sich Authentizität sogar positiv für sie aus. Heikel aber wird es, wenn Anzeichen von Schwäche sichtbar werden. Entscheidungsstärke, das ist richtig, sollte man von Spitzenpolitikern zu Recht erwarten dürfen. Wo aber steht geschrieben, dass Politiker keine Zweifel haben und diese erst recht nie sichtbar werden dürfen? Wer das erwartet, zwingt Politiker dazu, einen Teil ihrer Persönlichkeit mit allen Mitteln zu kaschieren.

Nach Ende dieses Experiments glaube ich noch immer, dass der Politik ein höheres Maß an Transparenz gut täte, gerade in Zeiten wachsender Politiker- und Demokratieverachtung. Allerdings, auch das ist mir in den Monaten meiner Begleitung klargeworden: Transparenz zuzulassen erfordert ebenso viel Mut wie Stärke.

Schulz muss noch heim nach Würselen. Er pickt die letzten Krümel seiner Blaubeertarte auf die Gabel. Die Kilos, die er in diesem Wahlkampf zugelegt hat, seien immer noch nicht weg, sagt er, auch wenn er inzwischen, so gut es geht, auf Currywurst verzichte. Er weiß, dass die Pfunde jene Erinnerung an dieses Jahr sind, die noch am leichtesten verschwindet.

Seine alte Leidenschaft für die Politik ist verflogen. Er glaubt auch nicht daran, sie noch einmal wiederzufinden. »Für mich ist tief in meinem Inneren die Politik zu Ende«, sagt Schulz. »Ich

werd' das noch mal machen, klar, aber ich mach' keine Kanzlerkandidatur mehr. Auf keinen Fall. Das mach ich nicht mehr.
Diese Erfahrung hat mich schon verändert.« Er sei jetzt 62 Jahre
alt.»Ich kann mir auch ein anderes Leben vorstellen.«

Zugleich hofft er, dass der Jahreswechsel eine Zäsur sein
könnte. Dass es nach diesem Seuchenjahr 2017 nur noch besser
werden kann.

Epilog

»Guten Morgen!« sagt Schulz, als er mich am Vormittag des
9. Februar 2018 anruft, um über das zu reden, was in den Tagen
zuvor geschehen ist. Er klingt frisch, beinahe fröhlich, dabei liegen wieder Nächte ohne Schaf hinter ihm, Wochen der Glück-
losigkeit, des Ungeschicks und der Fehlentscheidungen. Wann
immer Schulz zwischen zwei Optionen zu entscheiden hatte, entschied er sich zielsicher für die falsche. Erst wollte er seine Partei
geradlinig in die Opposition führen, dann schwenkte er auf Druck
des Bundespräsidenten und etlicher SPD-Abgeordneter um und
verhandelte mit Angela Merkel über eine Große Koalition. Er
hatte versprochen, seine Partei zu erneuern, doch statt für den
Parteivorsitz entschied er sich für das Amt des Außenministers.

   In den Koalitionsverhandlungen hatte Schulz sich knallhart
durchgesetzt, im Stile eines echten Machtpolitikers. Gemessen an
den bescheidenen 20,5 Prozent, die er bei der Wahl geholt hatte,
war das Verhandlungsergebnis ein großer Erfolg. Zum ersten
Mal im zurückliegenden Jahr hatte er gegen Angela Merkel
gesiegt. Nach Abschluss der Verhandlungen verkündet er dann,
dass er den Parteivorsitz an Andrea Nahles übergeben werde und
sich entschieden habe, Außenminister zu werden.

   Am Telefon wirkt er an diesem Freitagvormittag ebenso stolz
wie erleichtert. Er lacht oft, er glaubt, nach all dem Hin und Her,

doch noch eine gute Lösung gefunden zu haben. Als Außenminister, darauf stützt sich seine Vorfreude, werde er endlich zeigen können, dass er nicht jene Witzfigur ist, zu der er in den vergangenen Wochen erklärt wurde. Das Amt, so hofft er, wird ihm endlich die Gelegenheit geben, seine Stärken auszuspielen, sich zu rehabilitieren, wieder der zu werden, der er vor seinem Wechsel in die Berliner Politik war: ein international angesehener Politiker, der viele Jahre dem Europäischen Parlament vorgestanden hat, fachkundig und leidenschaftlich. Einer, der die EU und ihre Mitgliedsländer so gut kennt wie das eigene, dazu belesen und kunstaffin. Ein Mann, der fünf Fremdsprachen spricht.

In den Koalitionsverhandlungen hat er vehement für einen Wandel in der deutschen Europapolitik gekämpft – als Außenminister will er ihn nun umsetzen. Endlich kann er zu seinem Herzensthema zurückkehren. Und nach all den Strapazen, all den Demütigungen, hat er auch den Eindruck, dass ihm das jetzt zustehe.

Aber es beschäftigt ihn noch etwas anderes. Er frage sich eines, sagt Schulz während unseres Telefonats. Seine Stimme klingt nun weniger fröhlich: »Wie verhindert man, dass sich ein Täter zum Opfer machen kann?« Gemeint ist Sigmar Gabriel.

Zwei Tage zuvor hatte er den einstigen Freund in sein Büro gebeten, um ihm mitzuteilen, dass er selbst Außenminister werde. Gabriel hatte bis zuletzt gehofft, den Job behalten zu dürfen. Er blühte regelrecht auf in diesem Amt und wurde nach Jahren des Liebesentzugs zum beliebtesten Politiker Deutschlands. Es wurde ein heftiges, emotionales Gespräch. Am Ende lief ihre Beziehung doch auf die Frage hinaus: Du oder ich? Und Schulz entschied sich für sich selbst. Als Gabriel das Haus verlassen hat, schickt er Schulz eine SMS hinterher: »Es bleibt dabei: Du willst mich für deine Zukunft opfern.«

Am Tag darauf folgte Gabriels Rache. »Was bleibt, ist eigentlich nur das Bedauern darüber, wie respektlos bei uns in der SPD der Umgang miteinander geworden ist und wie wenig ein gegebenes Wort noch zählt«, erklärt er öffentlich. Er meint damit, dass Schulz ihm bei ihrem Treffen auf Schloss Montabaur vor gut einem Jahr zugesichert haben soll, im Falle einer erneuten Großen Koalition Außenminister bleiben zu können. Schulz bestreitet das vehement. Die Wahrheit kennen nur die beiden. »Für mich beginnt jetzt eine neue Zeit«, fügt Gabriel in der Zeitung noch hinzu, um Schulz einen letzten Schlag zu versetzen. »Meine kleine Tochter Marie hat mir heute früh gesagt: ›Du musst nicht traurig sein, Papa, jetzt hast du doch mehr Zeit mit uns. Das ist doch besser als mit dem Mann mit den Haaren im Gesicht‹«. Der abservierte Gabriel versucht, im Fall seinen einstigen Freund mit in die Tiefe zu reißen, auch wenn ihm das später leidtun wird. Auch die Geschichte dieser Freundschaft endet tragisch.

Am Morgen nach Gabriels Interview erzählt Schulz am Telefon, wie fassungslos er über dessen Verhalten ist. Er fürchtet, dass jene Genossen, die ein Jahr zuvor so erleichtert darüber waren, Gabriel los zu sein, nun Stimmung gegen ihn machen könnten, um Gabriel zu behalten.

Dann stockt unser Telefonat, Sekunden der Stille. »Ich muss im Moment mal ...«, sagt Schulz und bricht ab. »Ich krieg' da gleich 'nen Anruf rein. Ich melde mich gleich mal noch mal.«

Der Anruf, den er da reinkriegt, wird sein politisches Ende besiegeln. Zwei Kollegen aus der Parteiführung, die seinen Plan, Außenminister zu werden, zwei Tage zuvor noch abgesegnet hatten, teilen ihm an diesem Freitagvormittag mit, dass man die Stimmung an der Basis wohl falsch eingeschätzt habe. Aus der ganzen Partei kämen wütende Rückmeldungen. Die Liebe, die Schulz vor nicht mal einem Jahr zuflog, ist bei vielen in Aggression und Hass umgeschlagen. In den Nachrichten der aufgebrachten Mitglieder, die die Parteizentrale erreichen, stehen Begriffe, mit denen Schulz im positiven Sinne verbunden werden wollte: Anstand, Aufrichtigkeit, Charakterstärke, Glaubwürdigkeit, Vertrauen, Worthalten, Ehrlichkeit. In den Schreiben wird nun all das vermisst – und zwar von ihm.

Schulz glaubt, verstanden zu haben. Diejenigen, die ihn einst zum Heiland erkoren hatten, wollen ihn nun vom Hof jagen. Und seine Kollegen aus der Parteiführung ducken sich weg, statt sich vor ihn zu stellen. So empfindet er es. »Jetzt ist Schluss«, sagt sich Schulz. »Das ist jetzt der letzte Sargnagel. Das musst du dir jetzt nicht mehr antun.« Er bespricht sich mit seiner Frau Inge. Kurz darauf folgt eine schriftliche Erklärung, in der er den Verzicht auf das ersehnte Auswärtige Amt bekannt gibt.

Als Schulz drei Tage später, am Abend des Rosenmontags, in Berlin landet, um am nächsten Tag den Parteivorsitz abzugeben, bittet ihn der Pilot ins Cockpit. Er habe ihn so häufig geflogen im vergangenen Jahr, nun hätte er gern ein Selfie zum Abschied. »Sie haben so toll gekämpft«, sagt der Pilot. »Bitte nicht aufgeben, ja?« Es klingt, als sei er in Sorge um Schulz.

Vor dem Flughafen wartet ein Fahrer der Partei für die allerletzte Dienstfahrt des Vorsitzenden. Statt Bundeskanzler zu werden, wird Schulz nun keinen einzigen Posten mehr haben, weder in der Partei noch in der Regierung. In der SPD hinterlässt er einen Scherbenhaufen. Seine Partei ist in allen Umfragen unter die magische Marke von 20 Prozent gesackt. Sie ist verunsicherter und zerstrittener denn je, das ganze Land lacht über sie. In Zeitungen steht, die SPD sei nach einem Jahr Schulz nahezu schrottreif, ein Trümmerland. Deprimierender hätte das Ende seiner Mission nicht ausfallen können. »Ich wünsche ihm menschlich alles Gute«, hat seine einstige Konkurrentin Angela Merkel am Vorabend im Fernsehen gesagt. »Das sind ja wahnsinnige Zeiten für ihn.« Sie hat ihm auch eine herzliche SMS geschrieben.

Schulz steigt in die Limousine, der Fahrer will den Wagen starten, aber die Elektronik wiehert nur. Noch ein Versuch. Wieder nichts. Dann leuchtet eine Fehlermeldung auf: »Reifendrucksystemstörung«. So endet seine letzte Dienstfahrt, bevor sie begonnen hat. Der Fahrer entschuldigt sich vielmals, er müsse jetzt beim Audi-Service anrufen. Schulz sagt, er solle sich bitte keine Gedanken machen. Er verabschiedet sich freundlich, läuft, verfolgt von überraschten, mitleidigen Passantenblicken einmal quer durch den Flughafen und steigt in ein Taxi. Ein Vorgeschmack aufs neue Leben.

»Alles hat seine Zeit«, sagt er plötzlich in die Stille des Taxis, als hinter dem Fenster die Kulisse des Potsdamer Platzes aufleuchtet. »Ein jegliches hat seine Zeit.« Dann zitiert er auswendig die Verse eins bis neun aus dem dritten Kapitel des Predigers Salomo, die mit den Worten enden: »Man mühe sich ab, wie man will, so hat man keinen Gewinn davon.«

Alles hat seine Zeit also.

»Erinnern Sie sich, dass ich den Satz immer im Wahlkampf zitiert habe?«, fragt er mich. »Aber im Sommer hab' ich's halt auf jemand andren bezogen.«

Es folgt ein letztes Abendmahl im Restaurant des Mövenpick. Keine Currywurst für ihn, sondern etwas Leichtes, Lachs mit Quinoa-Salat. »Es ist jetzt eben so. Ich war ein glückloser Parteiführer«, sagt Schulz. »Ich glaube, ich bin nicht politisch gescheitert, aber sicher teilweise an den Strukturen der Partei zerschellt.« Diese Partei könne nun mal gnadenlos sein. Was die italienische Zeitung »La Repubblica« gerade geschrieben habe, treffe es gut. »Ich bin der ideale Sündenbock für alles, was die Partei seit Jahren falsch gemacht hat«, sagt Schulz.

Er habe, so sieht er es rückblickend, häufig mehr mit seinen eigenen Leuten kämpfen müssen, als gegen den politischen Gegner. Es habe eine Strategie der langsamen Zermürbung gegeben, eine lange Strecke des Mobbings liege hinter ihm. Er zählt alle aus der Parteiführung auf, die seiner Ansicht nach ein falsches Spiel mit ihm gespielt haben. Es ist eine längere Liste.

»Deshalb fühle ich mich von manchen auch verraten«, sagt
Schulz. »Ich habe meine Pflicht getan und als Chef für alles die
Verantwortung übernommen. Aber das sei nicht gewürdigt worden, weder von der SPD-Führung noch von Journalisten. Man-
che seiner Konkurrenten in der Partei hätten über die Jahre ihre
Netzwerke zu Berliner Medienvertretern aufgebaut. »Ich stand
da allein auf freier Flur«, sagt Schulz. »Das hab' ich unterschätzt.«
Lange Zeit hatte Schulz geglaubt, er würde deshalb in der Bun-
despolitik scheitern, weil er in Berlin ein Fremdkörper sei. Jetzt
vermutet er eher, dass sein Scheitern auch daran lag, dass er kein
Fremdkörper geblieben ist. Dass er letztlich doch versuchte, im
System mitzuspielen.

Der Wendepunkt war die Entscheidung, doch in die Große
Koalition zu gehen.

»Ich wollte den Schwenk zunächst nicht«, sagt Schulz nun im
Rückblick.

Und warum hat er ihn dann doch mitvollzogen?

Er habe damals gedacht: Wenn der Bundespräsident dich zu
sich zitiert, kannst du ja nicht Nein sagen oder zurücktreten.
Seine Disziplin sei ihm zum Verhängnis geworden. Was aber
auch nur zeige, dass er für dieses Geschäft nicht geeignet sei. »Da
hätte ich zurücktreten müssen«, sagt er jetzt, im Rückblick. »Zu
dem Zeitpunkt hätte ich gehen müssen.«

Das noch größere Glaubwürdigkeitsproblem aber, das weiß
Schulz inzwischen, ergab sich aus seiner Aussage, dass er »ganz
klar« nicht in ein Kabinett mit Angela Merkel eintreten werde. Er
will jetzt noch einmal erklären, wie es zu der Antwort gekommen
ist, die ihm letztlich das Genick brach – auch weil es von ihr ein
Video gibt und sie über das Fernsehen und die sozialen Netzwerke nahezu jeden Deutschen erreichte.

Die gesamte Pressekonferenz, auf der der Satz fiel, sei geprägt
gewesen von der Unterstellung, dass die SPD am Ende doch wieder schwach werden und dem Lockruf Angela Merkels in eine

Große Koalition folgen würde. Die Parteiführung hatte aber eindeutig beschlossen, dass dies nicht geschehen werde. »Und da habe ich als Vorsitzender versucht, die Türe dicht zu machen.« Als er dann gefragt wurde, ob er auch persönlich ausschließe, in eine Regierung unter Angela Merkel einzutreten, habe er das ebenso entschieden ausschließen müssen, um keine Zweifel aufkommen und keine Glaubwürdigkeitslücke entstehen zu lassen. Den für ihn verheerenden Satz habe er also für seine Partei gesagt. »Und daraus genau hat man mir meinen Strick gedreht«, sagt Schulz im Mövenpick. Dass der politische Gegner oder die Presse dies tue, sei klar. »Aber Teile meiner eigenen Partei? Das ist das Bittere an der Geschichte.«

Es sei einmalig in der Parteiengeschichte, dass eine Partei ihrem Vorsitzenden verbietet, in die Regierung zu gehen, weil er gesagt hat: Ich gehe nicht in die Regierung. Und zwar zu einem Zeitpunkt, zu dem die ganze Partei sagte: Wir gehen nicht in die Regierung. »Jetzt geht die ganze Partei in die Regierung, nur der Parteichef darf es nicht.« Er klingt verbittert, wenn er das erzählt, aber er weiß zugleich, dass er alles andere als unschuldig an seinem Schicksal ist.

»Ich hab' dumme Fehler gemacht und mich damit auch meinen Gegnern ausgeliefert«, sagt Schulz spät an diesem Rosenmontagabend. »Ich hab' das falsch eingeschätzt mit dieser Glaubwürdigkeitslücke. Komplett falsch eingeschätzt. Ich habe es deshalb falsch eingeschätzt, weil ich es für ungerecht, aber auch für unlogisch gehalten habe, dass eine Partei einen Schritt macht, aber ihr Parteivorsitzender den Schritt nicht mitmachen darf.«

»Die ganze Empörung über meinen Wunsch, Außenminister zu werden, lag wahrscheinlich daran, dass viele an der Parteibasis in mir einen untypischen Politiker gesehen haben und dann eben schockiert waren, dass ich einen typischen Politikerschritt mache.« Pause. »Das ist es. Und das habe ich einfach falsch eingeschätzt.« Warum man ihm das nicht verziehen habe, liege an diesen 100 Prozent, die er bei seiner Wahl zum Parteivorsitzenden erhalten habe. An der Projektionsfläche. »Möglicherweise hätten sie es jedem anderen verziehen«, sagt Schulz. »Mir nicht.« So wurde er auch zum Opfer seines Selbstbildes und seiner Selbstdarstellung als anderer, authentischer und besonders glaubwürdiger Politiker. In den Tagen des Hypes profitierte er von seiner Distanz zum Berliner Politikbetrieb. Der Eindruck einer besonderen Glaubwürdigkeit war in diesen Tagen sein wichtigstes Kapital. Am Ende aber konnte er sein Versprechen auf eine andere, ehrlichere Politik nicht einlösen.

Es ist noch einmal spät geworden im Mövenpick. »Ich muss jetzt einen neuen Lebensabschnitt aufbauen«, sagt Schulz am Ende unseres letzten Gesprächs für dieses Buch. Er will endlich wieder mit seiner Frau verreisen, das haben sie seit Jahren nicht mehr getan. Er will jetzt noch mehr lesen als zuvor. Und Bücher will er schreiben. Die Intellektuellen im »Dritten Reich« will er erforschen. Es treibt ihn um, wie gebildete Menschen sich so weit enthemmen und mit dem Nationalsozialismus gemein machen konnten. »Wie können Leute ihr Gewissen so töten?«, fragt er. »Interessant!«

Und dann will er endlich seine Biografie über Karl V. schreiben. Das hatte er im Wahlkampf auf der Bühne der »Brigitte« bereits angekündigt – wenn auch erst für die Zeit nach seiner Kanzlerschaft. Ein Buch über jenen Kaiser, der über ein riesiges Reich herrschte und dann freiwillig seine Macht abgab – noch freiwilliger als Schulz nun seine Macht abgegeben hat. Die Frage, warum dieser Karl das gemacht hat, fasziniere ihn noch immer.

»Solchen Dingen werde ich mich jetzt verstärkt widmen«, sagt er, bevor er aufsteht, um ins Bett zu gehen. »Als freier Mann. Alles ab übermorgen.«

Der Verlag weist ausdrücklich darauf hin, dass im Text
enthaltene externe Links vom Verlag nur bis zum Zeitpunkt der
Buchveröffentlichung eingesehen werden konnten. Auf spätere
Veränderungen hat der Verlag keinerlei Einfluss. Eine Haftung des
Verlags ist daher ausgeschlossen.

Verlagsgruppe Random House FSC® N001967

1. Auflage März 2018
Copyright © 2018 Deutsche Verlags-Anstalt, München,
in der Verlagsgruppe Random House GmbH,
Neumarkter Str. 28, 81673 München,
und SPIEGEL-Verlag, Hamburg,
Ericusspitze 1, 20457 Hamburg
Umschlag: Büro Jorge Schmidt, München
Umschlagmotiv: © Florian Gaertner / Photothek / Getty Images
Gestaltung und Satz: DVA / Andrea Mogwitz / GGP Media GmbH, Pößneck
Gesetzt aus der Minion
Druck und Bindung: GGP Media GmbH, Pößneck
Printed in Germany
ISBN 978-3-421-04821-9

www.dva.de

Dieses Buch ist auch als E-Book erhältlich.